论语·孟子

爱读·国学经典

刘洪仁 周怡 编注

四川文艺出版社

图书在版编目（CIP）数据

论语·孟子 / 刘洪仁，周怡编注. —3 版. —成都：四川
文艺出版社，2019.6
（爱读·国学经典）
ISBN 978-7-5411-5412-6

Ⅰ. ①论… Ⅱ. ①刘… ②周… Ⅲ. ①儒家 ②《论语》
—注释 ③《孟子》—注释 Ⅳ. ①B222

中国版本图书馆 CIP 数据核字（2019）第 093577 号

LUNYU MENGZI

论语·孟子

刘洪仁　周　怡　编注

责任编辑　张亮亮
责任校对　段　敏
封面设计　闰江文化
版式设计　史小燕
责任印制　喻　辉

出版发行　四川文艺出版社（成都市槐树街 2 号）
网　　址　www.scwys.com
电　　话　028-86259287（发行部）　　028-86259303（编辑部）
传　　真　028-86259306

邮购地址　成都市槐树街 2 号四川文艺出版社邮购部　610031
排　　版　四川胜翔数码印务设计有限公司
印　　刷　四川机投印务有限公司
成品尺寸　146 mm×210 mm　　　开　本　32 开
印　　张　15　　　　　　　　　　字　数　370 千
版　　次　2019 年 6 月第三版　　印　次　2019 年 6 月第一次印刷
书　　号　ISBN 978-7-5411-5412-6
定　　价　42.00 元

目录

论语

孟子

论　语

学而第一

子曰："学而时习之，不亦说（yuè）①乎？有朋自远方来，不亦乐乎？人不知，而不愠（yùn）②，不亦君子乎？"

注释

①说：通"悦"，高兴。②愠：怨恨，生气。

译文

孔子说："学习了知识而又经常去实践，不也很高兴吗？有朋友从远方来，不也很快乐吗？别人不理解自己，而我却不怨恨烦恼，不也是君子吗？"

有子①曰："其为人也孝弟（tì）②，而好犯上者，鲜（xiǎn）③矣；不好犯上，而好作乱者，未之有也。君子务本，本立而后道生。孝弟也者，其为仁之本与④！"

注释

①有子：孔子的弟子。②弟：后来写作"悌"，敬爱兄长。③鲜：少。④与：同"欤"，疑问助词。《论语》中"欤"字都写作"与"。

译文

有子说："做人孝敬父母、尊敬兄长，却喜欢触犯上级尊长的，是很少的；不触犯上级尊长，却喜欢造反作乱的人，从来没有过。君子致力于追求做人的根本，根本树立起来了，人道也就形成了。孝顺父母，敬爱兄长，这就是仁的根本吧!"

子曰："巧言令色，鲜矣仁!"

译文

孔子说："花言巧语，面貌伪善，这种人是很少有仁德的。"

曾子①曰："吾日三省（xǐng）②吾身：为人谋而不忠乎？与朋友交而不信乎？传（chuán）不习乎？"

注释

①曾子（前505—前435）：孔子弟子，名参，字子舆，曾皙之子，比孔子小四十六岁。②三省：反复自我检查、反省。三，多次。

译文

曾子说："我每天多次自己反省：替别人办事是否尽心竭力了呢？跟朋友往来是否诚实守信呢？老师传授我的学业是否复习了呢？"

子曰："道千乘（shèng）之国①，敬事而信，节用而爱人，使民以时②。"

注释

①道：治理。千乘之国：小国。乘：古代用四匹马拉的兵车。春

秋时代，通常以车辆的数目来衡量国家的大小、强弱。②使民以时：即《孟子·梁惠王上》的"不违农时"之意。

译文

孔子说："治理一个拥有一千辆兵车的国家，要严肃谨慎专心认真地对待工作，守信无欺，节约费用，爱护人民，给百姓摊派劳役要在农闲时间。"

子曰："弟子入①则孝，出则悌，谨②而信，泛爱众，而亲仁。行有余力，则以学文③。"

注释

①弟子：这里指年纪幼小的人。入：指"入父宫"。下句"出"指"出己宫"。②谨：寡言。③文：历史文献。

译文

孔子说："年轻人在家要孝顺父母，在外面要敬爱兄长；慎言守信，博爱大众，亲近有仁德的人。做了这些还有剩余力量，再去学习文献知识。"

子夏①曰："贤贤易色②；事父母，能竭其力；事君，能致其身③；与朋友交，言而有信。虽曰未学④，吾必谓之学矣。"

注释

①子夏（前507—前420）：姓卜，名商，字子夏，孔子学生，比孔子小四十四岁。②易：轻视。色：女色，女子的容貌。③致：

献纳，献出。身：自己的生命。④学：这里指学习以等级制度和伦理规范为核心的礼义。

译文

子夏说："尊敬品德高尚的人，不重女色；侍奉父母，能尽心竭力；服侍君上，能豁出生命；与朋友交往，说话诚实守信。这种人，虽说没学习过礼义，我一定觉得他已经学习过了。"

子曰："君子不重则不威①，学则不固。主忠信。无友不如己者②。过，则勿惮改。"

注释

①重：庄重、端庄。威：威严、威信。②无友不如己者：这句话古今有多种解释，这里从朱熹《论语集注》及杨伯峻《论语译注》说。

译文

孔子说："君子不严肃庄重，就没有威严，所学的东西也不会巩固。要以忠诚和守信两种道德为主。不要跟不如自己的人交朋友。有了过错，就不要怕改正。"

曾子曰："慎终追远①，民德归厚矣。"

注释

①朱熹《集注》："慎终者，丧尽其礼。追远者，祭尽其诚。"慎终的内容，刘宝楠《论语正义》引《礼记·檀弓》曾子的话，是指附身（装殓）、附棺（埋葬）的事必诚必信，不要有后悔。

曾子说:"认真办理父母的丧事,追怀祭祀远代祖先,这样民风就会变得忠厚淳朴。"

子禽问于子贡①曰:"夫子②至于是邦也,必闻其政,求之与?抑与之与?"

子贡曰:"夫子温、良、恭、俭、让以得之。夫子之求之也,其诸③异乎人之求之与?"

注释

①子禽:陈亢(kàng),字子禽。郑玄注《论语》和《礼记·檀弓》都说他是孔子学生。《史记·仲尼弟子列传》有原亢籍,据清人臧庸考证,陈亢即原亢,陈为国名,原为邑名,故以原、陈为氏。陈亢字籍,一字子禽。子贡(前520—前456):孔子的学生,姓端木,名赐,字子贡,卫人,比孔子小三十一岁。子贡善于经商,也善外交辞令。孔子周游列国时以及回鲁国之后,得到过子贡很多资助。②夫子:旧时对老师和学者的敬称。《论语》中有时也特指孔子。③其诸:据洪颐煊《读书丛录》说,"其诸"是齐鲁间语,表示揣度的语气,相当于"或者,也许"。

译文

子禽向子贡问道:"老师走到一个国家,必然听得到那个国家的政事,他是自己求来的呢?还是别人主动告诉他的呢?"

子贡说:"老师是靠温和、善良、严肃、节俭、谦让来获得的。老师获得的方法,大概和别人获得的方法有些不相同吧?"

子曰:"父在,观其①志;父没(mò)②,观其行;三年无改于父之道③，可谓孝矣。"

注释

①其：指儿子，不是指父亲。下句同。②没：同"殁"，死亡。
③三年：长时间。三，表示多的虚数词。道：做人、处世的原
则、方法等。

译文

　　孔子说："父亲活着的时候，要观察他（儿子）的志向；父
亲死了，要观察他的行为；对他父亲的为人之道长期不加改变，
就可以叫作孝了。"

　　有子曰："礼之用，和①为贵。先王之道，斯为美；小大
由②之。有所不行，知和而和③，不以礼节之，亦不可行也。"

注释

①和：《礼记·中庸》："喜怒哀乐之未发谓之中，发而皆中节谓
之和。"杨树达《论语疏证》："事之中节者皆谓之和，不独喜怒
哀乐之发一事也。《说文》云：'龢，调也。''盉，调味也。'乐
调谓之龢，味调谓之盉，事之调适者谓之和，其义一也。和今言
适合，言恰当，言恰到好处。"②由：遵从。③知和而和：懂得
"和"的重要性而追求"和"，即单纯追求"和"。

译文

　　有子说："礼的作用，以恰到好处为可贵。过去圣明君王治
理国家的方法好就好在：他们所做的小事大事都遵从这个原则。
但是，也有行不通的地方，懂得恰当的重要性而追求恰当，不用

礼制规矩加以节制，那也是不行的。"

有子曰："信①近于义，言可复②也。恭近于礼，远（yuàn）③耻辱也。因④不失其亲，亦可宗⑤也。"

注释

①信：与人约定的诺言。②复：实践诺言。③远：动词，使动用法，使之远离。引申有避免义。④因：依靠，凭借。⑤宗：主，可靠。

译文

有子说："所守的诺言符合义，说的话就能兑现。态度恭敬合于礼，就能免遭侮辱。依靠关系亲近的人，也就可靠了。"

子曰："君子食无求饱，居无求安，敏于事而慎于言，就有道而正①焉，可谓好学也已。"

注释

①有道：孔安国注："谓有德者。"正：匡正、纠正。

译文

孔子说："君子饮食不要求饱足，居住不要求安逸，做事敏捷而言语谨慎，向有德之人请教以匡正自己的过失，这样就可以称得上是好学了。"

子贡曰："贫而无谄，富而无骄，何如？"
子曰："可也。未若贫而乐①，富而好礼者也。"

子贡曰："《诗》云：'如切如磋，如琢如磨②。'其斯之谓与?"

子曰："赐③也，始可与言《诗》已矣，告诸往而知来者④。"

注释

①贫而乐：皇侃本"乐"后有"道"字，是。郑玄注云："乐谓志于道，不以贫为忧苦。"②如切如磋，如琢如磨：这是《诗经·卫风·淇奥》中的句子。切、磋、琢、磨，是加工骨头、象牙、兽角、玉石等的方法。③赐：子贡的名。孔子对其学生都称名。④诸:之。往：这里指已知的事理。来者：这里指未知的事理。

译文

子贡说："贫穷却不巴结奉承，有钱却不骄傲自大，怎么样?"

孔子说："可以啊。但还是不如虽贫穷却乐于求道，纵有钱却谦虚好礼呢。"

子贡说："《诗经》上说：'要像对待骨、象牙、角、玉石一样，雕刻、雕琢、磨光、打磨。'大概说的就是这个意思吧?"

孔子说："端木赐啊，现在可以开始同你讨论《诗经》了，告诉你已知的道理，就能明白未知的道理。"

子曰："不患人之不己知①，患不知人也。"

注释

①患：担心，着急。不己知：即不知己，不了解自己。

译文

孔子说："不怕别人不了解自己，就怕不了解别人。"

为政第二

子曰："为政以德，譬如北辰①，居其所而众星共②之。"

注释

①北辰：北斗星。②共：同"拱"，环抱、环绕。

译文

孔子说："用德行治理国政，就好像北斗星一般，坐在自己的位置上，别的星辰都环绕着它。"

子曰："诗三百①，一言以蔽②之，曰：'思无邪③'。"

注释

①诗三百：指《诗经》。《诗经》实有三〇五篇，"三百"只是举其整数。②蔽：概括。③思无邪：本是《诗经·鲁颂·駉》第四章中的一句诗，孔子借它来评论所有诗篇。"思"字在《駉》中本是无义的语首词，孔了引用它却当"思想"解。

译文

孔子说："《诗经》三百篇，用一句话来概括它，就是'思想纯正'。"

子曰："道①之以政，齐②之以刑，民免③而无耻；道之以德，齐之以礼，有耻且格④。"

注释

①道：同"导"，引导。②齐：管理、约束。③免：免罪、免刑、免祸。④格：端正。清吴善述《说文广义校订》："制器者以木为法，所以正不正者曰格。"

译文

孔子说："用政令来引导人民，用刑罚来约束人民，人民会避免犯罪，却没有廉耻之心；用道德来引导人民，用礼教来约束人民，人民不但有廉耻之心，而且品行端正。"

子曰："吾十有①五而志于学，三十而立②，四十而不惑③，五十而知天命④，六十而耳顺⑤，七十而从心所欲，不逾矩。"

注释

①有：同"又"。古人在整数和零数字之间多用"有"字，不用"又"字。②立：成就、成功。③不惑：不疑惑，指有很强的分辨是非的能力。④天命：上天的意志。⑤耳顺：对这两个字的解释历来分歧较大，这里采用意译。

译文

孔子说："我十五岁开始立志于研究学问，三十岁学有所成，四十岁（掌握了各种知识而）不迷惑，五十岁懂得了天命，六十岁时好话坏话都听得进去而且心平如镜，到了七十岁，便能随心所欲，任何念头不越出规矩。"

孟懿子^①问孝。子曰："无违。"

樊迟^②御，子告之曰："孟孙问孝于我，我对曰无违。"

樊迟曰："何谓也？"

子曰："生，事之以礼；死，葬之以礼，祭之以礼。"

注释

①孟懿子：鲁国大夫，姓仲孙，名何忌，"懿"是他死后国君给他加的谥号。②樊迟：孔子学生，名须，字子迟，比孔子小四十六岁。

译文

孟懿子向孔子问孝道。孔子说："不要违背礼节。"

樊迟替孔子赶车，孔子告诉他说："孟孙向我问孝道，我答复说，不要违背礼节。"

樊迟说："什么意思呀？"

孔子说："父母活着，依规定的礼节侍奉他们；死了，依规定的礼节埋葬他们，祭祀他们。"

子游^①问孝。子曰："今之孝者，是谓能养。至于犬马，皆能有养^②；不敬，何以别乎？"

注释

①子游：孔子的学生，姓言，名偃，字子游，吴人，小孔子四十五岁。②养：供养，奉养。

子游问孝道。孔子说:"现在的所谓孝,就是说能够养活爹娘就行了。对于狗马都能够饲养;如果不心存孝敬,那养活爹娘和饲养狗马又有什么区别呢?"

子夏问孝。子曰:"色难①。有事,弟子服其劳;有酒食,先生馔(zhuàn)②。曾③是以为孝乎?"

①色:恭顺和悦的脸色。朱熹《集注》:"色难,谓事亲之际,惟色为难也。"②先生:年长者。馔:吃喝。③曾:副词,竟也。

子夏问孝道。孔子说:"在父母面前经常保持恭敬的脸色是件难事。有事情,年轻人效劳;有酒食,让年长的人吃喝。难道这些竟可认为是孝么?"

子曰:"吾与回①言终日,不违,如愚。退而省(xǐng)其私②,亦足以发,回也不愚。"

①回:颜回,字子渊。孔子最得意、最好学的学生,孔子在本书中对他多有称赞。②省:自我检查。朱熹《集注》以为此句是指孔子退而省颜回之私,"则见其日用动静语默之间,皆足以发明夫子之道",说亦可通。

　　孔子说："我整天和颜回讲学，他从不提反对意见，像个愚蠢之人。等他退回去自己研究，却也能够发挥，可见颜回并不愚蠢。"

　　子曰："视其所以^①，观其所由^②，察其所安^③。人焉廋(sōu)^④哉？人焉廋哉？"

①以：与。跟《微子》篇"而谁以易之"的"以"同义。有人说"以犹为也"，也通。②所由：指所从由的道路，引申有方式方法之义。③所安：心中所安然的。④廋：隐藏，藏匿。

　　孔子说："（怎么去考察一个人呢？）查看他所结交的朋友，观察他行事的方式，弄清他内心感到安然的事情。（这样）这个人怎样隐藏得住呢？这个人怎样隐藏得住呢？"

　　子曰："温故而知新，可以为师矣。"

　　孔子说："温习已学过的知识，同时能有新体会新发现，就可以做老师了。"

　　子曰："君子不器。"

　　孔子说："君子不能像器皿一般（只有一种用途）。"

子贡问君子。子曰：“先行其言而后从之①。”

注释

①“先行”句：朱熹《集注》：“先行其言者，行之于未言之前；而后从之者，言之于既行之后。”

译文

子贡问怎样才能做一个君子。孔子说：“对于你要说的话，先去做了，再说出来（这样就可以称得上是一个君子了）。”

子曰：“君子周而不比（bǐ）①，小人比而不周。”

注释

①周、比：杨伯峻《论语译注》：“‘周’是以当时所谓道义来团结人，‘比’则是以暂时共同利害互相勾结。‘比’，旧读去声 bì。”

译文

孔子说：“君子是团结而不是勾结，小人是勾结而不是团结。”

子曰：“学而不思则罔①，思而不学则殆（dài）②。”

注释

①罔：义同《雍也》篇“（君子）可欺也，不可罔也”之“罔”，作“愚弄”讲。这里是被动用法。②殆：义同下文“多见阙殆”之“殆”，当“疑惑”解。

16

孔子说："只学习而不思考，就会被愚弄；只思考而不学习，就会疑惑不解。"

子曰："攻乎异端①，斯害也已②。"

①攻乎异端：对这句的解说大致有两种：一种认为"攻"即作"攻击"讲，"异端"指相异的言论、主张；另一种认为"攻"作"研究""治学"讲，"异端"指不同的学说、思想。这里取前一种说法。②斯：连词，"这就"的意思。已：止。

孔子说："批判那些不正确的言论，祸害就可以止息了。"

子曰："由①！诲女②知之乎？知之为知之，不知为不知，是知（zhì）③也。"

①由：仲由（前542—前480），字子路，孔子的学生，卞（今山东泗水）人。②女：同"汝"，你。③知：同"智"。

孔子说："仲由啊，教你的都知道了吗？知道就是知道，不知道就是不知道，这才是聪明智慧啊。"

子张学干禄①。子曰："多闻阙疑，慎言其余，则寡尤；

多见阙殆②，慎行其余，则寡悔。言寡尤，行寡悔，禄在其中矣。"

注释

①子张：颛孙师，字子张。陈人，孔子的学生，小孔子四十八岁。干：求取。禄：官吏的俸禄。②阙殆：和"阙疑"同义。上文作"阙疑"，这里作"阙殆"。"疑"和"殆"是同义词，所谓"互文见义"。

译文

　　子张向孔子学求取官职得到俸禄的方法。孔子说："多听，有存疑的地方，加以保留；其余足以自信的部分，谨慎地说出，就能少犯错误。多看，有存疑的地方，加以保留；其余足以自信的部分，谨慎地实行，就能少生懊悔。言语的错误少，行动的懊悔少，俸禄就在这里面了。"

　　哀公①问曰："何为则民服？"

　　孔子对曰："举直错诸②枉，则民服；举枉错诸直，则民不服。"

注释

①哀公：鲁国国君，姓姬，名将（前494—前468），定公之子，继定公之后即位，在位二十七年。"哀"是其庙号。②错：放置。诸：兼词，兼代词"之"和介词"于"。

译文

　　鲁哀公问道："要做些什么事才能使百姓服从呢？"

孔子回答说:"把正直的人安置于邪曲的人之上,百姓就会服从;把邪曲的人安置在正直的人之上,百姓就不会服从。"

季康子①问:"使民敬、忠以劝②,如之何?"

子曰:"临之以庄③,则敬;孝慈,则忠;举善而教不能,则劝。"

注释

①季康子:季孙肥,鲁哀公时正卿,当时鲁国政治上最有权力的人。"康"是其谥号。②以:连词,与、和。劝:劝勉,勉励。③临:面对,对待。庄:庄重,严肃慎重。

译文

季康子问道:"要使人民严肃认真,尽心竭力和互相勉励,应该怎么做呢?"

孔子说:"你对待人民的事情严肃认真,他们对待你的政令也就严肃认真了;你孝顺父母,慈爱幼小,他们也就对你尽心竭力了;你提拔有才能的人,教育能力弱的人,他们也就勤勉努力了。"

或谓孔子曰:"子奚不为政?"

子曰:"《书》云①:'孝乎惟孝,友于兄弟,施于有政②。'是亦为政,奚其为为政?"

注释

①《书》云:以下三句是《尚书》逸文,不见于今文《尚书》。伪古文《尚书》采入《君陈篇》。②施:延及。有政:即政治。

"有"字无义，加于名词之前，这是古代构词法的一种形态。

有人对孔子说："你为什么不参与政治呢？"

孔子说："《尚书》上说：'孝呀，只有孝顺父母，友爱兄弟，把这种风气影响到政治上去。'这也就是参与政治了呀，为什么一定要做官才算参与政治呢？"

子曰："人而无信①，不知其可也。大车无輗（ní）②，小车无軏（yuè）③，其何以行之哉？"

①人而无信：杨伯峻《论语译注》："这'而'字不能当'如果'讲。不说'人无信'，而说'人而无信'者，表示'人'字要作一读。古书多有这种句法。"②大车：用牛拉的车。輗：车辕与驾辕的衡木相衔接的销子。车子没有它，便无法套住牲口，不能行走。所以孔子用来比喻"信"的重要性。③小车：用马拉的车。軏：插在车辕前端与车衡连接处的活销。

孔子说："作为一个人，却不讲信誉，不知他怎么可以做人。譬如大车没有安横木的輗，小车没有安横木的軏，它靠什么行走呢？"

子张问："十世可知也①？"

子曰："殷因②于夏礼，所损益，可知也；周因于殷礼，所损益，可知也。其或继周者，虽百世，可知也。"

注释

①十世可知也：杨伯峻《论语译注》："从下文孔子的答语看来，便足以断定子张是问今后十代的礼仪制度，而不是泛问……这'也'字同'耶'，表疑问。"②殷：商朝。因：承袭。

译文

子张问道："今后十代（的礼仪制度）可以预先知道吗？"

孔子说："商朝沿袭夏朝的礼仪制度，所废除和所增加的，是可以知道的；周朝沿袭商朝的礼仪制度，所废除和所增加的，也是可以知道的。如果有继承周朝而当政的人，即使一百代以后，也是可以预先知道的。"

子曰："非其鬼而祭之，谄（chǎn）也。见义不为，无勇也。"

译文

孔子说："不是自己应该祭拜的鬼神却去祭拜他，这是谄媚。眼见应该挺身而出的事情却袖手旁观，这是没有勇气。"

八佾第三

孔子谓季氏①，"八佾（yì）舞于庭②，是可忍③也，孰不可忍也？"

注释

①季氏：鲁国正卿季孙氏，即季平子。②八佾：佾是行列的意思。一佾八人，八佾是八行，八八六十四人。据《周礼》规定，只有天子才能用八佾，诸侯用六佾，大夫用四佾。季孙氏是正卿，只能用四佾，而他在自家庭院中舞八佾，这是僭越、违礼，所以孔子有此愤慨之语。③忍：狠心。一般人都把这"忍"作"容忍""忍耐"讲，也通。这里用杨伯峻《论语译注》说。

译文

孔子谈到季氏时说："他把八佾的舞乐弄到自家庭院中演奏，这种事都可以狠心做出来，还有什么事不可以狠心做出来呢？"

子曰："人而不仁，如礼何？人而不仁，如乐①何？"

注释

①乐：音乐。指与礼仪相配合的乐器演奏和歌舞。

22

孔子说："一个人不仁，他怎么来实行礼仪制度呢？一个人不仁，他怎么按规矩来演奏音乐歌舞呢？"

林放①问礼之本。

子曰："大哉问！礼，与其奢也，宁俭；丧，与其易②也，宁戚。"

①林放：鲁国人。当时不是孔子的学生，据说后来成为孔子的学生，所以汉代《礼殿图》有他的名字。今泰安东南有放城集，传说为林放故里。②易：治理。这里指把丧礼的礼节仪式办理得很周到。

林放问礼的根本。

孔子说："你提的问题很重大啊！就一般礼仪而言，与其铺张浪费，宁可朴素节俭；就丧礼而言，与其仪式隆重，宁可内心真正悲哀。"

子曰："夷狄①之有君，不如诸夏之亡（wú）也②。"

①夷狄：古代中原地区的人对周边少数民族的贬称，泛指文化落后的民族。②诸夏：古代中原地区华夏族的自称。亡：同"无"。

孔子说："文化落后的国家虽然有君主，还不如中原国家没有君主呢。”

季氏旅①于泰山。子谓冉有②曰："女弗能救③与？"

对曰："不能。"

子曰："呜呼！曾④谓泰山不如林放乎？"

注释

①旅：祭名。祭山曰旅。按周代礼制规定，只有天子和诸侯才有祭祀名山大川的资格。季氏只是鲁国的大夫，竟去祭祀泰山，因此孔子认为是僭礼。②冉有：冉求（前 522—？），字子有，小孔子二十九岁。冉有当时是季氏的家臣，所以孔子责备他。③救：挽救，劝阻。④曾：竟。

译文

季氏去祭祀泰山。孔子对冉有说："你不能阻止吗？"

冉有回答说："不能。"

孔子说："唉！竟可以说泰山之神还不及林放懂礼（居然接受这不合规矩的祭祀）吗？"

子曰："君子无所争。必也射①乎！揖让而升，下而饮②。其争也君子。"

注释

①射：古代的射礼。登堂而射，射后计算各人中靶多少。②饮：中靶少的被罚饮酒。

孔子说:"君子没有什么可争的事情。如果有所争,一定是比射箭吧!开始比赛时,先相互作揖谦让,然后上场;(射完后)走下堂来,然后喝酒作乐。这种竞争就是君子之争。"

子夏问曰:"'巧笑倩兮,美目盼兮,素以为绚兮。'①何谓也?"

子曰:"绘事后素②。"

曰:"礼后乎?"

子曰:"起予者商③也!始可与言《诗》已矣。"

①巧笑倩兮三句:这是《诗经》中描写美女的句子。前二句见《诗经·卫风·硕人》,第三句不见于今传本《诗经》,可能是逸诗。倩:笑得好看。盼:眼睛黑白分明。绚:有文采。②绘:绘画。素:白底。③起:启发。商:子夏的名。

子夏问道:"'有酒窝的脸蛋笑得美呀,黑白分明的眼珠流转得媚呀,洁白的底子上画得绚丽呀。'这几句诗是什么意思呀?"

孔子说:"先有白色底子,然后画画。"

子夏说:"那么,是不是说礼乐的产生也在(仁义)之后呢?"

孔子说:"卜商呀,你真是能启发我的人呢。现在可以同你讨论《诗经》了。"

子曰:"夏礼,吾能言之,杞不足征①也;殷礼,吾能言之,宋②不足征也。文献③不足故也。足,则吾能征之矣。"

①杞：春秋时国名，是夏禹的后代。在今河南杞县一带。征：证明，验证。②宋：春秋时国名，是商汤的后代封地，在今河南商丘一带。③文献：历史典籍和熟悉历史掌故的贤者。朱熹《集注》："文，典籍也；献，贤也。"

译文

孔子说："夏朝的礼，我能说出来，它的后代杞国不足以作证；商朝的礼，我能说出来，它的后代宋国不足以作证。这是他们的历史文献和熟悉历史掌故的贤人不够的缘故。若有足够的文献和贤者，我就可以得到证明了。"

祭如在，祭神如神在。子曰："吾不与（yù）①祭，如不祭。"

注释

①与：参与。

译文

祭祀祖先的时候，便好像祖先真在那里一样；祭祀神灵的时候，便好像神灵真在那里一样。孔子说："我要是不亲自参加祭祀，就和不祭祀一样。"

王孙贾①问曰："'与其媚于奥，宁媚于灶。'②何谓也？"

子曰："不然。获罪于天，无所祷也。"

注释

①王孙贾：卫灵公的大臣，时任大夫。②与其媚于奥二句：这两

句疑为当时俗语。奥：屋内西南角，这里指位居于奥的神。灶：
灶神。

译文

王孙贾问道："'与其巴结奥神，宁可讨好灶君。'这句话是
什么意思啊？"

孔子说："不是这样的。如果得罪了上天，祈祷也没用了。"

子曰："周监于二代①，郁郁②乎文哉！吾从周。"

注释

①监：同"鉴"，借鉴。二代：夏、商两朝。②郁郁：文采浓厚
的样子。

译文

孔子说："周朝的礼仪制度是借鉴夏、商两代制定的，多么
丰富多彩呀！我遵从周朝的制度。"

子入太庙①，每事问。或曰："孰谓鄹（zōu）②人之子知
礼乎？入太庙，每事问。"

子闻之，曰："是礼也。"

注释

①太庙：君主的祖庙。周公旦是鲁国最初受封之君，因此鲁国的
太庙就是周公的庙。②鄹：又作郰，地名。在今山东省曲阜县。
鄹人，指孔子父亲叔梁纥。叔梁纥做过鄹大夫，古人经常把某地
的大夫称为某人，此即为一例。

孔子到了周公庙，每件事情都要询问。有人说："谁说叔梁纥的这个儿子懂得礼呢？他到了太庙，每件事都要问别人。"

孔子听到了这话，便说："这正是礼呀。"

子曰："射不主皮①，为力不同科②，古之道也。"

①皮：箭靶子。古代箭靶子叫"侯"，有用布做的，也有用皮做的。《仪礼·乡射礼》："礼射不主皮。"②同科：同等。

孔子说："比赛射箭不一定要看是否穿破箭靶子，因为各人的气力大小不一样，这是古时候的惯例。"

子贡欲去告朔之饩（xì）羊①。子曰："赐也！尔爱②其羊，我爱其礼。"

①告朔：周代的一种制度，天子于每年秋冬之交，把第二年的历书颁给诸侯，告知那年有无闰月，每月初一是哪一天，叫"颁告朔"。饩羊：祭祀用的活羊。子贡之时，鲁君在每月初一既不亲临祖庙，也不听政，只是杀一只活羊虚应故事罢了。所以子贡认为不必留此形式，不如干脆连羊也不要杀了。孔子却认为尽管这是残存的形式，也总比什么都不留好。②爱：吝惜，舍不得。

子贡要把鲁国每月初一告祭祖庙的那只活羊去掉不用。孔子说："端木赐啊，你舍不得那只羊，我舍不得那种礼。"

子曰："事君尽礼，人以为谄也。"

孔子说："一切按照做臣子的礼节事君，别人认为是谄媚呢。"

定公①问："君使臣，臣事君，如之何？"

孔子对曰："君使臣以礼，臣事君以忠。"

①定公：鲁国国君，名宋（前509—前495），昭公之弟，继昭公而立，在位十五年。

鲁定公问："君主使唤臣子，臣子事君，都应该怎样做？"

孔子回答说："君主应该依礼来使用臣子，臣子应该忠心地事君。"

子曰："《关雎》①，乐而不淫②，哀而不伤。"

①《关雎》：《诗经》的第一篇，写一位青年男子对一位"窈窕淑女"的爱慕与相思之情。《诗经》中的诗歌都是古代歌曲的歌词，

所以有人认为这里的《关雎》当指乐曲而言。②淫：过度，过分。

孔子说："《关雎》这首歌曲，快乐而不放荡，悲哀而不伤痛。"

哀公问社于宰我①。宰我对曰："夏后氏以松，殷人以柏，周人以栗。"曰："使民战栗。"

子闻之，曰："成事不说，遂事②不谏，既往不咎。"

①社：土地神。哀公所问的社，从宰我的答话中可以推知是指社主而言。古代祭祀土地神，要替他立一个木制的牌位，这牌位叫主，而认为这一木主，便是神灵之所凭依。如果国家有对外战争，还必须载着这一木主而行。宰我：孔子的学生，名予，字子我。②遂事：已经做成的事。

鲁哀公问宰我做土地神的神主用什么木。宰我回答说："夏代用松木，殷代用柏木，周代用栗木。"又解释说："意思是使人民畏惧战栗。"

孔子听了这话，说："已经做过的事不用再解释了，已经完成的事不用再劝阻了，已经过去的事不必再追究了。"

子曰："管仲①之器小哉！"

或曰："管仲俭乎？"曰："管氏有三归②，官事不摄③，焉得俭?"

　　"然则管仲知礼乎?"曰:"邦君树塞门④,管氏亦树塞门;邦君为两君之好有反坫(diàn)⑤,管氏亦有反坫。管氏而⑥知礼,孰不知礼?"

注释

①管仲:春秋时齐国政治家,名夷吾,字仲。颍上(今属安徽)人。齐桓公的宰相,辅助齐桓公称霸诸侯。②三归:有多种解释。近代湖南学者郭嵩焘《养知书屋文集》卷一释"三归"说:"此盖《管子》九府轻重之法,当就《管子》书求之。《山至数篇》曰:'则民之三有归于上矣。'三归之名,实本于此。是所谓三归者,市租之常例之归之公者也。桓公既霸,遂以赏管仲。《汉书·地理志》《汉书·食货志》并云,桓公用管仲,设轻重以富民,身在陪臣,而取三归。其言较然明显。《韩非子》云:'使子有三归之家。'《说苑》作'赏之市租'。三归之为市租,汉世儒者犹能明之,此一证也。《晏子春秋》辞三归之赏,而云厚受赏以伤国民之义,其取之民无疑也,此又一证也。"这一说法很有道理,译文从之。③摄:兼职。④树:立。塞门:大门之内、二门之间的照壁。塞:蔽塞。塞门即遮蔽内外视线的门。按周礼规定,塞门只有天子和诸侯国国君才能有。⑤反坫:用以放置器物的设备,用土筑成,形似土堆,筑于两楹之间。⑥而:假设连词,假如,假若。

译文

　　孔子说:"管仲的器量真小啊!"

　　有人说:"管仲是不是很节俭呢?"孔子说:"他收取了人民大量的市租,他家里的管事(也是一人一职)从不兼差,如何能说是节俭呢?"

那人又问:"那么,管仲懂得礼节么?"孔子又说:"国君宫殿门前立了一个塞门,管氏也立了个塞门;国君在堂上设有放置酒杯的反坫,管氏也设有反坫。假如说管仲懂得礼节,那谁不懂得礼节呢?"

子语鲁大(tài)师①乐,曰:"乐其可知也:始作,翕(xī)如②也;从(zòng)③之,纯如④也,皦(jiǎo)如⑤也,绎如⑥也,以成。"

注释

①大师:乐官名。大:同"太"。②翕如:何晏《论语集解》:"翕如,盛也。"③从:同"纵",放开。④纯如:和谐的样子。⑤皦如:清晰的样子。⑥绎如:连绵不断的样子。

译文

孔子把演奏音乐的道理告诉给鲁国的太师,说:"音乐,那是可以知晓的:开始时翕翕地热烈;继而便纯纯地和谐,皦皦地清晰,绎绎地连绵不绝余音袅袅,然后就完成了。"

仪封人①请见,曰:"君子之至于斯也,吾未尝不得见也。"从者见之②。出曰:"二三子何患于丧(sàng)③乎?天下之无道也久矣,天将以夫子为木铎④。"

注释

①仪:地名,其今在地不详。封人:官名,管理边境的官。②见之:使孔子接见了他。③丧:失掉官位。④木铎:铜质木舌的铃

子。古代公家有什么事要宣布，便摇木铎召集大家来听。这里是
比喻用法，即发号施令的意思。

译文

仪这个地方的边防官请求孔子接见他，说："所有到了这个
地方的有道德有学问的人，我从没有不和他见面的。"孔子的随
行学生引他去见了孔子。他出来后对孔子的学生们说："你们几
位何必担心失掉官位呢？天下黑暗的日子也长久了，上天将会让
他老人家来号令天下呢。"

子谓《韶》①，"尽美矣，又尽善也。"②谓《武》③，"尽美
矣，未尽善也。"

注释

①韶：舜时的乐曲名。②美、善："美"指声音言，"善"指内容
言。③武：周武王时乐曲名。

译文

孔子论到《韶》，说："形式美极了，内容也好极了。"论到
《武》，说："形式美极了，内容还不够好。"

子曰："居上不宽，为礼不敬，临丧不哀，吾何以观之哉？"

译文

孔子说："官居显位的时候不宽宏大量，行礼的时候不严肃
认真，参加丧礼的时候不悲哀，这种样子我怎么看得下去呢？"

里仁第四

子曰："里^①仁为美。择不处^②仁，焉得知^③？"

注释

①里：动词，居住。②处：居住。③知：同"智"。

译文

孔子说："住在有仁者的地方才好。选择住处如果不与仁者为邻，怎么能是明智呢？"

子曰："不仁者不可以久处约^①，不可以长处乐。仁者安仁，知（zhì）者利仁。"

注释

①约：穷困，困窘。

译文

孔子说："不仁的人不可以长久地处于穷困中，也不可以长久地处于安乐中。有仁德的人安于仁德，聪明人认为仁德于己有利才去行仁德。"

子曰："唯仁者能好人，能恶（wù）人。"

孔子说："只有仁者才能够喜爱某人，厌恶某人。"

子曰："苟志于仁矣，无恶也。"

孔子说："如果立志于实行仁德，总没有坏处。"

子曰："富与贵，是人之所欲也，不以其道得之，不处也。贫与贱，是人之所恶也，不以其道得之①，不去也。君子去仁，恶（wū）②乎成名？君子无终食之间违③仁，造次必于是，颠沛必于是。"

①"贫与贱"几句：杨伯峻说："富与贵"可以说"得之"，"贫与贱"却不是人人想"得之"的。这里也讲"不以其道得之"，"得之"应该改为"去之"。这里为什么也讲"得之"，可能是古人的不经意处。②恶：疑问代词，何。③违：离开。

孔子说："富有和显贵，这是人人所盼望的，但不用正当的手段去得到它，君子是不接受的。穷困和下贱，这是人人所厌恶的，可不用正当的方法去摆脱它，君子也是不摆脱的。君子抛弃了仁德，怎样去成就他的声名呢？君子没有吃完一餐饭的时间离开仁德，在仓促匆忙的时候一定和仁德同在，在颠沛流离的时候也一定和仁德同在。"

子曰：“我未见好仁者，恶不仁者。好仁者，无以尚①之；恶不仁者，其为仁矣，不使不仁者加乎其身。有能一日用其力于仁矣乎？我未见力不足者。盖②有之矣，我未之见也。”

注释

①尚：超过。②盖：语气副词，表揣测，大概。

译文

孔子说：“我不曾见到过爱好仁德的人和厌恶不仁德的人。爱好仁德的人，那是再好也不过的了；厌恶不仁德的人，他行仁德只是不使不仁德的东西加在自己身上。有谁能在一整天把他的力量用在实行仁德上的吗？我没见过力量不够的。大概这样的人还是有的，我不曾见到罢了。”

子曰：“人之过也，各于其党①。观过，斯知仁②矣。”

注释

①党：类。②仁：同“人”。《后汉书·吴佑传》引此文正作“人”。

译文

孔子说：“人们所犯的错误，有各种各样的类型。考察某人所犯的错误，就可以知道他是什么样的人了。”

子曰：“朝（zhāo）闻道，夕死可矣。”

译文

孔子说：“早晨悟知了真理，就是当晚死去都可以。”

子曰："士志于道，而耻恶①衣恶食者，未足与议也。"

①恶：坏，不好。

译文
孔子说："读书人有志于真理，但又以自己吃粗粮穿粗布衣为耻辱，这种人，不值得同他谈论了。"

子曰："君子怀德，小人怀土①；君子怀刑②，小人怀惠。"

注释
①土：作田土解，亦通。②刑：法律制度。一说通"型"，楷模，亦通。

译文
孔子说："君子怀念道德，小人怀念乡土；君子关心法度，小人关心恩惠。"

子曰："放（fǎng)①于利而行，多怨。"

注释
①放：同"仿"。依照，仿效。

译文
孔子说："根据个人利益而行事，会招致很多的怨恨。"

子曰："能以礼让为国乎？何有①？不能以礼让为国，如礼何?"

注释

①何有：黄式三《论语后案》、刘宝楠《论语正义》云："何有，不难之词。"

译文

孔子说："能够用礼让来治理国家吗？这有什么困难呢？如果不能用礼让来治理国家，又怎样来对待礼仪呢？"

子曰："不患无位，患所以立①。不患莫己知，求为可知也。"

注释

①患所以立：杨伯峻说："立"和"位"古通用。所以：用来做……的方法等。

译文

孔子说："不必愁没有职位，只须愁没有任职的本领；不必担心没有人知道自己，只须去追求足以使别人知道自己的本领好了。"

子曰："参乎！吾道一以贯①之。"曾子曰："唯。"

子出，门人问曰："何谓也？"曾子曰："夫子之道，忠恕②而已矣。"

注释

①贯：贯穿、统贯。②忠：指"己欲立而立人，己欲达而达人"。

恕：指"己所不欲，勿施于人"。

译文

孔子说："曾参呀！我的学说贯穿着一个基本观念。"曾子说："是的。"

孔子走出去以后，别的学生便问曾子道："这是什么意思啊？"曾子说："他老人家的学说，只是忠和恕罢了。"

子曰："君子喻①于义，小人喻于利。"

注释

①喻：知道，明白。

译文

孔子说："君子懂得大义，小人只明白小利。"

子曰："见贤思齐焉，见不贤而内自省也。"

译文

孔子说："看见贤人，便想着向他看齐；看见不贤的人，便应该自己反省（看有没有跟他类似的毛病）。"

子曰："事父母几（jǐ）①谏，见志不从，又敬不违②，劳③而不怨。"

注释

①几：轻微，婉转。②违：触忤，冒犯。③劳：忧愁。

孔子说："侍奉父母，要轻微婉转地劝止，自己的心意没有得到满足，仍然恭敬地不触犯他们，虽然忧愁，但不怨恨。"

子曰："父母在，不远游，游必有方①。"

①方：一定的地方。

孔子说："父母在世，不出远门游历；如果要出去游历，必须有一个确定的地方。"

子曰："父母之年，不可不知也。一则以喜，一则以惧。"

孔子说："父母的年纪，不能不时时记在心里：一方面因其高寿而高兴，一方面又因其年高而有所忧惧。"

子曰："古者言之不出，耻躬之不逮（dài）①也。"

①逮：及，赶上。

孔子说："古时候的人不轻易把话说出口，他们怕自己的行动赶不上而觉得可耻啊。"

子曰："以约失之者鲜^①矣。"

注释

①约：约束。这里指"约之以礼"。鲜：少。

译文

孔子说："因为以礼来约束自己而犯过失的人，为数是不多的。"

子曰："君子欲讷（nè）^①于言而敏于行。"

注释

①讷：语言迟钝。

译文

孔子说："君子言语要谨慎而行动要敏捷。"

子曰："德不孤，必有邻。"

译文

孔子说："有道德的人不会孤单，一定会有志同道合者来跟他做伴。"

子游曰："事君数（shuò）^①，斯辱矣；朋友数，斯疏矣。"

注释

①数：屡次，频繁。朱熹《集注》："胡氏曰：事君谏不行，则当去；导友善不纳，则当止。至于烦渎，则言者轻，听者厌矣。是

以求荣而反辱，求亲而反疏也。"

译文

子游说："侍奉君主，过于烦琐地谏诤，就会招致侮辱；对待朋友，过于烦琐地劝谏，就会被疏远。"

公冶长第五

子谓公冶长①，"可妻②也。虽在缧绁（léi xiè)③之中，非其罪也。"以其子④妻之。

注释

①公冶长：孔子学生，齐人。②妻：动词。嫁给……为妻。下句"妻之"用法同。③缧绁：拴罪人的绳索，借指监狱。④子：儿女。这里指女儿。

译文

孔子说公冶长，"可以把女儿嫁给他。他虽然曾被关在监狱之中，但那不是他的罪过。"便把自己的女儿嫁给了他。

子谓南容①，"邦有道②，不废；邦无道，免于刑戮。"以其兄之子妻之。

注释

①南容：孔子学生南宫适（kuò)，字子容。②道：国家的政治符合最高原则。

译文

孔子评论南容说，"国家政治清明，他不被废弃；国家政治黑暗，他也不致受刑罚。"于是把自己的侄女嫁给了他。

子谓子贱①，"君子哉若人！鲁无君子者，斯焉取斯②?"

①子贱：孔子学生宓不齐，字子贱，小孔子四十九岁。②斯：代词，此。第一个"斯"指子贱，第二个"斯"指子贱的品德。

译文

孔子评论宓子贱，说："这人是个君子啊！假若鲁国没有君子的话，他从哪里学到这种品德呢?"

子贡问曰："赐也何如?"
子曰："女，器也。"
曰："何器也?"
曰："瑚琏①也。"

注释

①瑚琏：古代祭祀时盛粮食的器皿。朱熹《集注》："夏曰瑚，商曰琏，周曰簠簋（fǔ guǐ），皆宗庙盛黍稷之器而饰以玉，器之贵重而华美者也。"比喻美才。

译文

子贡问道："我这个人怎么样?"
孔子说："你好比是一个器皿。"
子贡说："什么器皿?"
孔子说："宗庙里盛黍稷的瑚琏。"

或曰："雍也仁而不佞（nìng）①。"

子曰："焉用佞？御人以口给（jǐ）②，屡憎于人。不知其仁，焉用佞？"

注释

①雍：孔子学生冉雍，字仲弓。佞：能说会道，有口才。②口给：口齿伶俐、辩才无碍。给：足也。

译文

有人说："冉雍这个人有仁德，却没有口才。"

孔子说："何必要口才呢？伶牙俐齿地同人家辩驳，常常使人讨厌。冉雍未必仁，但为什么要有口才呢？"

子使漆雕开①仕。对曰："吾斯之未能信②。"子说（yuè）。

注释

①漆雕开：孔子的学生，字子开。姓漆雕，名开。②吾斯之未能信：是"吾未能信斯"的倒装，"之"是用来作宾语提前的标志。

译文

孔子叫漆雕开去做官。他回答说："我对这个还没有信心。"孔子听了很高兴。

子曰："道不行，乘桴（fú）①浮于海。从我者，其由②与？"
子路闻之喜。子曰："由也好勇过我，无所取材③。"

注释

①桴：就是现在的木簰。②其：语气副词，表揣测。由：孔子的学生仲由，字子路。③材：同"哉"。这字的解释较多分歧，这里用杨伯峻《论语译注》说。

译文

孔子说："主张行不通了，我就坐个木筏到海外去漂流，跟随我的，恐怕只有仲由吧！"

子路听了这话很高兴。孔子说："仲由这个人好勇的精神超过了我，这可就没有什么可取的了。"

孟武伯问："子路仁乎？"子曰："不知也。"又问。子曰："由也，千乘之国，可使治其赋①也，不知其仁也。"

"求也何如？"子曰："求也，千室之邑②，百乘之家③，可使为之宰④也，不知其仁也。"

"赤⑤也何如？"子曰："赤也，束带立于朝，可使与宾客言也，不知其仁也。"

注释

①赋：兵赋，这里指向百姓征收军费。②邑：古代居民的聚居点，大致相当于后来的城镇。③家：古代卿大夫的采邑。百乘之家是大夫采邑中的较大者。④之：这里用法同"其"，代词。他的。宰：古代一县的县长叫"宰"，大夫家的总管也叫"宰"。⑤赤：姓公西，名赤，字子华。孔子的弟子。

译文

孟武伯问孔子："子路有没有仁德呢？"孔子说："不知道

呢。"他又问。孔子说："仲由嘛，在拥有一千辆兵车的国家，可以叫他负责管理军事，但我不知道他有没有仁德。"

"冉求怎么样呢？"孔子说："冉求呀，有千户人口的采邑，可以让他当县长；有百辆兵车的大夫封地，可以叫他当总管。至于他有没有仁德，我不知道呢。"

"公西赤又怎么样呢？"孔子说："公西赤呀，穿着礼服，立于朝廷之中，可以叫他接待外宾，办理交涉。至于他有没有仁德，我不知道呢。"

　　子谓子贡曰："女与回也孰愈①？"

　　对曰："赐也何敢望回？回也闻一以知十，赐也闻一以知二。"

　　子曰："弗如也，吾与②女弗如也。"

注释

①女：同"汝"，你。回：孔子的学生颜回。愈：胜过，超过。
②与：动词。同意，赞同。

译文

　　孔子对子贡说："你和颜回，哪一个强些？"

　　子贡回答说："我怎敢和颜回相比啊？颜回呀，他听到一件事，可以推知十件事；我呢，听到一件事，只能推知两件事。"

　　孔子说："你赶不上他，我同意你的话，是赶不上他。"

　　宰予昼寝。子曰："朽木不可雕也，粪土之墙不可杇（wū）①也。于予与何诛②？"

　　子曰③："始吾于人也，听其言而信其行；今吾于人也，听其言而观其行。于予与改是。”

注释

①杇：泥工抹墙的工具。这里作动词。把墙壁抹平，即粉刷。②诛：责备。③子曰：以下的话是孔子另一个时候的言语，所以又加"子曰"两字以示区别。

译文

宰予在白天睡觉。孔子说："腐烂了的木头雕刻不得，粪土似的墙壁粉刷不得。对于宰予么，不值得责备呀。"

孔子又说："起先我对人家，听到他的话，便相信他的行为；今天我对人家，听到他的话，却要考察他的行为。从宰予这里我改变了看人的方法。"

子曰："吾未见刚者。"或对曰："申枨（chéng）①。"子曰："枨也欲，焉得刚？"

注释

①申枨：字周，孔子的弟子。

译文

孔子说："我没见到过刚直的人。"有人回答说："申枨就是。"孔子说："申枨这人欲望太多，哪里能够刚直不阿呢？"

子贡曰："我不欲人之加①诸我也，吾亦欲无加诸人。"
子曰："赐也，非尔所及也。"

注释

①加：驾凌，凌辱。

译文

子贡说："我不想别人欺侮我，我也不想欺侮别人。"

孔子说："端木赐呀，这可不是你能做到的啰。"

子贡曰："夫子之文章①，可得而闻也；夫子之言性与天道②，不可得而闻也。"

注释

①文章：有关古代文献的学问，学术。②性：人的本性。天道：天命。

译文

子贡说："老师关于学问或学术研究的言论，我们听得到；老师关于天性和天道的言论，我们听不到。"

子路有闻，未之能行，唯恐有①闻。

注释

①有：同"又"。

译文

子路有所闻，还没有能够去做，只怕又有所闻。

子贡问曰："孔文子何以谓之'文'①也？"

子曰："敏而好学，不耻下问，是以谓之'文'也。"

①孔文子：孔圉（yǔ），卫国大夫。"文"是其谥号，"子"是尊称。

译文。

　　子贡问道："孔文子凭什么谥他为'文'啊？"

　　孔子说："他聪敏好学，又谦虚下问，不以为耻，所以用'文'字做他的谥号。"

　　子谓子产①，"有君子之道四焉：其行己也恭，其事上也敬，其养民也惠，其使民也义。"

注释。

①子产：公孙侨，字子产，郑穆公之孙，春秋时郑国的贤相，也是中国古代杰出的政治家和外交家。

译文。

　　孔子评论子产，说："他在四个方面体现出君子之道：他自己的行为庄重，他侍奉君主恭敬，他供养人民有恩惠，他役使人民合于公道。"

　　子曰："晏平仲①善与人交，久而敬之。"

注释。

①晏平仲：名婴，春秋时齐国的贤大夫。《史记》卷六十二有他的传记。

　　孔子说："晏平仲善于和别人交朋友，相交越久，别人越发恭敬他。"

　　子曰："臧文仲居蔡①，山节藻棁（zhuō）②，何如其知③也？"

①臧文仲：即臧孙辰，鲁国大夫。居：这里是使动词，使之居住。蔡：用于占卜的大龟。②山节：指梁上的斗拱雕成山形。藻：绘有水藻图案。棁：梁上短柱。③知：同"智"。

　　孔子说："臧文仲替一种叫蔡的大乌龟盖了一间屋，有雕刻着像山一样的斗拱和画着水藻图案的梁上短柱，这人的聪明怎么这样呢？"

　　子张问曰："令尹子文三①仕为令尹，无喜色；三已②之，无愠色。旧令尹之政，必以告新令尹。何如？"子曰："忠矣。"曰："仁矣乎？"曰："未知③。——焉得仁？"

　　"崔子弑齐君④，陈文子⑤有马十乘，弃而违之。至于他邦，则曰：'犹吾大夫崔子也。'违之。之一邦，则又曰：'犹吾大夫崔子也。'违之。何如？"子曰："清矣。"曰："仁矣乎？"曰："未知。——焉得仁？"

注释

①令尹：楚国的官名，相当于宰相。子文：姓斗，名谷於菟（gǔ wū tú）。三：与下文"三已"的"三"，都是表示次数之多。②已：罢免。③未知：与第五章"不知其仁"，第八章"不知也"的"不知"用意相同，是表示否定的另一方式。④崔子：齐国大夫崔杼（zhù）。弑：在下的人杀害在上的人叫作弑。齐君：齐庄公，名光。"崔子弑齐君"之事见《左传·襄公二十五年》。⑤陈文子：齐国大夫，名须无。

译文

子张问道："楚国的令尹子文三次做令尹，没有高兴的神色；三次被罢免，没有怨恨的神色。（每次交替）一定把自己做令尹的一切政令全部告诉接位的新令尹。这个人怎么样？"孔子说："可算尽忠于国家了。"子张说："算不算得上仁呢？"孔子说："不知道。——这怎么能算是仁呢？"

子张又问道："崔杼以下犯上杀了齐庄公，陈文子有四十匹马，舍弃不要，离开齐国。到了另一个国家，说：'这里的执政者同我们的崔子差不多。'又离开。到了另一国，又说：'这里的执政者同我们的崔子差不多。'于是又离开。这个人怎么样？"孔子说："清白得很。"子张说："算不算得上仁呢？"孔子说："不知道。——这怎么能算是仁呢？"

季文子①三思而后行。子闻之，曰："再②，斯可矣。"

注释

①季文子：鲁国的大夫季孙行父，历仕鲁文公、宣公、成公、襄公四代。②再：两次。

季文子每件事都要考虑再三之后才行动。孔子听说后，说："考虑两次，也就可以了。"

子曰："宁武子①，邦有道，则知（zhì）；邦无道，则愚②。其知可及也，其愚不可及也。"

①宁武子：卫国大夫，姓宁，名俞，"武"是他的谥号。②愚：这里是装傻的意思。

孔子说："宁武子在国家政治清明的时候，便聪明机智；在国家政治昏暗的时候，便佯痴装傻。他的聪明别人赶得上，他的糊涂别人就赶不上了。"

子在陈①，曰："归与！归与！吾党之小子狂简②，斐然成章，不知所以裁③之。"

①陈：春秋时国名。在今河南开封以东、安徽亳县以北一带地方。都于宛丘（今河南淮阳县）。春秋末为楚所灭。②狂简：志向高大但行为粗率简单。③裁：剪裁。引申有教育、教导义。

孔子在陈国，说："回去吧！回去吧！我们那里的学生们志向高大但行为粗率简单，而文采又都斐然可观，我不知道怎样去指导他们。"

子曰："伯夷、叔齐不念旧恶①，怨是用希②。"

注释

①伯夷、叔齐：商朝末年孤竹君的两个儿子。父亲死后，兄弟二人互相辞让君位，后都逃到首阳山隐居。周武王起兵讨伐商纣，他们曾下山拦住车马劝阻。周朝统一天下，他们以吃周朝的粮食为可耻，饿死于首阳山。是古代高义之士的典范。《史记》卷六十一有他们的传记。恶：嫌隙，仇恨。②是用：因此。希：同"稀"。少。

译文

孔子说："伯夷、叔齐两兄弟不记念过去的仇恨，因此心中的怨恨也就很少。"

子曰："巧言、令色、足恭①，左丘明②耻之，丘亦耻之。匿怨而友其人，左丘明耻之，丘亦耻之。"

注释

①足恭：过分恭敬。②左丘明：相传是《左传》的作者，姓左丘，名明。

译文

孔子说："花言巧语，伪善的脸色，十足的恭顺，左丘明觉得这种人可耻，我也觉得他们可耻。内心藏着怨恨，表面上却同他要好，左丘明觉得这种人可耻，我也觉得他们可耻。"

颜渊、季路侍①。子曰："盍②各言尔志?"

子路曰："愿车马衣轻③裘与朋友共，敝之而无憾。"

颜渊曰："愿无伐善，无施④劳。"

子路曰："愿闻子之志。"

子曰："老者安之，朋友信之，少者怀之。"

①侍：侍立。指孔子坐着，弟子站着。若用"侍坐"，便是孔子和弟子都坐着。②盍："何不"的合音字。③轻：据考证，唐以前的本子没有这个"轻"字，应该是后人加上去的衍字。④施：表白。

译文

孔子坐着，颜渊、季路两人站在孔子旁边。孔子说："何不各人说说自己的志向呢?"

子路说："愿意把我的车马衣服同朋友共用，用坏了也没有什么抱憾不满。"

颜渊说："愿意不夸耀自己的好处，不表白自己的功劳。"

子路向孔子说："希望听到您的志向。"

孔子说："(我的志向是)让年老者生活安逸，让朋友互相信任，让年轻人得到关怀。"

子曰："已矣乎，吾未见能见其过而内自讼①者也。"

注释

①讼：责备，检讨。

孔子说:"算了吧,我没有见到过能够看到自己的错误而自我检讨的人呢。"

子曰:"十室之邑,必有忠信如丘者焉,不如丘之好学也。"

孔子说:"十户人家的小地方,一定有像我这样又忠心又诚信的人,只是不如我这样好学罢了。"

雍也第六

子曰："雍也可使南面①。"

仲弓问子桑伯子①。子曰："可也简②。"

仲弓曰："居敬而行简，以临其民，不亦可乎？居简而行简，无乃大③简乎？"子曰："雍之言然。"

仲弓问子桑伯子这人怎样。孔子说："他简单得好。"

仲弓说："若存心严肃认真，而行事简要，这样来治理百姓，不就行了吗？若存心简单，又以简单行之，那岂不是太简单了吗？"孔子说："你这话说得对。"

哀公问："弟子孰为好学？"

孔子对曰："有颜回者好学。不迁怒，不贰①过。不幸短命②死矣，今也则亡（wú）③，未闻好学者也。"

①贰：重复，一再。②短命：颜回死时年仅三十二岁。③亡：同"无"。

鲁哀公问道："你的学生中哪个好学？"

孔子回答说："有一个叫颜回的人好学。他不把自己的怒气发泄到别人身上，也不重复犯同样的错误。不幸短命死了，现在已经没有这样的人了，再也没有听说过好学的人了。"

子华使①于齐，冉子为其母请粟②。子曰："与之釜（fǔ）③。"

请益。曰："与之庾（yǔ）④。"

冉子与之粟五秉⑤。

子曰："赤之适齐也，乘肥马⑥，衣轻裘。吾闻之也，君子周急不继⑦富。"

①子华：孔子的学生。姓公西，名赤，字子华。比孔子小四十二岁。使：出使。②冉子：冉有。孔子的弟子。粟：小米。③釜：古代容量单位，六斗四升为一釜，约合今天的一斗二升八合。④庾：古代容量单位，二斗四升为一庾，约合今天的四升八合。⑤秉：古代容量单位，十六斛（十斗为一斛）为一秉。五秉则是八十斛。南宋时贾似道才改为五斗一斛，一石两斛，沿用到民国初年。周秦的八十斛合今天的十六石。⑥乘肥马：春秋时马都是用于拉车的，没有单独骑坐的马，也没有不用马拉的车。所以这里的"乘肥马"是指乘坐用肥马拉的车。直到战国时的赵武灵王实行"胡服骑射"，改穿少数民族服装，学习少数民族的骑马射箭，以便利于作战之后，马才作为作战工具与交通工具使用。⑦周：同"赒"，救济。继：朱熹《集注》："继者，续有余。"

译文

公西华被派遣出使齐国去了，冉有替他母亲向孔子请求一些小米。孔子说："给他六斗四升。"

冉有请求增加一点。孔子说："再给他二斗四升。"

冉有给了他八十石。

孔子说："公西赤到齐国去，坐着用膘肥体壮的马驾的车子，穿着又轻又暖的皮袍。我听说过：君子只周济急需救助的人，而不给富人锦上添花。"

原思为之宰①，与之粟九百，辞。子曰："毋！以与尔邻里乡党②乎！"

①原思：原宪，字子思。孔子的弟子。之：同"其"，他的，指孔子而言。宰：家臣，管家。②邻里乡党：都是古代地方单位的名称。五家为邻，二十五家为里，一万二千五百家为乡，五百家为党。

译文

原思任孔子家的总管，孔子给他小米九百，他不肯受。孔子说："不要推辞啊。（有多的）给你地方上的人吧。"

子谓仲弓，曰："犁牛之子骍（xīng）且角①；虽欲勿用②，山川其舍诸③？"

注释

①犁牛：耕牛。骍：赤色。周朝以赤色为贵，所以祭祀时也用赤色的牲畜。角：两角长得周正。这是古人用词的简略处。②虽：即使。用：杀之以祭。③其：同"岂"。诸："之乎"两字的合音字。本章旨意，据《史记·仲尼弟子列传》记载，仲弓的父亲是贱人，可仲弓却是"可使南面"的人才，因此孔子说了这番话。古代供祭祀的牺牲不用耕牛，而且认为耕牛之子也不配做祭品。孔子的意思是，耕牛所产之子如果够得上做祭品的条件，山川之神一定会接受这种祭享。那么，仲弓这样的人才，为什么因为他父亲"下贱"而舍弃不用呢？

译文

孔子谈到冉雍，说："耕牛的儿子长着赤色的毛，整齐的角，即使不想用它做牺牲来祭祀，山川之神难道会舍弃它吗？"

子曰："回也，其心三月不违仁，其余则日月至焉而已矣。"

译文

孔子说："颜回呀，他的心长久地不离开仁德，别的学生么，只是某月某天偶然想起一下罢了。"

季康子①问："仲由可使从政也与?"子曰："由也果，于从政乎何有②?"

曰："赐也可使从政也与?"曰："赐也达，于从政乎何有?"

曰："求也可使从政也与?"曰："求也艺，于从政乎何有?"

注释

①季康子：当时正担任鲁国正卿。他来试探孔子的从政意图，先在孔子的学生中提出了三个人，于是孔子对此三人一一作了评价。②何有：有何难。

译文

季康子问孔子说："仲由这人，可以让他治理政事么?"孔子说："仲由果敢决断，让他治理政事有什么困难呢?"

又问："端木赐可以让他治理政事么?"孔子说："端木赐通情达理，让他治理政事有什么困难呢?"

又问："冉求可以让他治理政事么?"孔子说："冉求多才多艺，让他治理政事有什么困难呢?"

季氏使闵子骞为费（bì）宰①。闵子骞曰：“善为我辞焉。如有复我者，则吾必在汶（wèn）上②矣。”

注释

①闵子骞：名损，字子骞（前515—?）。孔子的学生。比孔子小十五岁。费：地名，故城在今山东费县西北。②汶：水名，就是山东的大汶河。上：水的北面。

译文

季氏叫闵子骞做他的采邑费地的长官。闵子骞（对来人）说：“好好地替我辞掉吧。要是再来召我的话，那我一定跑到汶水之北去了。”

伯牛①有疾，子问之，自牖（yǒu）②执其手，曰：“亡之③，命矣夫！斯人也而有斯疾也！斯人也而有斯疾也！”

注释

①伯牛：孔子学生冉耕，字伯牛。②牖：窗子。③之：音节助词，无义。

译文

伯牛生了病，孔子去探访他，从窗户里握着他的手，说：“你要走了，这是命呀！你这样的好人却得了这样的怪病啊！你这样的好人却得了这样的怪病啊！”

子曰：“贤哉，回也！一箪（dān）①食，一瓢饮，在陋②巷，人不堪③其忧，回也不改其乐。贤哉，回也！”

注释

①箪：古代盛饭的圆形竹器。②陋：狭小，简陋。③堪：忍受，承受。

译文

　　孔子说："贤良啊颜回！一竹筐饭，一瓜瓢水，住在小巷子里，别人都受不了那穷苦的忧愁，颜回却不改变他陶醉其中的乐趣。贤良啊颜回！"

　　冉求曰："非不说（yuè）子之道，力不足也。"
　　子曰："力不足者①，中道而废。今女画②。"

注释

①者：语气助词，表示停顿。有时兼表假设语气。②画：停止不前。

译文

　　冉求说："不是我不喜欢您的学说，是我力量不够啊。"
　　孔子说："如果真是力量不够的话，走到半道就再走不动了。现在你是停步不走了。"

　　子谓子夏曰："女为君子儒，无为小人儒。"

译文

　　孔子对子夏说："你要做个君子式的儒者，不要做那种小人式的儒者。"

子游为武城①宰。子曰："女得人焉耳乎②？"

曰："有澹（tán）台灭明③者，行不由径④，非公事，未尝至于偃⑤之室也。"

注释

①武城：鲁国的城邑，在今山东费县西南。②女：同"汝"。耳：通行本作"尔"，此据杨伯峻《论语译注》校。③澹台灭明：字子羽，孔子弟子。④径：小道。⑤偃：即言偃，子游的名。古人自称常称自己的名，而不称自己的字。

译文

子游做武城邑的长官。孔子说："你在这儿得到什么人才没有？"

他说："有一个叫澹台灭明的人，走路不抄小道，不是公事，从不到我屋里来。"

子曰："孟之反不伐①，奔而殿②，将入门，策其马，曰：'非敢后也，马不进也。'"

注释

①孟之反：鲁国大夫，名侧。伐：夸耀。②奔：败走。殿：殿后，指在全军最后作掩护。

译文

孔子说："孟之反不夸耀自己，（在抵御齐国的战役中，右翼的军队溃退了）他走在最后，掩护全军，将进城门，鞭打着马匹，说：'不是我敢于殿后，是马不肯快走的缘故。'"

子曰："不有祝鮀（tuó）之佞①，而有宋朝②之美，难乎免③于今之世矣。"

注释

①不有：表示假设语气，假若没有。祝鮀：字子鱼，卫国大夫。能言善辩，却不被卫灵公重用。佞：口才好。②宋朝：宋国的公子朝，春秋时的美男子。《左传》里记载有他与卫灵公夫人南子淫乱，并蒙蔽卫灵公的事。③免：免除祸患。

译文

孔子说："假使没有祝鮀的口才，而仅有宋朝的美貌，在今天的社会里怕不容易避免祸害哟。"

子曰："谁能出不由户？何莫由斯道也？"

译文

孔子说："谁能够不从房门经过走出屋子？为什么没有人从这条路行走呢？"

子曰："质胜文则野①，文胜质则史②。文质彬彬③，然后君子。"

注释

①野：粗俗，无文采。②史：虚浮，浮夸。③文质彬彬：此处形容人既文雅又朴实，后来多用来指人文雅有礼貌。

孔子说："朴实多于文采，就未免粗野；文采多于朴实，又未免虚浮。文采和朴实配合得当，这才是个君子。"

子曰："人之生也^①直，罔^②之生也幸而免。"

①也：句中语气助词，表停顿。②罔：诬罔的人，不直的人。

孔子说："一个人活在世上要靠正直，不正直的人虽然也可以生存，那只是他侥幸地避免了祸害。"

子曰："知之者不如好之者，好之者不如乐之者。"

孔子说："（对于任何学问和事业）懂得它的人不如爱好它的人，爱好它的人又不如以它为乐的人。"

子曰："中人以上，可以语上也；中人以下，不可以语上也。"

孔子说："中等水平以上的人，可以告诉他高深学问；中等水平以下的人，不可以告诉他高深学问。"

樊迟问知（zhì）^①。子曰："务民之^②义，敬鬼神而远之，

可谓知矣。"

　　问仁。曰："仁者先难而后获③，可谓仁矣。"

注释

①知：同"智"。②务：从事，致力于。之：动词。去，到。③先难而后获：刘宝楠《论语正义》："难，谓事难也。获，得也，谓得禄也。"

译文

　　樊迟问怎么样才算聪明。孔子说："致力于使人民走向'义'的道路上去，严肃地对待鬼神但并不接近他，可以说是聪明了。"
　　又问怎样才叫作有仁德。孔子说："吃苦在前，享受在后，可以说是仁德了。"

　　子曰："知（zhì）者乐水，仁者乐山。知（zhì）者动，仁者静。知（zhì）者乐，仁者寿。"

译文

　　孔子说："聪明人乐于水，仁人乐于山。聪明人活动，仁人沉静。聪明人快乐，仁人长寿。"

　　子曰："齐一变，至于鲁；鲁一变，至于道。"

译文

　　孔子说："齐国一有改革，便达到鲁国的样子；鲁国一有改革，便进而合于大道了。"

子曰："觚（gū）不觚①，觚哉！觚哉！"

注释

①觚：古代盛酒的器皿，上圆下方，有四条棱角。容量约为二升。后来觚被改造，所以孔子感叹觚不像觚了。

译文

孔子说："觚不像个觚了，这是觚吗？这是觚吗？"

宰我问曰："仁者，虽告之曰：'井有仁①焉。'其从之也？"
子曰："何为其然也？君子可逝②也，不可陷也；可欺也，不可罔③也。"

注释

①仁：与《学而》篇中"泛爱众而亲仁"的"仁"用法相同，指"仁人"。②逝：往而不返。③罔：诬罔不正直。

译文

宰我问道："有仁德的人，就是告诉他：'井里掉下一位仁人啦。'他是不是会跟着跳下井去呢？"

孔子说："为什么要这样做呢？君子可以叫他远远走开不再回来，却不可以陷害他；可以欺骗他，却不可以愚弄他。"

子曰："君子博学于文，约①之以礼，亦可以弗畔矣夫②！"

注释

①约：约束。②畔：同"叛"。矣夫：语气词，表示强烈的感叹语气。

孔子说:"君子广泛地学习文献知识,再用礼节来加以约束,也就可以不致于离经叛道了啊!"

子见南子①,子路不说(yuè)②。夫子矢③之曰:"予所④否者,天厌之!天厌之!"

注释

①南子:卫灵公夫人,把持着当日卫国的政治,而且有淫乱的行为,名声不好。《史记·孔子世家》对"子见南子"的情景有生动的描述。②说:同"悦"。③矢:同"誓"。发誓。④所:假设连词,如果,假若。"所"的这种用法,只用于誓词中。

译文

孔子去和南子相见,子路不高兴了。孔子发誓说:"我如果做得不对的话,天厌弃我罢!天厌弃我罢!"

子曰:"中庸①之为德也,其至矣乎!民鲜久矣。"

注释

①中庸:这是孔子的最高道德标准。中:折中,无过无不及。庸:平常。

译文

孔子说:"中庸这种道德,该是最高的了吧!人们缺乏这种道德已经为时很久了。"

子贡曰:"如有博施于民而能济众,何如? 可谓仁乎?"

子曰:"何事于仁! 必也圣乎! 尧舜其犹病①诸! 夫仁者,己欲立而立人,己欲达而达人。能近取譬②,可谓仁之方也已。"

注释

①尧舜:传说中的两位上古帝王,也是孔子心目中的榜样。病:难。②能近取譬:能够就自身打比方,就是推己及人的意思。

译文

子贡说:"假如有这样一个人,他能广泛地给人们以好处,又能周济大家,怎么样? 可以说是仁德了吗?"

孔子说:"哪里仅是仁德! 那一定是圣德了! 尧舜或者都难以做到呢! 仁是什么呢? 自己要站得住,同时也使别人站得住;自己要事事行得通,同时也使别人事事行得通。能够就近以自身作比,而推己及人,可以说就是实行仁道的方法了。"

述而第七

子曰："述而不作①，信而好古，窃比于我老彭②。"

注释

①述：传述，传授。作：创造，创作。②窃：私下。老彭：学术界说法不一。有人说是老子和彭祖两人，有人说是殷商时代的彭祖一人，有人说是商朝一位"好述古事"的"贤大夫"，又有人说孔子说"我的老彭"，其人一定和孔子相当亲密，未必是古人。

译文

孔子说："阐述而不创作，信仰并喜爱古代文化，我私下把自己比作老彭。"

子曰："默而识（zhì）①之，学而不厌②，诲人不倦，何有于我哉？"

注释

①识：记住。②厌：满足。

译文

孔子说："默默地记住（所学的知识），努力学习而不知满足，教导别人而不知疲倦，这些事情我做到了哪些呢？"

子曰："德之不修，学之不讲，闻义不能徙①，不善不能改，是吾忧也。"

注释

①徙：迁移，改变。

译文

孔子说："不修养品德，不研究学问，听到了道义却不能改变自己，有缺点不能改正，这些都是我所忧虑的呢。"

子之燕居①，申申②如也，夭夭③如也。

注释

①燕居：闲居，家居。②申申：整洁的样子。③夭夭：斯文和缓的样子。

译文

孔子在家闲居，穿戴整齐，心情和乐而舒展。

子曰："甚矣吾衰也！久矣吾不复梦见周公①！"

注释

①周公：姓姬，名旦，周文王的儿子，武王的弟弟。是西周典章制度的制定者，也是孔子心目中最敬佩的古代圣人之一。

译文

孔子说："我衰老得多么厉害呀！我好长时间都没梦见周公了！"

子曰："志于道，据于德，依于仁，游于艺①。"

注释

①艺：六艺，孔子教授学生的礼、乐、射、御、书、数等六种知识和技能。

译文

孔子说："立志于道，据守于德，依托于仁，游习于六艺。"

子曰："自行束脩①以上，吾未尝无诲焉。"

注释

①束脩：十条干肉。这是古代用来作为初次拜见人的礼物，是比较菲薄的礼物。脩：干肉。

译文

孔子说："只要是自愿拿点薄礼来见我的人，我从来没有不给他教诲的。"

子曰："不愤①不启，不悱（fěi）不发②。举一隅不以三隅反③，则不复也。"

注释

①愤：郁结，心中要求彻悟而未得的样子。②悱：想说而不知道怎样说的样子。不启、不发，这是孔子自述其教学方法，必须让受教育者在学习中遇到了困难，再去启发他。这样，教学效果自然好些。③隅：屋子四方的边或角。反：类推。

译文

孔子说:"教导学生,不到他想弄明白而不得的时候,不去开导他;不到他想表达却说不出来的时候,不去启发他。教给他一方,他却不能由此推知其他三方,便不再教他了。"

子食于有丧者之侧,未尝饱也。

译文

孔子在死了亲人的人身边吃饭,不曾吃饱过。

子于是日哭,则不歌。

译文

孔子在这一天哭泣,就不唱歌。

子谓颜渊曰:"用之则行,舍之则藏①。惟我与尔有是夫!"

子路曰:"子行三军②,则谁与(yù)③?"

子曰:"暴虎冯(píng)河④,死而无悔者,吾不与也。必也临事而惧,好谋而成者也。"

注释

①舍:舍弃,不用。藏:隐藏。②三军:当时大国所有的军队,每军约一万二千五百人。③与:动词。偕同,在一起。④暴虎:徒手搏虎。冯河:徒足涉河。

译文

孔子对颜渊说:"用我呢,就实行自己的主张;不用我呢,就隐居起来。只有我和你才能这样吧!"

子路说:"如果让您率领军队,你找谁共事?"

孔子说:"赤手空拳和老虎搏斗,不用船只徒足去渡河,这样死了都不后悔的人,我是不和他共事的。(我要找他共事的)一定是面临任务便忧惧谨慎,善于谋略而且能把事情做成的人。"

子曰:"富而①可求也,虽执鞭之士②,吾亦为之。如不可求,从吾所好。"

注释

①而:义同"如",假设连词。②执鞭之士:从事低贱职业的人。

译文

孔子说:"财富如果可以求得的话,就是做手持鞭子的低贱职事,我也愿意去从事它。如果求它不到,还是干我爱好的事吧。"

子之所慎:齐①、战、疾。

注释

①齐:同"斋",斋戒。

译文

孔子所谨慎对待的事有:斋戒、战争、疾病。

子在齐闻《韶》①,三月不知肉味,曰:"不图为乐之至于斯也。"

①《韶》：传说为舜时乐曲。

译文

　　孔子在齐国听到《韶》乐，有好几个月时间都尝不出肉的滋味，说："想不到欣赏音乐竟到了这种陶醉的境界。"

　　冉有曰："夫子为卫君①乎?"子贡曰："诺，吾将问之。"
　　入，曰："伯夷、叔齐何人也?"曰："古之贤人也。"曰："怨乎?"曰："求仁而得仁，又何怨?"
　　出，曰："夫子不为也。"

注释

①为：动词。帮助，引申有赞成、拥护之义。卫君：卫出公辄。辄是卫灵公之孙，太子蒯聩之子。他的父亲因谋杀南子而被卫灵公驱逐出国。灵公死后，辄被立为国君，其父回国与他争位。

译文

　　冉有说："老师赞成卫君吗?"子贡说："好吧，我去问问他。"

　　子贡进到孔子屋里，说："伯夷、叔齐是什么样的人?"孔子说："是古代的贤人。"子贡说："他们有怨悔吗?"孔子说："他们追求仁德，便得到了仁德，又怨悔什么呢?"

　　子贡走出，答复冉有说："老师不赞成卫君。"

　　子曰："饭疏食①饮水，曲肱（gōng）②而枕之，乐亦在其中矣。不义而富且贵，于我如浮云。"

①疏食：粗粮。一说指糙米。②肱：胳膊。

　　孔子说："吃粗粮，喝白水，弯着胳膊做枕头，也乐在其中呢。用不正当手段而得来的富贵，在我看来好像浮云一样。"

　　子曰："加我数年，五十以学《易》①，可以无大过矣。"

①五十以学《易》：《史记》引此章作"吾以学《易》"。朱熹《论语集注》认为"五十"为误字。

　　孔子说："如果让我多活几年，五十岁的时候去学习《易经》，便可以没有大的过错了。"

　　子所雅言①，《诗》、《书》、执礼，皆雅言也。

①雅言：周王朝以陕西语音为标准音的官话，在当时被称作"雅言"。

　　孔子有用雅言的时候，讲读《诗》《书》，主持礼仪时，都用雅言。

叶（shè）①公问孔子于子路，子路不对。

子曰："女奚不曰：其为人也，发愤忘食，乐以忘忧，不知老之将至云尔②。"

注释
①叶：地名，当时属楚，今河南叶县南三十里有古叶城。叶公是叶的地方官，叫沈诸梁，字子高。②云尔：如此而已，罢了。

译文

叶公向子路问孔子为人怎么样，子路没有回答。

孔子对子路说："你为什么不这样说：他这个人，发愤用功便忘记吃饭，高兴快乐便忘记忧愁，不知道衰老将要到来，如此而已。"

子曰："我非生而知之者，好古，敏以求之者也。"

译文

孔子说："我不是生来就有知识的人，而是爱好古代文化，勤奋努力追求知识的人。"

子不语怪、力、乱、神。

译文

孔子不谈论怪异、武力、叛乱、鬼神。

子曰："三①人行，必有我师焉：择其善者而从之，其不善者而改之。"

注释

①三：表多数，不实指。

译文

孔子说："几个人同行，其中必定有人可以做我的老师：我选取他们的优点而向他们学习，看出哪些缺点而加以改正。"

子曰："天生德于予，桓魋（tuí）其如予何①？"

注释

①桓魋：即向魋，是宋国的司马（主管军事行政的官），因为是宋桓公的后代，所以又叫桓魋。此章本事《史记·孔子世家》有记载："孔子去（离开）曹，适宋（到宋国去），与弟子习礼大树下。宋司马桓魋欲杀孔子，拔其树。孔子去，弟子曰：'可以速矣！'孔子曰：'天生德于予，桓魋其如予何？'"

译文

孔子说："上天把品德赋予了我，桓魋他能把我怎样呢？"

子曰："二三子①以我为隐乎？吾无隐乎尔。吾无行而不与二三子者，是丘也。"

注释

①二三子：孔子称其弟子们。

译文

孔子说："你们这些弟子以为我对你们有所隐瞒吗？我对你们是没有隐瞒的。我没有什么事情不是与你们一起做的，这就是我孔丘的为人。"

子以四教：文、行、忠、信。

译文
孔子用四个方面的内容教育学生：历代文献、社会实践、待人忠心、诚实守信。

子曰："圣人，吾不得而见之矣，得见君子者，斯可矣。"
子曰："善人，吾不得而见之矣，得见有恒①者，斯可矣。亡（wú）②而为有，虚而为盈，约而为泰③，难乎有恒矣。"

注释
①恒：有恒心。②亡：同"无"。③约：穷困。泰：用度豪华、奢侈。

译文
孔子说："圣人，我不能够看到了，能看到君子，就可以了。"

孔子又说："善人，我不能够看到了，能看到始终如一坚持操守的人，就可以了。本来没有却装作有，本来空虚却装作充足，本来穷困却要豪华，这样的人是难于始终如一坚持操守的。"

子钓而不纲①，弋（yì）不射宿②。

注释
①纲：网上的大绳。用它来横断水流，再用生丝系钓，着于纲上

来取鱼，也叫纲。②弋：用带绳子的箭来射鸟。宿：歇宿了的鸟。

孔子钓鱼，不用大绳横断流水来取鱼；用带绳子的箭射鸟，不射已归巢的鸟。

子曰："盖有不知而作之者，我无是也。多闻，择其善者而从之；多见而识之；知之次①也。"

①次：差一等、次一等。

孔子说："大概有一种自己不懂却冒充内行的人，我没有这种毛病。多听，选择其中好的加以接受；多看，全记在心里；这是仅次于'生而知之'的。"

互乡①难与言，童子见，门人惑。子曰："与②其进也，不与其退也，唯何甚？人洁己以进，与其洁也，不保③其往也。"

①互乡：地名，具体所在地不详。②与：支持，赞成。③保：守。引申有记住义。一说作庇护、包庇解。

互乡这地方的人难于交谈，一个童子得到孔子的接见，弟子们感到疑惑。孔子说："我们肯定人家的进步，不是肯定人家的退步，何必做得太过分呢？人家改正了错误以求进步，我们肯定他改正错误，不要死记住他的过去。"

子曰："仁远乎哉？我欲仁，斯仁至矣。"

译文

孔子说："仁德难道离我们很远吗？我要它，它就来了。"

陈司败问昭公①知礼乎，孔子曰："知礼。"

孔子退，揖巫马期②而进之，曰："吾闻君子不党③，君子亦党乎？君取④于吴，为同姓⑤，谓之吴孟子⑥。君而知礼，孰不知礼？"

巫马期以告。子曰："丘也幸，苟有过，人必知之。"

注释

①陈司败：人名。有人说"司败"是官名，也有人说是人名，究竟是什么样的人，今天已经无法知道。昭公：鲁昭公，名裯，襄公庶子，继襄公而为君。②巫马期：孔子的学生。姓巫马，名施，字子期。小孔子三十岁。③党：偏袒，包庇。④取：同"娶"。⑤同姓：鲁为周公之后，姬姓；吴为太伯之后，也是姬姓。⑥吴孟子：鲁昭公夫人。春秋时代，国君夫人的称号，一般是她出身的国名加上她的本姓。鲁娶于吴，这位夫人便应该称为吴姬。但"同姓不婚"是周朝的礼法，鲁君夫人的称号而把"姬"字标明出来，便是很显明地表示出鲁君违背了"同姓不婚"的礼制，因此改称为"吴孟子"，以掩盖鲁昭公的过错。

陈司败向孔子问鲁昭公懂不懂礼，孔子说："懂礼。"

孔子走了出来，陈司败便向巫马期作了个揖，请他走近自己，说："我听说君子无所偏袒，难道孔子竟也偏袒人吗？鲁君从吴国娶了位夫人，吴和鲁是同姓国家，（不便叫她吴姬）于是叫她做吴孟子。鲁君若是懂得礼，谁不懂得礼呢？"

巫马期把这话转告给孔子。孔子说："我真幸运，如果有了错误，人家一定给指出来。"

子与人歌而善，必使反之，而后和（hè）之。

孔子同别人一道唱歌，如果唱得好，一定请他再唱一遍，然后自己再跟着他唱一遍。

子曰："文，莫①吾犹人也。躬行君子，则吾未之有得。"

①莫：也许，大概，差不多。

孔子说："书本上的学问，大约我同别人差不多。做一个身体力行的君了，那我还没有做到。"

子曰："若圣与仁，则吾岂敢？抑为之不厌①，诲人不倦，则可谓云尔已矣。"

公西华曰："正唯弟子不能学也。"

注释

①抑：转折连词，只不过。厌：满足。

译文

孔子说："如果说到圣和仁，我怎么敢当？不过是学习和工作总不知满足，教导别人总不知疲倦，就是如此罢了。"

公西华说："这正是我们学不到的。"

子疾病①，子路请祷。子曰："有诸？"子路对曰："有之。《诔》②曰：'祷尔于上下神祇（qí）③。'"子曰："丘之祷久矣。"

注释

①疾病：重病。②诔：祈祷文。和哀悼死者的"诔"不同。③神祇：古代称天神为神，地神为祇。

译文

孔子病重，子路请求祈祷。孔子说："有这样的事吗？"子路回答说："有的。《诔》文上说过：'替你向天地神灵祈祷。'"孔子说："那我已经祈祷很久了。"

子曰："奢则不孙①，俭则固②。与其不孙也，宁固。"

注释

①孙：同"逊"。②固：固陋，寒碜。

译文

孔子说："奢侈豪华就显得放纵，省俭朴素就显得寒碜。与其放纵，宁可寒碜。"

子曰："君子坦荡荡，小人长戚戚。"

译文

孔子说："君子心地平坦宽广，小人总是局促忧愁。"

子温而厉，威而不猛，恭而安。

译文

孔子温和而又严厉，威严而不凶猛，庄重而又安详。

泰伯第八

子曰："泰伯①，其可谓至德也已矣。三以天下让②，民无得而称焉。"

注释·
①泰伯：也作"太伯"，周朝祖先古公亶父的长子。古公有三子：太伯、仲雍、季历。季历的儿子就是西伯昌（周文王）。传说古公预见到昌的圣德，因此想打破惯例，把君位不传长子太伯，而传给幼子季历，从而传给昌。太伯为实现他父亲的意愿，便偕同仲雍出走至勾吴，终于把君位传给季历和昌。昌后来扩张国势，竟有天下的三分之二，到他儿子发（周武王），便灭了商纣王，统一了天下。②三：多次。天下：指当时周部落的天下而言。一说指后来周部落统一了中原的天下而言。

译文·
孔子说："泰伯，他可以说是品德崇高至极的人了。多次把王位让给季历，老百姓简直找不出恰当的词语来称赞他。"

子曰："恭而无礼则劳①，慎而无礼则葸（xǐ）②，勇而无礼则乱，直而无礼则绞③。君子笃于亲，则民兴于仁；故旧不遗，则民不偷④。"

①礼：这里指的是礼的本质。劳：疲劳。②葸：胆怯，害怕。
③绞：尖刻，出口伤人。④偷：淡薄。这里指人与人的感情而言。

译文

孔子说："注重容貌态度的端庄却不知礼，就未免劳倦；只
知谨慎却不知礼，就流于畏葸懦弱；专凭敢作敢为的胆量却不知
礼，就会盲动闯祸；心直口快却不知礼，就会出语尖刻伤人。在
上位的人能用深厚感情对待亲族，那么老百姓就会走向仁德；在
上位的人不遗弃他的老同事、老朋友，那么老百姓就不致对人冷
淡无情。"

曾子有疾，召门弟子曰："启①予足！启予手！《诗》
云②：'战战兢兢，如临深渊，如履薄冰。'而今而后，吾知免
夫！小子③！"

注释

①启：视。一说开启，打开。②《诗》云：所引诗见《诗经·小
雅·小旻》。③小子：后生弟子。

译文

曾参病了，把他的学生召集拢来，说："看看我的脚！看看
我的手！《诗经》上说：'小心呀！谨慎呀！好像走近深渊旁，好
像踩在薄冰上。'从今以后，我才晓得自己是可以免于祸害刑戮
的了！学生们！"

曾子有疾，孟敬子①问之。曾子言曰："鸟之将死，其鸣

也哀；人之将死，其言也善。君子所贵乎道者三：动容貌，斯远暴慢②矣；正颜色，斯近信矣；出辞气，斯远鄙倍③矣。笾豆之事④，则有司⑤存。"

注释

①孟敬子：鲁国大夫仲孙捷。②暴慢：粗暴无礼，懈怠不敬。③鄙：粗野鄙陋。倍：同"背"。不合理，错误。④笾豆之事：笾和豆都是古代祭祀和典礼中用以盛果实等的器皿，这里"笾豆之事"指祭祀等礼仪活动。⑤有司：主管其事的小吏。

译文

曾参病了，孟敬子去探问他。曾子说："鸟要死了，它的鸣声是悲哀的；人要死了，他说的话是善意的。居上位的人待人接物有三方面应该注意：严肃自己的容貌，就可以避免别人的粗暴和懈怠；端正自己的表情，和颜悦色，就容易使人相信；说话的时候，多考虑言辞和声调，就可以避免鄙陋粗野和错误。至于礼仪的具体事宜，自有主管人员负责。"

曾子曰："以能问于不能，以多问于寡；有若无，实若虚；犯而不校①。昔者吾友②尝从事于斯矣。"

注释

①校：计较。②吾友：指颜回。

译文

曾子说："有能力的人向无能力的人请教，知识丰富的人向知识缺少的人请教；有学问像没学问一样，满腹知识像空无所有一样；纵被欺侮，也不计较。从前我的一位朋友就是这样做的。"

曾子曰："士不可以不弘毅①，任重而道远。仁以为己任，不亦重乎？死而后已，不亦远乎？"

注释

①弘毅：强毅。

译文

曾子说："读书人不可以不刚强而有毅力，因为他负担沉重，道路遥远。以实现仁德为己任，负担不是沉重吗？到死方休，道路不是遥远吗？"

子曰："兴①于《诗》，立于礼，成于乐。"

注释

①兴：开始。

译文

孔子说："人的学习开始于学习《诗经》，自立于学习礼制，完成于学习音乐。"

子曰："民可使由之，不可使知之。"

译文

孔子说："老百姓可以使他们照着我们说的去做，不可以使他们知道为什么这样做。"

子曰："好勇疾贫，乱也。人而不仁，疾之巳①甚，乱也。"

注释

①巳：程度副词。太。

译文

孔子说："崇尚勇武却厌恶贫困，是一种祸害。人如果没有仁心，对他人痛恨太甚，也是一种祸害。"

子曰："笃信①好学，守死善道。危邦不入，乱邦不居。天下有道则见②，无道则隐。邦有道，贫且贱焉，耻也；邦无道，富且贵焉，耻也。"

注释

①笃信：即《子张》篇"信道不笃"的意思。②见：同"现"。指出仕为官。

译文

孔子说："坚定我们的信念，勤奋学习，誓死捍卫真理。不进入危险的国家，不居住祸乱的国家。天下太平，就出来做官；不太平，就隐居不仕。国家政治清明而自己贫贱，是耻辱；国家政治黑暗而自己富贵，也是耻辱。"

子曰："不在其位，不谋其政。"

译文

孔子说："不在那个位子上，就不谋划那个职位的政事。"

子曰："师挚之始①，《关雎》之乱②，洋洋乎盈耳哉！"

注释

①师挚：鲁国的太师，名挚。始：乐曲的开端。古代奏乐，开始叫作"升歌"，一般由太师演奏。鲁国的典礼由师挚演奏，所以说"师挚之始"。②《关雎》：《诗经》的第一篇。乱：乐曲的结束，也是"合乐"，犹如今日的合唱。当合奏之时，奏《关雎》的乐章，所以说"《关雎》之乱"。

译文

孔子说："从太师挚演奏序曲开始，到结尾演奏《关雎》，丰富而优美的音乐始终在我耳边回荡啊！"

子曰："狂而不直，侗（tóng）而不愿①，悾悾（kōng）②而不信，吾不知之矣。"

注释

①侗：幼稚无知。愿：朴实。②悾悾：无能的样子。一说诚恳的样子。

译文

孔子说："狂妄而不直率，幼稚而不老实，无能而不讲信用，这种人我不知道会变成什么样子。"

子曰："学如不及，犹恐失之。"

孔子说："读书学习就好像（追逐什么）生怕赶不上似的，（赶上了）还生怕丢掉了。"

子曰："巍巍乎，舜禹①之有天下也而不与（yù）②焉！"

①禹：夏朝开国之君，又是中国最早主持水利工程且有卓著功勋的人物。②与：参与，关连。这里有"私有""享受"的意思。

孔子说："舜和禹是多么崇高啊！贵为天子，富有四海（却整年地为百姓操劳），不把天下当做自己的私有品而只图享受。"

子曰："大哉尧之为君也！巍巍乎！唯天为大，唯尧则①之。荡荡乎②，民无能名焉。巍巍乎其有成功也，焕乎其有文章③！"

①则：效法，仿效。②荡荡乎：广博的样子。③文章：礼乐制度。

孔子说："尧是多么伟大啊！真是高大得很呀！只有天最高大，只有尧能效法天。他的恩惠真是广博呀！老百姓都不知道怎样称赞他。伟大崇高啊，他建立的功绩；灿烂辉煌啊，他创立的礼乐制度！"

舜有臣五人①而天下治。武王曰："予有乱臣②十人。"孔子曰："才难，不其然乎！唐虞之际③，于斯④为盛。有妇人焉⑤，九人而已。三分天下有其二⑥，以服事殷。周之德，其可谓至德也已矣。"

注释

①舜有臣五人：相传是禹、稷、契（xiè）、皋陶（yáo）、伯益五人。②乱臣：治国之臣。《说文》："乱，治也。"《左传·昭公二十四年》："余有乱臣十人，同心同德。"③唐虞之际：传说尧在位的时代叫唐，舜在位的时代叫虞。④斯：指周武王时期。⑤有妇人焉：武王的乱臣十人中有武王之妻邑姜，也有人认为这位妇人是指武王之母太姒（sì）。⑥三分天下有其二：《逸周书·程典篇》说："文王合九州之侯，奉勤于商。"相传当时分九州，文王得六州，是有三分之二。

译文

舜有五位贤臣，天下便太平。武王说："我有十位能治理天下的臣子。"孔子因此说："人才难得，不是这样吗？唐尧和虞舜之间以及周武王说那话的时候，人才最兴盛。然而武王十位人才之中还有一位妇女，实际上只是九位罢了。周文王得了天下的三分之二，仍然向商纣王称臣。周朝的道德，可以说是最高的了。"

子曰："禹，吾无间（jiàn）①然矣。菲饮食而致孝乎鬼神，恶衣服而致美乎黻冕（fú miǎn）②，卑宫室而尽力乎沟洫（xù）③。禹，吾无间然矣。"

①间：挑剔，非议。②黻：祭祀时穿的礼服。冕：古代大夫以上的人戴的帽子。这里指祭祀时的礼帽。③沟洫：沟渠。这里指农田水利而言。

译文

孔子说："对于禹，我没有什么挑剔了。他自己吃得很简单，却尽力去孝敬鬼神；他自己穿得很简朴，却把祭祀的礼服做得极华美；他自己的住所很低矮，却把力量完全用于沟渠水利。禹，我对他没有什么挑剔了。"

子罕第九

子罕言利与命与仁①。

注释

①罕：副词。少，表示动作频率。对这句话的理解，古今多有分歧，可参阅杨伯峻《论语译注》。

译文

孔子很少（主动）谈到功利、命运和仁德。

达巷党①人曰："大哉孔子！博学而无所成名。"

子闻之，谓门弟子曰："吾何执②？执御乎？执射乎？吾执御矣。"

注释

①巷党：里巷。②执：掌握。朱熹《集注》："执，专执也。"即在某一方面有专长。

译文

达街的一个人说："孔子真伟大啊！他学问渊博，可惜没有足以树立名声的专长。"

孔子听了这话，对他的学生们说："我要以什么为专长呢？

赶马车吗？做射手吗？我还是赶马车好了。"

子绝四：毋意①，毋必②，毋固，毋我。

注释

①意：同"臆"，臆测，猜想。②必：一定，必定。指绝对肯定。

译文

孔子没有四种毛病：不凭空臆断，不绝对肯定，不拘泥固执，不唯我独是。

子畏于匡①，曰："文王既没（mò）②，文不在兹乎？天之将丧斯文也，后死者不得与（yù）③于斯文也；天之未丧斯文也，匡人其如予何？"

注释

①子畏于匡：《史记·孔子世家》记载，孔子离开卫国，准备到陈国去，经过匡（在今河南省长垣县）。匡人曾受过鲁国大臣阳货（即阳虎）的掠夺和残杀，而孔子的相貌很像阳货，他们便以为孔子就是过去曾经残害过匡地的人，于是囚禁了孔子。畏：拘囚。②没：同"殁"，死。③后死者：孔子自谓。与：掌握。

译文

孔子被匡地人所拘禁，便说："周文王死了以后，周代的文化不都保存在我这儿吗？上天若是要消灭这种文化，那我也不会掌握这些文化了；上天若是不要消灭这种文化，那匡人又能把我怎么样呢？"

太宰①问于子贡曰："夫子圣者与？何其多能也？"子贡曰："固天纵之将②圣，又多能也。"

子闻之，曰："太宰知我乎！吾少也贱，故多能鄙事。君子多乎哉？不多也。"

注释

①太宰：官名，掌管国君宫廷事务。这里的太宰，有人说是吴国的太宰嚭。②固：本来。纵：让，使。将：为。

译文

太宰向子贡问道："孔老先生是位圣人吗？为什么这样多才多艺呢？"子贡说："这本是上天让他成为圣人，又使他多才多艺。"

孔子听说后，便说："太宰知道我呀！我小时候穷苦，所以会做很多下贱的事情。君子会有这么多下人的技艺吗？是不会有的。"

子曰："吾有知乎哉？无知也。有鄙夫①问于我，空空如也，我叩其两端而竭②焉。"

注释

①鄙夫：乡下人。引申指粗野、没有文化的人。②叩：叩问，询问。两端：指正反、始终、上下等两个对立面。竭：穷尽，彻底弄清楚。

译文

孔子说："我有知识吗？没有呢。有一个庄稼汉问我一个问题，我本是一点也不知道的，我从他那个问题的正反两端去盘问，才把这个问题彻底弄清楚。"

子曰："凤鸟①不至，河不出图②，吾已矣夫！"

注释

①凤鸟：古代传说，凤凰是一种神鸟，是祥瑞的象征，凤凰出现就表示天下太平。②河不出图：传说圣人受命，黄河就出现图画。"凤鸟不至，河不出图"二句意思是说，当时天下黑暗无道，没有中兴的希望。

译文

孔子说："凤凰不再飞来，黄河也不再有图画出来，我这一生恐怕是完了吧！"

子见齐衰（zī cuī）①者、冕衣裳者②与瞽者，见之，虽少，必作③；过之，必趋④。

注释

①齐衰：古代的丧服，用熟麻布做成。②冕衣裳者：衣冠整齐的贵族。冕是高等贵族所戴的礼帽，后来只有皇帝所戴才称冕。衣是上衣，裳是下衣，相当于现代的裙。古代男子上穿衣，下着裙。③作：起。④趋：快步走。"作"和"趋"都是一种敬意的表示。

译文

孔子看见穿丧服的人、穿戴着礼帽礼服的人和瞎了眼睛的人，相见的时候，即使他们年轻，孔子也一定站起来；经过他们身边的时候，一定快步走过（以示敬意）。

颜渊喟然叹曰："仰之弥高，钻之弥坚①。瞻之在前，忽焉在后。夫子循循然②善诱人，博我以文，约我以礼，欲罢不能。既竭吾才，如有所立卓尔。虽欲从之，末由③也已。"

注释

①坚：何晏注："言不可穷尽也。"②循循然：有次序地。③末：无，没有。由：路，途径。

译文

颜渊感叹地说："（老师的形象，）越抬头仰望，越觉得高大；越用力钻研，越觉得深奥不可穷尽。看着他好像在前面，忽然又到后面去了。老师善于有步骤地引导我们，用各种文献来丰富我的知识，又用一定的礼节来约束我的行为，使我想停止学习都不可能。我已经用尽我的才力，似乎能够独立地工作。要想再向前迈进一步，又不知怎样着手了。"

子疾病，子路使门人为臣①。病间（jiàn)②，曰："久矣哉，由之行诈也！无臣而为有臣。吾谁欺？欺天乎！且予与其死于臣之手也，无宁死于二三子③之手乎！且予纵不得大葬，予死于道路乎？"

注释

①臣：治丧的人。这里指治丧的组织。"臣"在人死前便开始工作，死者衣衾手足的安排以及剪须等事都由"臣"去处理。②病

间：病转轻。③无宁："无"为发语词，无义。《左传·隐公十一年》："无宁兹许公复奉其社稷。"杜预注："无宁，宁也。"二三子：孔子称他的学生。

译文

孔子害了重病，子路命孔子的学生来料理丧事。后来，孔子的病渐渐好转了，就说："仲由干这种欺诈的勾当太久了啊！我本不该有治丧的组织，却一定要使人组织治丧处。我欺哄谁呢？欺哄上天吗？我与其死在治丧之人的手里，宁肯死在你们这班学生们的手里！即使不能热热闹闹地办理丧葬，我难道会死在路上吗？"

子贡曰："有美玉于斯，韫（yùn）椟（dú）①而藏诸？求善贾（gǔ）②而沽诸？"

子曰："沽之哉！沽之哉！我待贾者也。"

注释

①韫：保存。椟：木匣，柜子。②贾：商人。一说同"价"，价钱。

译文

子贡说："这里有一块美玉，是把它放在柜子里收藏起来呢，还是找一个识货的商人卖掉呢？"

孔子说："卖掉吧！卖掉吧！我是在等待识货者呢。"

子欲居九夷①。或曰："陋，如之何？"子曰："君子居之，何陋之有？"

①九夷：就是淮夷。中国古代对东方少数民族的通称。

孔子想搬到九夷去住。有人说："那地方条件非常简陋，怎么好住？"孔子说："有君子住在那里，哪还会简陋呢？"

子曰："吾自卫反鲁①，然后乐正，《雅》《颂》②各得其所。"

①自卫反鲁：据《左传》记载，孔子自卫返鲁事在鲁哀公十一年冬。②雅、颂：指《诗经》中的"雅"诗、"颂"诗。"风""雅""颂"是《诗经》按音乐分类的类名。

孔子说："我从卫国回到鲁国，才把音乐的次序调整正确，使'雅'诗、'颂'诗各归于其所适当的位置。"

子曰："出则事公卿，入则事父兄，丧事不敢不勉，不为酒困，何有于我哉①？"

①何有于我："何有"也可以解释为"不难之词"。那么这一句便当译为："这些事对我有什么困难呢？"

孔子说："出外便服侍公卿，入门便服侍父兄，有丧事不敢不尽礼，不被酒所困扰，这些事我做到了哪些呢?"

子在川上，曰:"逝者如斯夫! 不舍昼夜。"

译文

孔子站在河边，感叹说:"消逝的时光就像这河水一样啊!日夜不停地流去。"

子曰:"吾未见好德如好色者也。"

译文

孔子说:"我没有看见过喜爱道德胜过喜爱美色的人。"

子曰:"譬如为山，未成一篑(kuì)①，止，吾止也。譬如平地，虽覆一篑，进，吾往也。"

注释
①篑:土筐。

译文

孔子说:"好比堆土成山，只要再加一筐土便成山了，如果停止不再坚持下去，这是我自己停止的。又好比在平地上堆土成山，虽然才刚刚倒下一筐土，如果决心努力做下去，那也是我自己要坚持下去的啊!"

子曰:"语之而不惰者，其回也与!"

孔子说：“给他讲学始终都不懈怠的，恐怕只有颜回一个人吧！”

子谓颜渊，曰：“惜乎！吾见其进也，未见其止也。”

孔子谈到颜渊，说：“可惜呀！我只看见他不断进步，从没看见他停滞不前。”

子曰：“苗而不秀①者有矣夫！秀而不实者有矣夫！”

①秀：庄稼吐穗、开花。

孔子说：“庄稼生长了，却不吐穗开花的，有过的罢！吐穗开花了，却不凝浆结子的，有过的罢！”

子曰：“后生可畏，焉知来者之不如今也？四十、五十而无闻焉，斯亦不足畏也已。”

孔子说：“年轻的人是可怕的，怎能断定他的将来赶不上现在的人呢？一个人到了四十岁、五十岁还没有什么名望，也就不值得惧怕了。”

子曰："法语①之言，能无从乎？改之为贵。巽与（xùn yù）之言②，能无说（yuè）乎？绎③之为贵。说而不绎，从而不改，吾末如之何也已矣。"

注释
①法语：符合礼法的言语。②巽与之言：指恭维话。巽：谦逊。与：称赞，赞许。③绎：分析，推究。

译文
孔子说："合乎礼法的话，能不接受吗？改正错误才可贵。恭维的话，能不喜欢听吗？分析一下才可贵。喜欢听却不加分析，听从却不加改正，这种人我对他没有办法了。"

子曰："三军①可夺帅也，匹夫②不可夺志也。"

注释
①三军：军队的通称。周朝制度，天子六军，诸侯中大国可有三军。因此以"三军"作为军队的通称。②匹夫：一个人。泛指平民。

译文
孔子说："一国军队，可以夺走他的主帅；一个普通百姓，却不能强迫他改变自己的志向。"

子曰："衣敝缊（yùn）①袍，与衣狐貉（hé）②者立，而不耻者，其由也与？'不忮（zhì）不求，何用不臧③？'"子路终身诵之。子曰："是道也，何足以臧？"

注释

①衣：动词，穿。缊：旧絮。②狐貉：指用狐和貉的皮做成的裘衣。③不忮不求，何用不臧：这是《诗经·邶风·雄雉》中的句子。忮：嫉妒。求：贪财。臧：善，好。

译文

孔子说："穿着破烂的旧袍子和穿着狐貉裘衣的人站在一起，而不觉得着羞惭的，恐怕只有仲由罢！《诗经》上说：'不嫉妒啊不贪财，干什么不都很漂亮？'"子路听了，便老念着这两句诗。孔子又说："只做到这个样子，怎么能够好得起来呢？"

子曰："岁寒，然后知松柏之后雕①也。"

注释

①雕：同"凋"。凋零，零落。

译文

孔子说："天冷了，才知道松柏树是最后落叶的。"

子曰："知（zhì）者不惑，仁者不忧，勇者不惧。"

译文

孔子说："聪明的人不犯糊涂，仁德的人不会忧愁，勇敢的人无所畏惧。"

子曰："可与共学，未可与适道①；可与适道，未可与立②；可与立，未可与权③。"

①适道：谓实现理想。适：往。②立：依礼而行，坚持原则。③权：本义是秤砣，这里是权宜、权变的意思。

译文.

孔子说："可以同他一道学习的人，未必可以同他一道去实现某种理想；可以同他一道实现某种理想的人，未必可以与他坚持同样的原则性；可以与他坚持原则性的人，未必可以同他掌握同样的灵活性。"

乡党第十

孔子于乡党①，恂恂（xún）②如也，似不能言者。其在宗庙朝廷，便便（pián）③言，唯谨尔。

注释

①乡党：乡里。②恂恂：恭顺的样子。②便便：善于辞令的样子。

译文

孔子在地方老乡中间，恭顺谦逊，好像不会说话的样子。他在宗庙和朝廷中，说话便明快流畅，只是说得很少。

朝，与下大夫①言，侃侃如也；与上大夫言，訚訚（yín）②如也。君在，踧踖（cù jí）③如也，与与（yú yú）④如也。

注释

①下大夫：周代贵族爵位的一个等级。周王手下的贵族有大夫和士等爵位，每等又分三级：上大夫（又叫"卿"）、中大夫、下大夫，上士、中士、下士。②訚訚：小心谨慎的样子。③踧踖：恭敬不安的样子。④与与：走路安详舒坦的样子。

　　上朝的时候，跟下大夫们说话，显出从容不迫的样子；跟上大夫们说话，显出小心谨慎的样子。国君在的时候，显出恭敬而不安的样子、行步安详的样子。

　　食不厌精，脍不厌细。

　　食饐（yì）而餲（ài）①，鱼馁而肉败②，不食。色恶不食，臭（xiù）③恶不食，失饪不食，不时④不食，割不正⑤不食，不得其酱不食。

　　肉虽多，不使胜食气⑥。

　　唯酒无量，不及乱⑦。

　　沽酒市脯不食。不撤姜食，不多食。

①饐而餲：食物经久而腐臭。②馁：鱼腐烂。败：肉腐烂。③臭：气味。④不时：不是该当吃饭的时候。⑤割不正：不按规定的分解方法切下的肉。⑥食气：饭料。⑦乱：神志昏乱。

　　粮食舂得越精细越好，鱼和肉切得越细小越好。

　　粮食霉烂发臭，鱼和肉腐烂，都不吃。食物变色了不吃，气味难闻不吃，烹调不当不吃，不到该吃东西的时候不吃，不是按一定方法砍割的肉不吃，没有一定调味的酱醋不吃。

　　席上肉虽然多，吃它不超过主食。

　　只有酒不限量，却不至醉。

　　买来的酒和肉干不吃。

　　吃完了，姜不撤除，但吃得不多。

食不语，寝不言。

译文

吃饭的时候不说话，睡觉的时候不言语。

虽疏食菜羹，瓜祭①，必齐（zhāi）②如也。

注释

①瓜祭：食前将席上各种食品拿出少许，放在食器之间，祭最初发明饮食的人。②齐：同"斋"，斋戒。

译文

虽然是糙米饭、小菜汤，也得先祭一祭，还一定恭恭敬敬，好像斋戒了的一样。

席不正①，不坐。

注释

①席不正：布席不合礼制。席：垫座的草席。古代没有椅子凳子，要坐就在地面上铺上席子，坐在席子上。现在日本人和韩国人还保留着这种席地而坐的习惯。

译文

坐席摆的方向不合礼制，不坐。

君赐食，必正席先尝之。君赐腥，必熟而荐①之。君赐生，必畜之。侍食于君，君祭，先饭。

注释

①荐：进奉。这里进奉的对象是自己的祖先。

译文

国君赐给熟食，孔子一定摆正座席先尝一尝。国君赐以生肉，一定煮熟了，先（给祖宗）进供。国君赐以活物，一定养着它。同国君一道吃饭，当他举行饭前祭礼的时候，自己先吃饭。

疾，君视之，东首①，加朝服，拖绅②。

注释

①东首：头朝向东。指孔子病中仍旧卧床而言。古人的卧榻一般设在南窗的西面。国君来，从东边台阶走上来，所以孔子面朝东来迎接他。②绅：束在腰间的大带。束完之后，仍有一节垂下来，拖在地上。

译文

孔子病了，国君来探问，他便头朝东看着，把上朝的礼服披在身上，拖着绶带。

君命召，不俟驾行矣。

译文

国君召唤，孔子不等待车辆驾好马，立即先步行前往。

朋友死，无所归，曰："于我殡①。"

①殡：停放灵柩叫殡，埋葬也可以叫殡。这里当指一切丧葬事务而言。

译文

朋友死了，没有负责收敛的人，孔子便说："丧葬由我来料理。"

朋友之馈，虽车马，非祭肉，不拜。

译文

对朋友的馈赠，即使是贵重的车马，只要不是祭肉，孔子接受时也不行礼。

寝不尸，居①不客。

注释

①居：坐。古人的坐法有几种，恭敬的是屈着两膝，膝盖着地，而足跟承着臀部。做客和见客时必须如此。不过这样难以持久，居家不必如此。省力的坐法是脚板着地，两膝耸起，臀部向下而不贴地，和蹲一样。最不恭敬的坐法是臀部贴地，两腿张开，平放而直伸，像簸箕一样，叫作"箕踞"。

译文

孔子睡觉不像死尸一样（直躺着），平日坐着，也不像接见客人或者自己做客人一样（跪着两膝在席上）。

见齐衰者，虽狎，必变。见冕者与瞽者，虽亵，必以貌。

凶服者式①之。式负版②者。

有盛馔，必变色而作。

迅雷风烈③必变。

注释

①式：同"轼"。古代车辆前供乘车人手扶的横木。这里作动词用。用手伏轼的意思。②版：国家图籍。③迅雷风烈：就是"迅雷烈风"。

译文

孔子看见穿齐衰孝服的人，就是关系极亲密的，也一定改变神态（表示同情）。看见戴着礼帽的人和盲人，即使经常相见，也一定有礼貌。

在车中遇着拿了送死人衣物的人，便把身体微微地向前一俯，手伏着车前的横木（表示同情）。遇见背负国家图籍的人，也手伏车前横木。

一有丰富的菜肴，一定神色变动，站立起来。

遇见疾雷、大风，一定改变态度。

升车，必正立，执绥（suí）①。车中，不内顾，不疾言，不亲指。

注释

①绥：车上用于拉手的绳子。

　　孔子登上车，一定先端正地站好，拉着扶手带。在车中，不向内回顾，不快速说话，不用手指指画画。

先进第十一

子曰："先进于礼乐，野人^①也；后进于礼乐，君子^②也。如用之，则吾从先进。"

注释

①野人：没有官爵的人。②君子：卿大夫。

译文

孔子说："先学习礼乐而后做官的，是未曾有过爵禄的一般人；先做了官再去学习礼乐的，是卿大夫的子弟。如果要我选用人才，我会选用先学习礼乐的人。"

德行：颜渊、闵子骞、冉伯牛、仲弓。言语^①：宰我、子贡。政事：冉有、季路。文学^②：子游、子夏。

注释

①言语：辞令，尤指在外交场合的辞令。②文学：《诗》《书》《易》等经典文献。

译文

德行好的：颜渊、闵子骞、冉伯牛、仲弓。在外交场合会说话的：宰我、子贡。会处理政事的：冉有、季路。熟悉古代文献的：子游、子夏。

子曰："回也非助我者也，于吾言无所不说（yuè）。"

译文

孔子说："颜回不是对我有所帮助的人，他对我说过的话没有不喜欢的。"

子曰："孝哉闵子骞！人不间（jiàn）^①于其父母昆弟^②之言。"

注释

①间：非议，挑剔。②昆弟：兄弟。

译文

孔子说："闵子骞真是孝顺呀，别人没法不同意他父母兄弟称赞他的话。"

南容三复"白圭"^①，孔子以其兄之子^②妻之。

注释

①南容：即南宫适（kuò），字子容。孔子弟子。三：多次。白圭：指《诗经·大雅·抑》中"白圭之玷，尚可磨也；斯言之玷，不可为也"的诗句，意思是白圭的污点还可以磨掉，我们言语中的错误便没有办法去掉。②子：儿子和女儿。这里指女儿。

南宫适经常反复诵读"白圭之玷，尚可磨也；斯言之玷，不可为也"的诗句，孔子便把哥哥的女儿嫁给他为妻。

颜渊死，颜路①请子之车以为之椁（guǒ）②。子曰："才不才，亦各言其子也。鲤③也死，有棺而无椁，吾不徒行④以为之椁。以吾从大夫之后⑤，不可徒行也。"

①颜路：颜回的父亲，名无繇，字路，也是孔子学生。②椁：外棺。古代大官棺木至少用两重，里面的一重叫棺，外面又一重大的叫椁。③鲤：孔子的儿子，字伯鱼。年五十死，死时孔子年七十。④徒行：步行。⑤从大夫之后：在大夫行列之后随行。孔子在鲁国曾经做过司寇的官，是大夫之位，不过此时孔子已经去位多年。他不说"我曾为大夫"，而说"吾从大夫之后"，是一种谦逊的口气。

颜渊死了，他父亲颜路请孔子卖掉他的车子来替颜渊置办外椁。孔子说："不管有才能还是没才能，但总归是自己的儿子。我的儿子孔鲤死了，也只有内棺而没有外椁。我不能（卖掉车子）步行来替他买椁。因为我也曾做过大夫，是不可以步行的呀。"

颜渊死。子曰："噫！天丧予！天丧予！"

颜渊死了，孔子叹息说："唉！老天爷要毁我啊！老天爷要毁我啊！"

颜渊死，子哭之恸①。从者曰："子恸矣！"曰："有恸乎？非夫（fú）人之为恸而谁为②？"

①恸：马融注："恸，哀过也。" ②非夫人之为恸：是"非为夫人恸"的倒装。夫：指示形容词，那。谁为：为谁。

颜渊死了，孔子哭得极度伤心。跟随的人说："您过于伤心了！"孔子说："真的过于伤心了吗？我不为这样的人极度伤心，还为什么样人极度伤心呢？"

颜渊死，门人欲厚葬之。子曰："不可。"门人厚葬之。子曰："回也视予犹父也，予不得视犹子也。非我也，夫二三子也。"

颜渊死了，孔子的学生们想要用厚礼埋葬他。孔子说："不可以。"学生们仍然给他办了丰厚的葬礼。孔子说："颜回呀，你待我像父亲一样，我却不能够像儿子一样待你。这不是我干的呀，是你那帮同学干的呀。"

季路问事鬼神。子曰："未能事人，焉能事鬼？"

曰："敢①问死。"曰："未知生，焉知死？"

注释

①敢：表敬副词，大致相当于现代汉语的"大胆地""冒昧地"。

译文

　　子路问服侍鬼神的方法。孔子说："活人尚且不能服侍，怎么能去服侍死人？"

　　子路又说："我冒昧地请问死亡是怎么回事。"孔子说："生的道理还没有弄明白，怎么能够懂得死？"

　　鲁人为长府①。闵子骞曰："仍旧贯，如之何？何必改作？"

　　子曰："夫人不言，言必有中（zhòng）。"

注释

①鲁人：指鲁国的执政大臣。为：此指改造。长府：藏财货的府库。

译文

　　鲁国翻修藏财货的府库。闵子骞说："依着老样子，怎么样？何必要翻造呢？"

　　孔子说："这个人平日不大说话，一说出来就中肯。"

　　子曰："由之瑟（sè）奚①为于丘之门？"门人不敬子路。子曰："由也升堂矣，未入于室②也。"

①瑟：古代乐器，跟琴同类。这里指弹瑟。奚：何。②升堂、入
室："堂"是正厅（相当于今天的客厅），"室"是内室。从室外
到室内，总是先入门，次升堂，最后入室。故以"升堂入室"比
喻学问、技艺等的由浅入深、由粗到精。

译文

孔子说："仲由弹瑟，为何在我这里来弹呢？"学生们于是都
不敬子路。孔子说："由嘛，他已经升上厅堂了，只是还没有进
入内室罢了。"

子贡问："师与商也孰贤①？"子曰："师也过，商也不
及。"曰："然则师愈与？"子曰："过犹不及。"

注释

①师：颛孙师，字子张。商：卜商，字子夏。

译文

子贡问孔子说："颛孙师和卜商两人，哪个更优秀？"孔子
说："颛孙师呢，有些太过了；卜商呢，有些达不到。"子贡说：
"那么，颛孙师更优秀一些吗？"孔子说："过了头等于没达到。"

季氏富于周公①，而求也为之聚敛而附益②之。子曰：
"非吾徒也。小子鸣鼓而攻之，可也。"

注释

①季氏：即季孙氏，这里指季康子，是当时鲁国最有权势的人之

一。孔子时，鲁国实际由孟孙氏、叔孙氏、季孙氏三家大夫共同执掌政权，三家瓜分了鲁国的军队和土地，人民都向三家贵族缴纳赋税。季氏拥有全国一半以上的军队和土地，富可敌国。周公：一说指周公旦，一说泛指在周天子左右做卿士的人，如周公黑肩、周公阅之类。②求：即冉求，字子有。聚敛：征收赋税。附益：增加。鲁国当时本来实行井田制，将每九百亩土地按照井字形等分，中间的一百亩归国家所有，称"公田"；周围的八百亩归八家贵族所有，称"私田"。八家贵族共同耕种公田，并将全部收获都交给国家；私田不缴纳赋税。据《左传·哀公十一年》记载，季氏想要改变这种赋税制度，要求拥有私田的贵族按照拥有土地的实际数量缴纳赋税，派家臣冉有来征求孔子的意见。孔子说："我不懂这个啊。"冉有来了三次，孔子都这么说。最后，季氏对孔子说："你是国家的元老，想听听你的意见，你怎么不发表意见呢?"孔子没有回答他，过后私下对冉有说："君子做事，要考虑是否合乎礼义。施舍要多，处事要适中，赋税要轻。像这样，按井田制征税就已经足够了。如果不考虑礼义，贪得无厌，那么即使按照拥有土地的实际数量征税，也还会不够。"冉有转达了孔子的意见，可季氏不听，还是按照拥有土地的实际数量征收赋税。这种征收土地税的制度叫"税亩"。"求也为之聚敛"，说的就是冉求按照"税亩"为季氏征收赋税。

译文

季氏比周公还有钱，而冉求又替他搜括聚敛，增加更多的财富。孔子说："他不是我的学生，你们可以敲着鼓去声讨他呀！"

子曰："回也其庶①乎，屡空②。赐不受命③，而货殖④焉，亿⑤则屡中（zhòng）。"

①庶：庶几，差不多。②空：贫穷。③赐：即端木赐，字子贡。不受命：谓不接受命运的安排。④货殖：做买卖，经商。⑤亿：同"臆"。臆测，猜测。

译文

孔子说："颜回的学问道德应该差不多了罢，可是常常穷得当当响。端木赐不接受命运的安排，去经商做买卖，他预测行情竟每每猜对了。"

子曰："论笃是与①，君子者乎？色庄者乎？"

注释

①论笃是与：是"与论笃"的倒装形式，"是"是帮助倒装之用的词，和"唯你是问"的"是"用法相同。论笃：论笃者。与：推许，赞许。

译文

孔子说："被推许忠厚老实的人，这种人是真正的君子呢，还是伪装庄重的人呢？"

子路问："闻斯行诸？"子曰："有父兄在，如之何其闻斯行之？"

冉有问："闻斯行诸？"子曰："闻斯行之。"

公西华曰："由也问闻斯行诸，子曰，'有父兄在'；求也问闻斯行诸，子曰，'闻斯行之'。赤也惑，敢问。"

子曰："求也退，故进之；由也兼人①，故退之。"

注释

①兼人：胜过他人。兼：加倍。

译文

子路问道："知道了就去做吗？"孔子说："有父兄健在，怎么能知道了就去做呢？"

冉有问："知道了就去做吗？"孔子说："知道了就去做。"

公西华说："仲由问知道了就去做吗，您说'有父兄健在'（不能这样做）；冉求问知道了就去做吗，您说'知道了就去做'。我有些糊涂了，大胆地来问问（为什么回答不一样呢？）。"

孔子说："冉求平日行为退缩，所以我给他壮壮胆；仲由的胆量有两个人的大，所以我要压压他。"

子畏于匡①，颜渊后。子曰："吾以女②为死矣。"

曰："子在，回何敢死？"

注释

①子畏于匡：事见前《子罕》篇注。②女：同"汝"。你。

译文

孔子在匡地被囚禁了之后，颜渊最后才赶来。孔子说："我以为你死了。"

颜渊说："您还活着，我怎么敢死呢？"

季子然①问："仲由、冉求可谓大臣与？"子曰："吾以子为异之问，曾由与求之问。所谓大臣者，以道事君，不可则止。今由与求也，可谓具臣②矣。"曰："然则从之者与？"子曰："弑父与君，亦不从也。"

①季子然：不详。大概是季氏的同族之人。《史记·仲尼弟子列传》作"季孙问曰：子路可谓大臣与"，与此处稍异。②具臣：备位充数的臣子。一说指具有相当才能的臣属。

译文

季子然问："仲由和冉求可以称得上是大臣吗?"孔子说："我以为你是问别的人，原来是问仲由和冉求呀。所谓大臣，是以道义事奉君主，如果行不通，就辞职不干。如今仲由和冉求这两个人，可以说是备位充数的臣属了。"季子然又说："那么，他们会一切顺从他人吗?"孔子说："谋杀父亲和君主的事情，他们还是不会顺从的。"

子路使子羔为费（bì）宰。子曰："贼夫人之子。"
子路曰："有民人焉，有社稷焉，何必读书，然后为学?"
子曰："是故恶（wù）夫佞者。"

译文

子路叫子羔去做费邑的长官。孔子说："害了人家的孩子。"
子路说："那地方有老百姓，有土地庄稼，为什么一定要读书才叫学问呢?"
孔子说："所以我讨厌那种伶牙俐齿的人。"

子路、曾皙①、冉有、公西华侍坐。
子曰："以吾一日长乎尔，毋吾以也。居②则曰：'不吾知也！'如或知尔，则何以哉？"

子路率尔而对曰："千乘之国，摄乎大国之间，加之以师旅，因之以饥馑。由也为之，比（bì）③及三年，可使有勇，且知方也。"

夫子哂之。

"求！尔何如？"

对曰："方六七十④，如⑤五六十，求也为之，比及三年，可使足民。如其礼乐，以俟君子。"

"赤！尔何如？"

对曰："非曰能之，愿学焉。宗庙之事，如会同，端章甫⑥，愿为小相⑦焉。"

"点！尔何如？"

鼓瑟希，铿尔，舍瑟而作⑧，对曰："异乎三子者之撰。"

子曰："何伤乎？亦各言其志也。"

曰："莫⑨春者，春服既成⑩，冠者五六人，童子六七人，浴乎沂⑪，风乎舞雩（yú）⑫，咏而归。"

夫子喟然叹曰："吾与点也！"

三子者出，曾皙后。曾皙曰："夫三子者之言何如？"

子曰："亦各言其志也已矣。"

曰："夫子何哂由也？"

曰："为国以礼，其言不让，是故哂之。"

"唯⑬求则非邦也与？"

"安见方六七十如五六十而非邦也者？"

"唯赤则非邦也与？"

"宗庙会同，非诸侯而何？赤也为之⑭小，孰能为之大？"

①曾皙：名点，曾参的父亲，也是孔子的学生。②居：平日、平常。③比：等到。④方六七十：每边长六七十里。⑤如：或者。⑥端：古代礼服名。章甫：古代礼帽名。这里用作动词。⑦相：赞礼之人。⑧舍：放下。作：站起来。⑨莫：同"暮"。⑩成：定。⑪沂：水名。源出山东邹县东北，西流经曲阜与洙水合，入于泗水。⑫舞雩：祭天求雨的祭台。大致在今曲阜县南。⑬唯：语首词，无义。⑭之：用法同"其"。

译文

　　子路、曾皙、冉有、公西华四个人陪孔子坐着。

　　孔子说："因为我比你们年纪都大，不要顾虑我是老师。你们平日说：'没有人了解我呀。'如果有人了解你们，那你们想干点什么事情呢?"

　　子路不假思索地回答说："一千辆兵车的国家，夹在大国的中间，外有别国军队的威胁，国内又有灾荒。如果我去治理，等到三年光景，可以使人人有勇气，而且懂得大道理。"

　　孔子微微一笑。

　　"冉求，你怎么样?"

　　回答说："国土纵横六七十里或五六十里的小国家，我去治理，等到三年光景，可以使人人富足。至于修明礼乐，那只有等待贤人君子了。"

　　"公西赤，你怎么样?"

　　回答说："不是说我能够做，我愿意学习：祭祀的工作或者同外国盟会，我愿意穿着礼服，戴着礼帽，做一个小司仪者。"

　　"曾点，你怎么样?"

　　曾皙正在弹瑟，铿的一声把瑟放下，站了起来回答说："我的志向和他们三位所讲的不同。"

孔子说："那有什么妨碍呢？正是要各人说出自己的志向啊！"

曾皙说："暮春三月，春天衣服都做好了，我带着五六位成年人，六七个小孩子，在沂水旁边洗洗澡，在舞雩台上吹吹风，然后一路唱着歌走回来。"

孔子长叹一声，说："我同意曾点的主张啊！"

子路、冉有、公西华三人都出来了，曾皙后走。曾皙问道："那三位同学的话怎样？"

孔子说："也不过各人说说自己的志向罢了。"

曾皙又说："您为什么笑仲由呢？"

孔子说："治理国家应该讲求礼让，可是他的话却一点也不谦虚，所以笑他。"

"难道冉求所讲的就不是国家吗？"

孔子说："怎见得纵横六七十里或五六十里的土地就不是一个国家呢？"

"公西赤所讲的难道不是国家吗？"

孔子说："有宗庙祭祀和诸侯会盟，不是国家是什么？如果公西赤只能做一个小司仪，又有谁能做大的呢？"

颜渊第十二

颜渊问仁。子曰："克己复礼为仁。一日克己复礼，天下归仁①焉。为仁由己，而由人乎哉？"

颜渊曰："请问其目②。"子曰："非礼勿视，非礼勿听，非礼勿言，非礼勿动。"

颜渊曰："回虽不敏，请事斯语矣。"

注释

①归仁：称仁。朱熹《集注》："归，犹与也。"②目：条目，具体内容。

译文

颜渊问仁德。孔子说："约束自己以符合礼制，就是仁。一旦这样做到了，天下的人都会称许你是仁人。实践仁德全靠自己，还靠别人吗？"

颜渊说："请问具体的行动内容。"孔子说："不合礼制的事不看，不合礼制的话不听，不合礼制的话不说，不合礼制的事不做。"

颜渊说："我虽然不聪明，也要照您说的去做。"

仲弓问仁。子曰："出门如见大宾，使民如承大祭。己所不欲，勿施于人。在邦无怨，在家无怨。"

仲弓曰："雍虽不敏，请事斯语矣。"

仲弓问仁德。孔子说："出去工作如同去接待重要外宾，役使百姓好像去承当重大祭典。自己所不喜欢的，不强加于别人。在朝中供职没有怨恨，在家也没有怨恨。"

仲弓说："我虽然不聪明，也要照您说的这话去做。"

司马牛①问仁。子曰："仁者，其言也讱（rèn）②。"

曰："其言也讱，斯谓之仁已乎？"子曰："为之难，言之得无讱乎？"

①司马牛：即司马耕，字子牛。此章所记之事，《史记·仲尼弟子列传》有记载。②讱：言语迟缓，话不轻易出口。

司马牛问仁德。孔子说："有仁德的人，他说话迟缓出言谨慎。"

司马牛说："说话迟缓出言谨慎，这就叫作仁了吗？"孔子说："做起来难，说起来能不谨慎吗？"

司马牛问君子。子曰："君子不忧不惧。"

曰："不忧不惧，斯谓之君子已乎？"子曰："内省（xǐng）不疚，夫何忧何惧？"

译文

司马牛问怎样做才是君子。孔子说："君子不忧愁，不恐惧。"

司马牛说："不忧愁，不恐惧，这样就可以叫作君子了吗?"孔子说："自己问心无愧，那有什么可忧愁、恐惧的呢?"

司马牛忧曰："人皆有兄弟，我独亡（wú）①。"

子夏曰："商闻之矣：死生有命，富贵在天。君子敬而无失，与人恭而有礼。四海之内，皆兄弟也。君子何患乎无兄弟也?"

注释

①亡：同"无"。

译文

司马牛忧愁地说："别人都有兄弟，只我没有。"

子夏说："我听说过：死生自有命运，富贵全在天意。君子只是对工作认真负责不出差错，对待别人恭敬而合乎礼节。天下之大，到处都是好兄弟，君子又何必担忧没有兄弟呢?"

子张问明。子曰："浸润之谮，肤受之愬，不行焉，可谓明也已矣。浸润之谮，肤受之愬，不行焉，可谓远也已矣。"

译文

子张问怎样才叫作"明白"。孔子说："点滴积累的谗言，切肤之痛的诬告，都在你这里行不通，这就可以叫作'明白'了。点滴积累的谗言，切肤之痛的诬告，也都在你这里行不通，这就可以叫作有远见了。"

子贡问政。子曰："足食，足兵，民信之矣。"

子贡曰："必不得已而去，于斯三者何先?"曰："去兵。"

子贡曰："必不得已而去，于斯二者何先?"曰："去食。自古皆有死，民无信不立。"

译文

子贡问怎样搞好政治。孔子说："让粮食充足，让军备充足，百姓对政府就有信心了。"

子贡说："如果不得已在粮食、军备和人民的信心三者中要去掉一项，先去掉哪一项呢?"孔子说："去掉军备。"

子贡说："如果不得已在粮食和人民的信心两者中要去掉一项，先去掉哪一项呢?"孔子说："去掉粮食。自古以来人都要死亡，如果人民对政府缺乏信心，国家就不能维持稳定。"

棘子成①曰："君子质而已矣，何以文为?"

子贡曰："惜乎，夫子之说君子也②！驷不及舌③。文犹质也，质犹文也。虎豹之鞟（kuò）④，犹犬羊之鞟。"

注释

①棘子成：卫国大夫。②惜乎夫子之说君子也：是"夫子之说君子也惜乎"倒装形式。③驷：拉一辆车的四匹马。这里借指车马。及：赶上。舌：说出去的话。④鞟：去毛的皮，皮革。

译文

棘子成说："君子只要有好的本质便够了，要那些礼仪文采干什么呢?"

子贡说:"可惜呀,先生这样来谈论君子。一言既出,驷马难追。如果本质就是文采,文采就是本质,那虎、豹的皮便等同于犬、羊的皮了。"

哀公问于有若曰:"年饥,用不足,如之何?"

有若对曰:"盍(hé)彻乎①?"

曰:"二②,吾犹不足,如之何其彻也?"

对曰:"百姓足,君孰与不足? 百姓不足,君孰与足?"

注释

①盍:何不。彻:周朝实行的一种土地税率,据《孟子·滕文公上》记载,为土地收成的十分之一。②二:十分之二的税率。

译文

鲁哀公问有若道:"年成不好,国家用度不够,怎么办?"

有若回答说:"为什么不实行十分抽一的税率呢?"

哀公说:"十分抽二,我还不够,怎么能十分抽一呢?"

有若回答说:"如果百姓的用度够了,您怎么会不够? 如果百姓的用度不够,您又怎么会够?"

子张问崇德辨惑。子曰,"主忠信,徙义,崇德也。爱之欲其生,恶之欲其死。既欲其生,又欲其死,是惑也。'诚不以富,亦只以异①。'"

注释

①诚不以富,亦只以异:《诗经·小雅·我行其野》中的句子。

该诗写一位丈夫喜新厌旧，他的妻子表示要与他一刀两断。朱熹注："言尔之不思旧姻，而求新匹也，虽不实以彼之富而厌我之贫，亦只以其新而异于故耳。"以，因为。这两句诗用在这里有些费解，北宋程颐说是"错简"（其他地方的句子，因为串竹简的绳子腐烂断裂而导致竹简错乱，误入此处的）。译文从《诗经》原意译出。

译文

子张问怎样才能提高品德，辨别迷惑。孔子说："以忠诚信任为主，唯义是从，这就可以提高品德。喜爱一个人，希望他长寿；讨厌一个人，恨不得他早点死。既想要他长寿，又想要他短命，这便是迷惑。诚如《诗经》里说的：'即不是嫌贫而爱富，也真是喜新呀厌故。'"

齐景公问政于孔子。孔子对曰："君君，臣臣，父父，子子。"公曰："善哉！信如君不君，臣不臣，父不父，子不子，虽有粟，吾得而食诸？"

译文

齐景公向孔子请问如何搞好政治。孔子回答说："国君要像个国君，臣子要像个臣子，父亲要像个父亲，儿子要像个儿子。"景公说："说得好呀！若是国君不像国君，臣子不像臣子，父亲不像父亲，儿子不像儿子，即使有粮食，我能吃得着吗？"

子曰："片言可以折狱①者，其由也与？"
子路无宿诺②。

注释

①片言：诉讼双方中一方的言辞，单方面的言辞。古人也叫作
"单辞"。折狱：断案。②宿诺：拖延兑现许下的诺言。

译文

孔子说："根据单方面的言辞就可以判决案件的，大概只有
仲由吧！"

子路从不拖延兑现诺言。

子曰："听①讼，吾犹人也。必也使无讼乎。"

注释

①听：审理。

译文

孔子说："审理诉讼案件，我和别人差不多。一定要使诉讼
案件没有才好。"

子张问政。子曰："居之无倦，行之以忠。"

译文

子张问如何搞政治。孔子说："在位时不知疲倦，执行政令
要忠诚。"

子曰："君子成人之美，不成人之恶。小人反是。"

译文

孔子说："君子成全别人的好事，不促成别人的坏事。小人

与此相反。"

季康子问政于孔子。孔子对曰："政者，正也。子帅以正，孰敢不正？"

译文

季康子问孔子如何搞政治。孔子回答说："政，它的意思就是端正。您带头端正自己，谁敢不端正呢？"

季康子患盗，问于孔子。孔子对曰："苟子之不欲，虽赏之不窃。"

译文

季康子苦于国内盗贼多，向孔子求教解决办法。孔子回答说："假如你不贪财，就是奖励偷盗，也不会去干。"

季康子问政于孔子，曰："如杀无道，以就有道，何如？"
孔子对曰："子为政，焉用杀？子欲善而民善矣。君子之德风，小人之德草。草上①之风，必偃。"

注释
①上：动词，加于其上。

译文

季康子向孔子请教如何搞政治，问道："如果杀掉坏人，亲近好人，怎么样？"
孔子回答说："您主持国家政治，为什么要用杀人的手段呢？

您想要做好人，百姓也就会跟着好起来。君子的道德像风，老百姓的道德像草，草遇到风，一定会倒下。"

子张问："士何如斯可谓之达矣？"

子曰："何哉，尔所谓达者？"

子张对曰："在邦必闻，在家①必闻。"

子曰："是闻也，非达也。夫达也者，质直而好义，察言而观色，虑以下人。在邦必达，在家必达。夫闻也者，色取仁而行违，居之不疑。在邦必闻，在家必闻。"

注释

①家：卿大夫之家。

译文

子张问道："读书人要怎样才称得上达呢？"

孔子说："你所说的达，是什么意思？"

子张回答说："在国家一定要有名望，在大夫家一定要有名望。"

孔子说："这叫闻，不叫达。所谓达，是品质正直而讲信义，善于分析别人的言语，观察别人的颜色，考虑如何退让别人。这种人，做国家的官时一定事事行得通，做大夫家的官也一定事事行得通。所谓闻，表面上似乎爱好仁德，实际行动却违背它，自己以仁人自居而不疑惑。这种人，做国家的官时一定能骗取名望，做大夫家的官时也一定能骗取名望。"

樊迟从游于舞雩（yú）之下，曰："敢问崇德，修慝（tè），辨惑。"

子曰："善哉问！先事后得，非崇德与？攻其恶，无攻人之恶，非修慝与？一朝之忿，忘其身，以及其亲，非惑与？"

译文

樊迟陪侍孔子在舞雩台下游逛，说："请问怎样提高自己的品德，消除别人对自己未表露的怨恨，辨别出哪种是糊涂事。"

孔子说："问得好！先付出劳动，然后收获，不是提高品德了吗？纠正自己的缺点，不攻击别人的短处，不就消除隐藏的怨恨了吗？因为偶然的忿怒，便忘记自己，甚至忘记了爹娘，不是糊涂吗？"

樊迟问仁。子曰："爱人。"问知（zhì）。子曰："知人。"

樊迟未达。子曰："举直错①诸枉，能使枉者直。"

樊迟退，见子夏曰："乡②也吾见于夫子而问知，子曰：'举直错诸枉，能使枉者直。'何谓也？"

子夏曰："富哉言乎！舜有天下，选于众，举皋陶（gāo yáo）③，不仁者远矣。汤有天下，选于众，举伊尹④，不仁者远矣。"

注释

①错：同"措"，放置。②乡：同"向"，以前。③皋陶：舜的臣子。④伊尹：汤的辅相。

译文

樊迟问如何才是仁。孔子说："爱人。"又问如何才是智。孔子说："善于识别人。"

樊迟没弄明白。孔子说："把正直人提拔起来置于邪恶的人之上，这样能够使邪恶的人也变得正直。"

樊迟退了出来，见到子夏，说："刚才我去见老师向他问如何才是智，他说：'把正直人提拔起来置于邪恶的人之上。'这是什么意思？"

子夏说："意义多么丰富的话啊！舜有了天下，在众人之中挑选，把皋陶提拔起来，坏人就难以存身了。汤有了天下，在众人之中挑选，把伊尹提拔起来，坏人也就难以存身了。"

子贡问友。子曰："忠告而善道①之，不可则止，毋自辱焉。"

注释

①道：同"导"。

译文

子贡问如何对待朋友。孔子说："给他提出忠告，再好好地引导他，如果他不听从，也就罢了，不要自取其辱。"

曾子曰："君子以文会友，以友辅仁。"

译文

曾子说："君子用文章、学问来聚集朋友，通过朋友来帮助自己培养仁德。"

子路第十三

子路问政。子曰:"先之,劳之。"请益。曰:"无倦。"

译文

子路问如何搞政治。孔子说:"自己带头,让大家勤劳地工作。"子路请求多讲一点。孔子说:"不知疲倦,永不懈怠。"

仲弓为季氏宰,问政。子曰:"先有司,赦小过,举贤才。"

曰:"焉知贤才而举之?"子曰:"举尔所知。尔所不知,人其舍诸?"

译文

仲弓做了季氏的总管,向孔子请问政治。孔子说:"自己给官吏带头,不计较人家的小过错,提拔优秀人才。"

仲弓说:"怎样去识别优秀人才并把他们提拔出来呢?"孔子说:"提拔你所知道的。那些你所不知道的,别人难道会舍弃而不提拔他吗?"

子路曰:"卫君①待子而为政,子将奚先?"子曰:"必也正名②乎!"

子路曰:"有是哉,子之迂也!奚其正?"

子曰："野哉，由也！君子于其所不知，盖阙如③也。名不正，则言不顺；言不顺，则事不成；事不成，则礼乐不兴；礼乐不兴，则刑罚不中；刑罚不中，则民无所错④手足。故君子名之必可言也，言之必可行也。君子于其言，无所苟而已矣。"

注释

①卫君：指卫出公辄。②正名：关于这两个字的解释，从汉代以来异说纷纭。这里采用杨伯峻《论语译注》说。③阙如：缺着，不说出来。④错：同"措"。放置，安置。

译文

子路对孔子说："卫君等着您去主持国政，您准备首先做什么？"孔子说："那一定是订正名分上的用词不当罢！"

子路说："您的迂腐竟到了这种地步吗！这又何必订正？"

孔子说："真卤莽啊仲由！君子对于自己所不懂的，应该保持沉默，（你怎么能乱说呢？）用词不当，言语就不能顺理成章；言语不顺理成章，工作就不可能搞好；工作搞不好，国家的礼乐制度也就健全不起来；礼乐制度健全不起来，刑罚也就不会得当；刑罚不得当，百姓就会连手脚都不知道放在哪里才好。所以君子用一个词，一定（有它一定的理由，）可以说得出来；而顺理成章的话也一定行得通。君子对丁措词说话，要没有一点随便马虎就好了。"

樊迟请学稼。子曰："吾不如老农。"请学为圃。曰："吾不如老圃。"

樊迟出。子曰："小人哉，樊须也！上好礼，则民莫敢不敬；上好义，则民莫敢不服；上好信，则民莫敢不用情。夫如是，则四方之民襁负其子而至矣，焉用稼?"

樊迟请求学种庄稼。孔子说："我不如老农民。"又请求学种菜蔬。孔子说："我不如老菜农。"

樊迟退了出来。孔子说："樊迟真是小人呀！做官的崇尚礼节，老百姓就没有人敢不尊敬；做官的行为正当，老百姓就没有人敢不服从；做官的诚恳守信，老百姓就没有人敢不说真话。做到这样，四面八方的百姓都会背着小孩前来依附，哪用自己种庄稼呢?"

子曰："诵《诗》三百，授之以政，不达；使于四方，不能专对①；虽多，亦奚以为②?"

①不能专对：不能独立应对。春秋时代的外交酬酢和谈判，多靠背诵诗篇来代替语言，《左传》里就有很多这方面的记载。所以《诗》在当时并非供审美的文学作品，它有非常重要的实际用途，是外交人员的必读书。②以：动词，用也。为：表疑问的语气词，但只跟"奚""何"诸字连用，如"何以文为""何以伐为"等。

孔子说："熟读《诗》三百篇，交给他政治任务，却搞不好；叫他出使外国，又不能独立谈判应酬；读得虽多，又有什么用处?"

子曰："其身正，不令而行；其身不正，虽令不从。"

译文

孔子说："做官的自身行为正当，不发命令事情也行得通；做官的自身行为不正当，纵然三令五申，百姓也不会服从。"

子曰："鲁、卫之政，兄弟也。"

译文

孔子说："鲁国的政治和卫国的政治，就像兄弟一般。"

子适卫，冉有仆①。子曰："庶②矣哉！"
冉有曰："既庶矣，又何加焉？"曰："富之。"
曰："既富矣，又何加焉？"曰："教之。"

注释

①仆：动词，驾御车马。②庶：人多。

译文

孔子到卫国，冉有替他赶车。孔子说："人口真多啊！"

冉有说："人口已经众多了，又该怎么办呢？"孔子说："使他们富裕起来。"

冉有说："已经富裕了，又该怎么办呢？"孔子说："对他们进行教育。"

子曰："苟有用我者，期（jī）月①而已可也，三年有成。"

①期月：一年。期，同"朞"，一周年。

　　孔子说："如果有用我主持国家政事的，一年便差不多可以（把国家治理好），三年便会很有成绩。"

　　子曰："'善人为邦百年，亦可以胜残去杀矣。'诚哉是言也!"

　　孔子说："'好人管理国家一百年，就可以消除残暴免除虐杀了。'这话真说得很对呀!"

　　子曰："如有王者，必世①而后仁。"

①世：三十年为一世。

　　孔子说： "如果有圣王兴起，一定要三十年才能使仁道大行。"

　　子曰："苟正其身矣，于从政乎何有？不能正其身，如正人何?"

　　孔子说："如果端正了自己，对于从事政治有什么困难？如

142

果不能端正自己，又怎么能端正别人呢？"

冉子退朝。子曰："何晏也?"对曰："有政。"子曰："其事也。如有政，虽不吾以①，吾其与（yù）②闻之。"

注释

①以：用。②与：参与，在……中。

译文

冉有从朝廷回来。孔子说："为什么这么晚呢?"回答说："有政务。"孔子说："那不过是事务罢了。若是有重大政务，虽然不用我了，我也会知道的。"

定公问："一言而可以兴邦，有诸?"

孔子对曰："言不可以若是，其几（jī）也①。人之言曰：'为君难，为臣不易。'如知为君之难也，不几乎一言而兴邦乎?"

曰："一言而丧邦，有诸?"

孔子对曰："言不可以若是，其几也。人之言曰：'予无乐乎为君，唯其言而莫予违也。'如其善而莫之违也，不亦善乎? 如不善而莫之违也，不几乎一言而丧邦乎?"

注释

①几：接近。此二句一般都连为一句，作"言不可以若是其几也"，句意难通。此依袁庆德《论语通释》说。

鲁定公问:"一句话可以振兴国家,有这样的事么?"

孔子回答说:"一句话不至于这样,大概只是接近这样吧。有人说:'做君主很难,做臣子也不容易。'如果知道做君主的艰难,不是接近于一句话便振兴国家么?"

定公又说:"一句话可以使国家灭亡,有这样的事么?"

孔子回答说:"一句话不至于这样,大概只是接近这样吧。有人说:'我做国君没有什么快乐,只是我说什么话都没有人违抗我。'假如说的话正确而没有人违抗,不也很好么?假如说的话不正确而也没有人违抗,不接近于一句话便使国家灭亡么?"

叶公问政。子曰:"近者悦,远者来。"

叶公问如何搞政治。孔子说:"近处的人让他们快乐,远处的人使他们来归附。"

子夏为莒父(jǔ fǔ)宰[①],问政。子曰:"无欲速,无见小利。欲速则不达,见小利则大事不成。"

①莒父:鲁国邑名,在今山东莒县境内。宰:邑的长官。

子夏做莒父邑的长官,问孔子如何管理政务。孔子说:"不要图速度快,不要只顾小利。图快反而达不到目的,顾小利就办不成大事。"

叶公语孔子曰："吾党有直躬者，其父攘①羊，而子证②之。"

孔子曰："吾党之直者异于是：父为子隐，子为父隐。——直在其中③矣。"

译文

叶公对孔子说："我们那里有个坦白正直的人，他父亲偷了羊，做儿子的却去告发他。"

孔子说："我们那里坦白正直的人不是这样：父亲替儿子隐瞒，儿子替父亲隐瞒。——正直也就在其中了。"

樊迟问仁。子曰："居处恭，执事敬，与人忠。虽之①夷狄，不可弃也。"

译文

樊迟问如何做到仁。孔子说："生活起居庄重谨慎，做事严肃认真，与人交往忠诚守信。（这几种品德）即使到外国去，也是不可丢弃的。"

子贡问曰："何如斯可谓之士矣？"子曰："行己有耻，使于四方，不辱君命，可谓士矣。"

曰："敢问其次。"曰："宗族称孝焉，乡党称弟（tì）焉①。"

曰："敢问其次。"曰："言必信，行必果，硁硁（kēng）然②小人哉！抑亦可以为次矣。"

曰："今之从政者何如？"子曰："噫！斗筲（shāo）之人③，何足算也！"

注释

①乡党：乡里的人。弟：后来写作"悌"。敬爱兄长。②硁硁然：浅陋而固执的样子。③斗筲之人：度量和见识狭小的人。一说，"斗筲之人"也可以译为"车载斗量之人"，言其不足为奇。

译文

子贡问道："怎样才可以叫作'士'呢？"孔子说："自己的行为保持羞耻意识，出使外国，不辜负君主的使命，就可以叫作'士'了。"

子贡说："请问次一等的。"孔子说："宗族称赞他孝顺父母，乡邻称赞他敬爱兄长。"

子贡又说："请问再次一等的。"孔子说："说话必守信用，行事必然果决，这是浅陋而固执的小人呀，但也可以说是再次一等的'士'了。"

子贡说："现在的执政者怎么样？"孔子说："咳！这班度量狭小见识短浅的人，算得上什么！"

子曰："不得中行而与之，必也狂狷（juàn）①乎！狂者进取，狷者有所不为也。"

注释

①狷：狷介，谨慎正直。

译文

孔子说："得不到合乎中庸的人和他相处，那就一定跟激进的人和狷介的人交往吧！激进者勇于向前，狷介者不胡作非为。"

子曰："南人有言曰：'人而无恒，不可以作巫医①。'善夫！"

"不恒其德，或承之羞②。"子曰："不占而已矣。"

注释

①巫医：以禳祷之术替人治病的人。②不恒其德二句：是《易经·恒卦》中的爻辞。

译文

孔子说："南方人有句话说：'人如果没有恒心，不可以做巫医。'这话说得好呀！"

《易经·恒卦》的爻辞说："没有恒心，便招羞辱。"孔子又说："（这话的意思是叫无恒心的人）不必去占卦罢了。"

子曰："君子和而不同①，小人同而不和。"

注释

①和：和谐。同：统一，一致。李泽厚《论语今读》："与'君子群而不党''周而不比'等章同义，即保持个体的特殊性和独立性才有社会和人际的和谐。虽政治，亦然。'同''比''党'就

容易失去或要求消灭这种独立性和差异性。这话今天还很有意思，强求'一致''一律''一心'，总没有好结果，'多极''多元''多样化'才能发展。"

孔子说："君子追求和谐而不强求同一，小人只求同一却不求和谐。"

子贡问曰："乡人皆好之，何如?"子曰："未可也。"

"乡人皆恶之，何如?"子曰："未可也。不如乡人之善者好之，其不善者恶之。"

子贡问道："满村的人都喜欢他，这个人怎么样?"孔子说："不行。"

子贡又问道："满村的人都厌恶他，这个人怎么样?"孔子说："不行。不如村里的好人喜欢他，坏人厌恶他。"

子曰："君子易事而难说（yuè）①也。说之不以道，不说也；及其使人也，器之。小人难事而易说也。说之虽不以道，说也；及其使人也，求备焉。"

①说：同"悦"。本章五个"说"字音义并同。

孔子说："在君子手下做事容易，讨他的欢喜却难。不用正

当的方式去讨他的欢喜，他不会欢喜；到他用人的时候，却根据
各人的才能专长去分配任务。在小人手下做事难，讨他的欢喜却
容易。用不正当的方式去讨他的欢喜，他会欢喜；到他用人的时
候，便求全责备百般挑剔。"

子曰："君子泰①而不骄，小人骄而不泰。"

注释
①泰：安详舒坦。

译文
　　孔子说："君子安详舒泰却不傲慢凌人，小人傲慢凌人却不
安详舒泰。"

子曰："刚、毅、木、讷，近仁。"

译文
　　孔子说："刚强、坚韧、朴实、慎言，这四种品德接近于
仁德。"

子路问曰："何如斯可谓之士矣？"子曰："切切偲偲（sī）
偲①，怡怡②如也，可谓士矣。朋友切切偲偲，兄弟怡怡。"

注释
①切切偲偲：切磋勉励的样子。②怡怡：和顺的样子。

子路问道："怎么样才可以叫作士呢?"孔子说："互相切磋勉励,和睦相处,可以叫作士了。朋友之间互相勉励批评,兄弟之间和睦相处。"

子曰："善人教民七年,亦可以即戎①矣。"

①即:犹即位的"即",就,往。戎:兵戎,指战争。

孔子说："好人教导百姓七年,也就可以叫他们去打仗了。"

子曰："以不教民①战,是谓弃之。"

①不教民:即不教之民。

孔子说："用未经受过训练的人去作战,这叫作让他们去送死。"

宪问第十四

宪问耻。子曰:"邦有道,谷①;邦无道,谷,耻也。"

"克、伐②、怨、欲不行焉,可以为仁矣?"子曰:"可以为难矣,仁则吾不知也。"

注释

①谷:俸禄。用作动词。得到俸禄,指做官。②克:好胜。伐:矜夸。

译文

原宪问什么是耻辱。孔子说:"国家政治清明,做官领取俸禄;国家政治黑暗,做官领取俸禄,这就是耻辱。"

原宪又说:"好胜、自夸、怨恨和贪欲都没有表现过,可以说是仁人了吗?"孔子说:"可以说是难能可贵了,若说是仁人,那我就不知道了。"

子曰:"士而怀居①,不足以为士矣。"

注释

①怀:怀思,留恋。居:安居。

孔子说："读书人而留恋安逸的生活，那就不配称读书人了。"

子曰："邦有道，危①言危行；邦无道，危行言孙②。"

①危：《广雅》："危，正也。"王念孙《疏证》即引《论语》此文来作证。②孙：同"逊"。

孔子说："政治清明，言语正直，行为正直；政治黑暗，行为正直，言语谨慎。"

子曰："有德者必有言，有言者不必有德。仁者必有勇，勇者不必有仁。"

孔子说："有道德的人必定有言论，有言论的人不一定有道德。有仁德的人一定勇敢，勇敢的人不一定有仁德。"

南宫适①问于孔子曰："羿②善射，奡（ào）荡舟③，俱不得其死然。禹、稷躬稼而有天下。"夫子不答。

南宫适出，子曰："君子哉若人！尚德哉若人！"

①南宫适：孔子学生南容。②羿：古代传说中有三个羿，都是射

152

箭能手。一为帝喾的射师,见于《说文》;二为唐尧时人,传说当时十个太阳同时出现,羿射落了九个,见《淮南子·本经训》;三为夏代有穷国的君主,见《左传·襄公四年》。这里所指的羿和《孟子·离娄篇》"逢蒙学射于羿"的羿,都是指夏代有穷国的君主那个羿。③奡:字又作"浇",古代传说人物,夏代寒浞的儿子。荡舟:用舟师冲锋陷阵。荡:左右冲杀。

译文

南宫适向孔子问道:"羿擅长射箭,奡熟谙水战,都没有得到好死。大禹和后稷自己下地种田,却得了天下。(怎样解释这些历史?)"孔子没有答复。

南宫适退了出来。孔子说:"这个人真是个君子呀!这个人多么崇尚道德啊!"

子曰:"君子而不仁者有矣夫,未有小人而仁者也。"

译文

孔子说:"君子而不仁的人是有的罢,可没有小人而有仁德的。"

子曰:"爱之①,能勿劳乎?忠焉,能勿诲乎?"

注释

①之:从语意看,这里应指百姓而言。

译文

孔子说:"爱护百姓,能不役使他们吗?对他们尽心尽力,能够不教育他们吗?"

子曰:"为命①,裨谌 (bì chén)②草创之,世叔讨论③之,行人子羽④修饰之,东里⑤子产润色之。"

注释

①命:外交辞令。②裨谌:郑国大夫,见《左传》。③世叔:即《左传》中的子太叔,名游吉。讨论:意义和今天的"讨论"不同,是一个人去研究而后提意见的意思。④行人:官名,古代的外交官。子羽:公孙挥的字。⑤东里:地名。今在郑州市,子产所居。

译文

孔子说:"郑国外交辞令的创制,裨谌先拟草稿,世叔再提意见,外交官子羽补充修改,东里的子产润色加工。"

或问子产。子曰:"惠人也。"
问子西①。曰:"彼哉!彼哉②!"
问管仲。曰:"人也。夺伯氏骈邑三百③,饭疏食,没 (mò)齿④无怨言。"

注释

①子西:郑国的公孙夏,生当鲁襄公之世,为子产的同宗兄弟,子产便是继他而主持郑国政治的。②彼哉彼哉:这是当时表示轻视的习惯语。③伯氏:齐国的大夫。骈邑:地名。④没齿:到死,终身。

有人问子产是怎样的人。孔子说："是肯施恩惠的人。"

又问到子西。孔子说："他呀，他呀！"

又问到管仲。孔子说："他是个人物。他剥夺了伯氏骈邑三百户的采地，使伯氏只能吃粗粮，到死也没有怨恨的话。"

子曰："贫而无怨难，富而无骄易。"

孔子说："贫穷而没有怨恨困难，富贵而不骄傲容易。"

子路问成①人。子曰："若臧武仲之知②，公绰之不欲，卞庄子③之勇，冉求之艺，文之以礼乐，亦可以为成人矣。"

曰："今之成人者何必然？见利思义，见危授命，久要④不忘平生之言，亦可以为成人矣。"

①成：成熟，完美。②臧武仲：鲁国大夫臧孙纥。他很聪明，逃到齐国后，能预见齐庄公的被杀而设法辞掉庄公给他的田地，事见《左传·襄公二十三年》。知：同"智"。③卞庄子：鲁国的勇士。④要：同"约"，穷困。

子路问怎样才是完美的人。孔子说："聪明才智像臧武仲，清心寡欲像孟公绰，勇敢威武像卞庄子，多才多艺像冉求，再用礼乐来成就他的文采，就可以说是完美的人了。"

又说："现在所谓完美的人哪里一定要这样？看到利益便想

该得不该得，遇到危险便肯付出生命，长久处于穷困之中却并不忘记平日的承诺，也就可以说是完美的人了。"

子问公叔文子于公明贾①曰："信乎？夫子不言，不笑，不取乎？"

公明贾对曰："以②告者过也。夫子时然后言，人不厌其言；乐然后笑，人不厌其笑；义然后取，人不厌其取。"

子曰："其然？岂其然乎？"

注释

①公叔文子：卫国大夫。公明贾：卫人，姓公明，名贾。②以：代词，此也。

译文

孔子向公明贾问到公叔文子，说："是真的吗？他老人家不说话，不笑，不索取吗？"

公明贾回答说："这是传话的人弄错了。他老人家到应说话的时候才说话，别人不讨厌他的话；到真高兴了才笑，别人不讨厌他笑；应该取得的才收取，别人不厌恶他收取。"

孔子说："是这样的吗？难道真是这样的吗？"

子曰："臧武仲以防求为后于鲁①，虽曰不要（yāo）②君，吾不信也。"

注释

①臧武仲以防求为后于鲁：事见《左传·襄公二十三年》。防，臧武仲的封邑，在今山东费县东北，离齐国边境很近。②要：要挟。

孔子说："臧武凭借其封邑防城，请求立其子弟嗣为鲁国卿大夫，纵然有人说他不是要挟，我是不相信的。"

子曰："晋文公谲（jué）①而不正，齐桓公②正而不谲。"

①晋文公：名重耳。与齐桓公是春秋时五霸中最有名声的两个霸主。谲：欺诈，玩弄权术阴谋。②齐桓公：名小白。

孔子说："晋文公为人诡诈，作风不正派；齐桓公作风正派，为人不诡诈。"

子路曰："桓公杀公子纠，召忽死之，管仲不死①。"曰："未仁乎？"
子曰："桓公九合诸侯②，不以兵车，管仲之力也。如其仁，如其仁③。"

①桓公杀公子纠三句：齐桓公（小白）和公子纠都是齐襄公的弟弟。齐襄公无道，两人都怕被牵累，桓公便由鲍叔牙辅助逃往莒国，公子纠也由管仲和召忽辅助逃往鲁国。襄公被杀后，桓公先回到齐国都城临淄，自立为君，兴兵伐鲁，逼迫鲁国杀了公子纠，召忽自杀以殉公子纠，管仲却做了桓公的宰相。可参看《左传》庄公八年和九年的记载或《东周列国志》第十五回至第十六回的叙述。②九合诸侯：齐桓公纠合诸侯共计十一次，这一

"九"字只是虚数，表示多的意思。③如其仁：王引之《经传释词》云："如犹乃也。"

译文

译文

子路说："齐桓公杀了他哥哥公子纠，（公子纠的师傅）召忽因此被迫自杀，而管仲却活着。"又说："管仲该不是有仁德的罢？"

孔子说："齐桓公多次主持诸侯间的盟会，统一了诸侯，并不用战争，都是管仲的力量。这就是管仲的仁德，这就是管仲的仁德。"

子贡曰："管仲非仁者与？桓公杀公子纠，不能死，又相之。"

子曰："管仲相桓公，霸诸侯，一匡天下，民到于今受其赐。微①管仲，吾其被（pī）发左衽（rèn）矣②。岂若匹夫匹妇之为谅③也，自经于沟渎而莫之知也④？"

注释

①微：如果没有。用于和既成事实相反的假设句之首。②被发左衽：意思是说文明的中国文化灭亡，被落后的少数民族所同化。被：同"披"。被发：披散着头发。这是当时少数民族的习惯，华夏族的成年男子要把头发绾起来，并用冠束住。左衽：衣襟向左掩。这也是当时少数民族的服饰样式，与华夏族相反。衽：衣襟。③谅：守信用，讲信义。④自经：自缢。沟渎：即《孟子·梁惠王》中的"沟壑"。

译文

子贡说："管仲不是仁义的人罢？桓公杀了他（辅佐的主人）

公子纠，他不但不以身殉难，还去辅佐桓公。"

孔子说："管仲辅佐桓公，使他成为诸侯的霸主，天下的一切都得到匡正，人民到今天还受到他的好处。如果没有管仲，我们都会披散着头发，衣襟向左边开（沦为落后民族）了。他难道要像普通老百姓一样，守着小节小信，在山沟中自杀而没有人知道吗？"

子言卫灵公之无道也，康子曰："夫如是，奚而①不丧？"
孔子曰："仲叔圉（yǔ）②治宾客，祝鮀治宗庙，王孙贾治军旅。夫如是，奚其丧？"

注释

①奚而：犹奚为。②仲叔圉：就是孔文子。

译文

孔子说到卫灵公的昏乱无道，康子说："既然这样，卫国为什么没有灭亡呢？"

孔子说："他有仲叔圉接待宾客，祝鮀管理宗庙祭祀，王孙贾统率军队。像这样，怎么会灭亡呢？"

子曰："其言之不怍，则为之也难。"

译文

孔子说："一个人大言不惭，他做起来就难了。"

陈成子弑简公①。孔子沐浴而朝②，告于哀公③曰："陈恒弑其君，请讨之。"公曰："告夫三子④！"

孔子曰："以吾从大夫之后，不敢不告也。君曰'告夫三子'者！"

之三子告，不可。孔子曰："以吾从大夫之后，不敢不告也。"

注释

①陈成子：就是陈恒。春秋时齐国大夫。谥成。简公：齐简公，名壬。②孔子沐浴而朝：这时孔子已经告老还家，特为这事来朝见鲁君。③哀公：春秋时鲁国最后一位国君，前494年至前468年在位。④三子：指鲁国的季孙氏、仲孙氏、孟孙氏。当时这三家贵族实际控制着鲁国军政大权，其中季孙氏的权力最大，他拥有鲁国一半的军队。本章内容又见于《左传·哀公十四年》。

译文

陈成子杀了齐简公。孔子斋戒沐浴后去朝见鲁哀公，报告说："陈恒杀了他的君主，请你出兵讨伐他。"哀公说："你向那三人去报告吧！"

孔子（退了出来），说："因为我曾忝为大夫，不敢不来报告，但是君上却对我说：'向那三人报告吧！'"

孔子去三位大臣那里报告，他们不肯出兵。孔子说："因为我曾忝为大夫，不敢不报告啊。"

子路问事君。子曰："勿欺也，而①犯之。"

注释

①而：同"能"，能够。

子路问如何事奉国君。孔子说："不要欺骗他，却可以触犯他。"

子曰："君子上达，小人下达①。"

①上达、下达：解释较多分歧，这里采用皇侃《论语义疏》的说法。

孔子说："君子通达于仁义，小人通达于财利。"

子曰："古之学者为己，今之学者为人。"

孔子说："古代的学者是为了提高自己的学问道德，今天的学者是为了装饰自己给别人看。"

蘧伯玉①使人于孔子。孔子与之坐而问焉，曰："夫子何为?"对曰："夫子欲寡其过而未能也。"

使者出。子曰："使乎! 使乎!"

①蘧伯玉：卫国大夫，名瑗。孔子在卫国之时，曾经住过他家。《庄子·则阳》《淮南子·原道训》都记载有他的事迹。

蘧伯玉派一位使者拜访孔子。孔子让他坐下，而后问道："他老先生在做些什么？"使者回答说："他老先生想减少自己的过错，却还没能做到呢。"

使者出去了。孔子说："好一位使者啊！好一位使者啊！"

子曰："君子耻其言而①过其行。"

①而：用法同"之"。别的版本这一"而"字即为"之"。

孔子说："君子以所说的超过所做的为羞耻。"

子曰："君子道者三，我无能焉：仁者不忧，知者不惑，勇者不惧。"

子贡曰："夫子自道也。"

孔子说："君子所行的三件事，我还没能做到：仁德的人不忧愁，智慧的人不迷惑，勇敢的人不畏惧。"

子贡说："这正是他老人家在说他自己呢。"

子贡方①人。子曰："赐也贤乎哉？夫我则不暇。"

①方：品评。

子贡常讥评别人。孔子对他说："端木赐呀，你就够好了吗？我却没有这闲工夫。"

子曰："不患人之不己知，患其不能也。"

孔子说："不要担心别人不知道自己，只需担心自己没有能力。"

子曰："不逆诈，不亿①不信，抑亦先觉者，是贤乎！"

①亿：同"臆"，臆测。

孔子说："不预先怀疑别人欺诈，也不预先揣测别人对我不信任，却能及早发觉，这样的人就是贤者罢！"

微生亩①谓孔子曰："丘，何为是栖（xī）栖②者与？无乃为佞乎？"

孔子曰："非敢为佞也，疾固也。"

①微生亩：姓微生，名亩。一说就是尾生亩。②是：这里作副词用，当"如此"解。栖栖：忙忙碌碌的样子。

微生亩对孔子说："孔丘，为什么这样忙忙碌碌地奔波呢？不是为了逞你的口才吧？"

孔子说："我不是敢逞口才，而是厌恶那种顽固不化的人。"

子曰："骥不称其力，称其德也。"

孔子说："称千里马叫作骥，并不是赞美它的气力，而是赞美它的品德。"

或曰："以德报怨，何如？"子曰："何以报德？以直报怨，以德报德。"

有人对孔子说："用恩德来回报怨恨，怎么样？"孔子说："那又拿什么来回报恩德呢？应当用正直来回报怨恨，用恩德来回报恩德。"

子曰："莫我知也夫！"子贡曰："何为其莫知子也？"子曰："不怨天，不尤人，下学而上达①。知我者其天乎！"

①下学而上达：对这句话的解释，古今颇多分歧。皇侃《论语义疏》："下学，学人事；上达，达天命。我既学人事，人事有否有泰，故不尤人。上达天命，天命有穷有通，故我不怨天也。"译文采用此说。

孔子说:"没有人知道我呀!"子贡说:"为什么会没有人知道您呢?"孔子说:"不怨恨老天,不责备别人,下学人事而上达天命。知道我的,只是天吧!"

公伯寮愬①子路于季孙。子服景伯②以告,曰:"夫子固有惑志于公伯寮,吾力犹能肆诸市朝③。"

子曰:"道之将行也与,命也;道之将废也与,命也。公伯寮其如命何!"

①公伯寮:《史记·仲尼弟子列传》作公伯僚,字子周。愬:同"诉"。②子服景伯:鲁国大夫,名何。③市朝:集市和朝廷。此偏指集市。

公伯寮向季孙毁谤子路。子服景伯告诉孔子,说:"季孙他老人家已经被公伯寮迷惑了,不过我的力量还能把他的尸首放在街头示众。"

孔子说:"我的主张将要实现吗,听之于命运;我的主张将被废弃吗,也听之于命运。公伯寮又能把我的命运怎样呢?"

子曰:"贤者辟①世,其次辟地,其次辟色,其次辟言。"
子曰:"作者七人矣。"

①辟:同"避"。

孔子说:"有道德的人逃避社会隐居,其次是逃避污浊的地方另外择地而处,其次是回避难看的脸色,其次是避开流言飞语。"

孔子又说:"这样做的人已经有七个了。"

子路宿于石门①。晨门②曰:"奚自?"子路曰:"自孔氏。"曰:"是知其不可而为之者与?"

①石门:鲁国都城的外门。②晨门:早晨看管城门的人。

子路在石门住了一夜。(第二天清早进城)司门者说:"从哪儿来?"子路说:"从孔家来。"司门者说:"就是那位知道不能做到却一定要去做的人吗?"

子击磬(qìng)①于卫,有荷蒉(kuì)②而过孔氏之门者,曰:"有心哉,击磬乎!"既而曰:"鄙哉,硁硁(kēng)③乎!莫己知也,斯已④而已矣。'深则厉,浅则揭⑤。'"

子曰:"果哉!末之难(nàn)⑥矣。"

①磬:古代一种打击乐器,用石或玉做成,悬挂在架子上,敲打发声。②蒉:用草编成的盛粮食的筐。③硁硁乎:形容识量浅狭而固执的样子。④已:应为"已"字之讹。已,停止、放弃。⑤"深则厉"二句:见于《诗经·邶风·匏有苦叶》。水深比喻社会

非常黑暗，只得听之任之；水浅比喻黑暗的程度不深，还可以使自己不受沾染，便无妨撩起衣裳，免得濡湿。⑥末之难：是"末难之"的倒装。末，无，没有。难，动词，诘难，反驳。

译文

孔子在卫国敲磬，有一个背着草筐经过孔子门前的人说："有心事啊，在敲磬！"等一会儿又说："鄙陋啊！固执啊！既然没有人知道自己，就罢休得了。水深呢，索性连着衣裳走过去；水浅呢，无妨撩起衣裳走过去。"

孔子说："真坚决啊！没有办法反驳他了。"

子张曰："《书》云：'高宗谅阴①，三年不言。'何谓也？"

子曰："何必高宗，古之人皆然：君薨（hōng），百官总己以听于冢宰②三年。"

注释

①谅阴：居丧时所住的房子，又叫凶庐。②冢宰：也叫太宰，周代的百官之长，辅佐天子执掌国政。

译文

子张说："《尚书》上说：'殷高宗守孝，住在凶庐，三年不言语。'这是什么意思？"

孔子说："不仅是殷高宗，古人都是这样：国君死了，所有官员坚守自己的岗位，听从大宰相的命令。"

子曰："上好礼，则民易使也。"

孔子说："在上位的人崇尚礼仪，那么百姓也容易役使。"

子路问君子。子曰："修己以敬。"

曰："如斯而已乎?"曰："修己以安人。"

曰："如斯而已乎?"曰："修己以安百姓。修己以安百姓，尧舜其犹病^①诸?"

①病：难，难以做到。

子路问怎样做才能成为君子。孔子说："修养自己，严肃认真地对待工作。"

子路说："这样就够了吗?"孔子说："修养自己，使别人安乐。"

子路说："这样就够了吗?"孔子说："修养自己，使老百姓安乐。修养自己使老百姓安乐，尧舜大概也还没有完全做到吧?"

原壤夷俟^①。子曰："幼而不孙弟^②，长而无述焉，老而不死，是为贼。"以杖叩其胫。

①原壤：孔子的老朋友。《礼记·檀弓》记载他一段故事，说他母亲死了，孔子去帮助他治丧，他却站在棺材上唱起歌来了，孔子也只好装作没听见。大概这人是一位另有主张而立意反对孔子的人。夷：箕踞。即臀部贴地，两腿张开，平放而直伸，像簸箕

一样坐着。在古代，这是一种很不庄重也很不礼貌的坐姿。俟：等待。②孙弟：同"逊悌"。

原壤两腿像八字一样张开坐在地上，等着孔子。孔子骂道："你小时候不懂礼，长大了毫无作为，老了还不死，这叫作祸贼。"操起拐杖敲打他的小腿。

阙党①童子将命。或问之曰："益者与？"子曰："吾见其居于位②也。见其与先生并行③也。非求益者也，欲速成者也。"

①阙党：孔子所居之地名。②居于位：根据《礼记·玉藻》的记载，"童子无事则立主人之北，南面。"可见"居于位"是不合当日礼节的。③与先生并行：《礼记·曲礼》上篇说："五年以长，则肩随之。"（"肩随"就是与之并行而稍后），而童子的年龄相差甚远，依当时礼节，不能和成人并行。

阙党的一个少年来向孔子传达使命。有人问孔子说："这小孩是肯求上进的人吗？"孔子说："我见他（大模大样地）坐在座位上，又见他同先生并肩而行。这不是个肯求上进的人，只是一个急于成名的人。"

卫灵公第十五

　　卫灵公问陈①于孔子。孔子对曰："俎豆之事②，则尝闻之矣；军旅之事，未之学也。"明日遂行。

注释
①陈：同"阵"。②俎豆之事：祭祀等礼仪事务。俎和豆都是古代盛肉食的器皿，行礼时所用，因此借以表示礼仪之事。参阅《泰伯篇》"笾豆之事"注。

译文
　　卫灵公向孔子问军队列阵之法。孔子回答说："礼仪之类的事情，我还知道一些；至于军队的事情，我从来没有学过。"第二天便离开了卫国。

　　在陈绝粮，从者病，莫能兴。子路愠见曰："君子亦有穷乎？"
　　子曰："君子固穷，小人穷斯滥矣。"

译文
　　孔子在陈国断绝了粮食，跟随的人都病倒了，爬不起来。子路很生气地来见孔子，说："君子也有穷困的时候吗？"
　　孔子说："君子虽然穷困，还是坚持着；小人一旦困穷，便胡来乱搞了。"

子曰："赐也，女以予为多学而识之者与?"对曰："然。非与?"曰："非也，予一以贯之。"

译文

孔子说："端木赐啊，你以为我是广泛地学习又能够记得住的人吗?"子贡回答说："对呀，不是这样吗?"孔子说："不是的，我有一个基本思想来贯串它们。"

子曰："由，知德者鲜矣!"

译文

孔子说："仲由，懂得德行的人可少啦!"

子曰："无为而治者其舜也与?夫何为哉?恭己正南面① 而已矣。"

注释

①南面：面向南边而坐，这是最尊贵的位置。这里指为帝王。

译文

孔子说："自己休闲安逸而使天下太平的人，大概只有舜罢?他干了什么呢?庄严端正地做天子罢了。"

子张问行。子曰："言忠信，行笃敬，虽蛮貊（mò）之邦，行矣。言不忠信，行不笃敬，虽州里，行乎哉?立则见其参于前也，在舆则见其倚于衡①也，夫然后行。"子张书诸绅②。

注释

①舆：车厢。衡：车辕前端用来固定轭的横木。②诸："之于"的合音。绅：古代官员和士人穿礼服时系于腰间的大带，一头下垂，可用于临时记事。

译文

　　子张问怎样才能使自己行得通。孔子说："言语忠诚老实，行为忠厚恭敬，这样即使到了偏远野蛮的国家，也行得通了。言语欺诈无信，行为刻薄轻浮，就是在本乡本土，能行得通吗？站立的时候，好像看见它们就在自己面前；在车厢里，就看见它倚靠在前面的横木上，这样就会到处行得通。"子张把这些话记在衣带上。

　　子曰："直哉史鱼①！邦有道，如矢；邦无道，如矢。君子哉蘧伯玉②！邦有道，则仕；邦无道，则可卷而怀之。"

注释

①史鱼：名鲔，字子鱼，卫国大夫。他临死时嘱咐他的儿子，不要"治丧正室"，以此劝告卫灵公进用蘧伯玉，斥退弥子瑕，古人称为"尸谏"，事见《韩诗外传》卷七。②蘧伯玉：名瑗，卫国大夫。事迹见《左传》襄公十四年、二十六年。

译文

　　孔子说："真正直啊，史鱼！国家政治清明，他像箭一样直；

国家政治黑暗，他也像箭一样直。真君子啊，蘧伯玉！国家政治清明，就出来做官；国家政治黑暗，就把自己的本领藏起来。"

子曰："可与言而不与之言，失人；不可与言而与之言，失言。知者不失人，亦不失言。"

译文

孔子说："可以同他交谈却不同他交谈，会错过人才；不可以同他交谈却同他交谈，会浪费语言。聪明人既不错过人才，也不浪费语言。"

子曰："志士仁人，无求生以害仁，有杀身以成仁。"

译文

孔子说："志士仁人，没有贪生怕死而损害仁德的，只有勇于牺牲来成全仁德的。"

子贡问为仁。子曰："工欲善其事，必先利其器①。居是邦也，事其大夫之贤者，友其士②之仁者。"

注释

①器：工具。②士：此与上句"大夫"并举，指已做官而位置下于大夫的人。

译文

子贡问怎样培养仁德。孔子说："工匠要做好他的工作，一定要先把他的工具磨锋利。住在一个国家，就要事奉大夫中的贤人，与士人中的仁人交朋友。"

颜渊问为邦。子曰："行夏之时^①，乘殷之辂（lù）^②，服周之冕^③，乐则《韶》《舞》^④。放郑声^⑤，远佞人。郑声淫，佞人殆。"

注释

①夏之时：指夏历。据古史记载，夏历以建寅之月（旧历正月）为每年的第一月，春、夏、秋、冬合乎自然现象。周朝则以建子之月（旧历十一月）为每年的第一月，而且以冬至日为元日。周历虽然在观测天象方面比以前进步，但使用起来却不及夏历方便于农业生产，所以孔子主张用夏历。②殷之辂：商朝的车子。比周代的车子朴质。③周之冕：周代的礼帽。比以前的礼帽华美。④《韶》《舞》：《韶》是舜时的音乐。"舞"同"武"，周武王时的音乐。⑤放：舍弃，抛弃。郑声：郑国的乐曲。

译文

颜渊问怎样治理国家。孔子说："用夏朝的历法，坐殷朝的车子，戴周朝的礼帽，音乐就用《韶》《武》。舍弃郑国的乐曲，远离花言巧语、阿谀奉承的小人。郑国的乐曲靡曼淫秽，花言巧语的人危险。"

子曰："人无远虑，必有近忧。"

译文

孔子说："人如果没有长远的考虑，一定会有近在眼前的忧患。"

174

曰："已矣乎！吾未见好德如好色者也。"

译文

孔子说："算了吧！我没见过喜欢美德像喜欢美貌一样的人啊。"

子曰："躬自厚①而薄责于人，则远怨矣。"

注释

①躬自厚：是"躬自厚责"的省略。

译文

孔子说："多责备自己，而少责备别人，怨恨自然就少了。"

子曰："不曰'如之何①，如之何'者，吾末如之何也已矣。"

注释

①不曰如之何：意思就是不动脑筋。

译文

孔子说："对于那种不说'怎么办，怎么办'的人，我真不知道该怎么办了。"

子曰："群居终日，言不及义，好行小慧，难矣哉！"

译文

孔子说："同大家整天住在一块，不说一句有道理的话，只喜欢卖弄小聪明，这就难办了！"

子曰："君子义以为质，礼以行之，孙以出①之，信以成之。君子哉！"

注释
①孙：同"逊"，谦逊。出：出言。

译文

孔子说："君子做事以合宜为基本原则，依礼制实行它，用谦逊的言语说出它，用诚实的态度完成它。这才是君子呀！"

子曰："君子病无能焉，不病人之不己知也。"

译文

孔子说："君子只担心自己没有能力，不担心别人不知道自己。"

子曰："君子疾没（mò）世而名不称焉。"

译文

孔子说："君子担忧人到死而名声不被人家称述。"

子曰："君子求诸己，小人求诸人。"

译文

孔子说："君子要求自己，小人要求别人。"

子曰："君子矜而不争，群而不党。"

译文

孔子说："君子矜持而不争执，合群而不搞宗派。"

子曰："君子不以言举人，不以人废言。"

译文

孔子说："君子不因为某人说的话便提拔他，不因为某人人品不好而否定他一些好的言论。"

子贡问曰："有一言而可以终身行之者乎?"子曰："其恕①乎! 己所不欲，勿施于人。"

注释

①恕：宽容。

译文

子贡问道："有一句可以终身奉行的话吗?"孔子说："大概就是'恕'吧! 自己所不想要的东西，不要施加给别人。"

子曰："吾之于人也，谁毁谁誉! 如有所誉者，其有所试矣。斯民也，三代①之所以直道而行也。"

注释

①三代：夏、商、周三代。

　　孔子说："我对于别人，诋毁了谁？称赞了谁？如果我有所称赞，那是经过了考验的。这样的人啊，是夏、商、周三代能走正道所依赖的啊。"

　　子曰："吾犹及史之阙文也。有马者借人乘之，今亡矣夫！"

　　孔子说："我还能够看到史书存疑的地方。有马的人借给别人用，这样的人今天也没有了吧。"

　　子曰："巧言乱德。小不忍，则乱大谋。"

　　孔子说："花言巧语会损坏道德。小事情不忍耐，就会破坏大计划。"

　　子曰："众恶之，必察焉；众好之，必察焉。"

　　孔子说："大家都厌恶他，一定要去考察；大家都喜欢他，也一定要去考察。"

　　子曰："人能弘道，非道弘人。"

　　孔子说："人能弘扬真理，不是真理弘扬人。"

子曰："过而不改，是谓过矣。"

译文

孔子说："有了过错而不改正，这就真叫作过错了。"

子曰："吾尝终日不食，终夜不寝，以思，无益，不如学也。"

译文

孔子说："我曾经整天不吃饭，整晚不睡觉，去思考问题，没有益处，不如去看书学习。"

子曰："君子谋道不谋食。耕也，馁在其中矣；学也，禄在其中矣。君子忧道不忧贫。"

译文

孔子说："君子考虑自己的思想学说而不考虑衣食。去耕田，却常常挨饿；去学习，常常得到俸禄。君子只担忧自己的思想学说不能建立，不担忧贫困。"

子曰："君子不可小知而可大受也，小人不可大受而可小知也。"

译文

孔子说："君子不能根据小事情来判断他的才能，却可以承担重大任务；小人不可以承担重大任务，却可以根据小事情来判断他的才能。"

子曰："民之于仁也，甚于水火。水火，吾见蹈而死者矣，未见蹈仁而死者也。"

译文

孔子说："百姓需要仁德，比需要水火还重要。我看见走进水火里去而死了的，却从未看见践行仁德而死了的。"

子曰："当仁，不让于师。"

译文

孔子说："在可以发挥仁德的时候，就是老师也不必跟他谦让。"

子曰："君子贞而不谅①。"

注释

①贞：言行一致。一说同"正"，符合正道。谅：诚信。朱熹《集注》："贞，正而固也。谅，则不择是非而必于信。"

译文

孔子说："君子讲大信而不讲小信。"

子曰："事君，敬其事而后其食①。"

注释

①而后其食：据宋晁公武《郡斋读书志》记载，蜀石经作"而后食其禄"。

孔子说："事奉君主，要忠于职守，把拿俸禄的事放在后面。"

子曰："有教无类①。"

①类：根据贫富、贵贱、贤愚、年龄、地域等的不同对人所划分的类别。《吕氏春秋·劝学》："故师之教也，不争轻重、尊卑、贫富，而争于道。其人苟可，其事无不可。"说的就是"有教无类"的意思。

孔子说："对任何人我都给予教育，而没有什么类别之分。"

子曰："道不同，不相为谋。"

孔子说："主张不同，不互相谋划事情。"

子曰："辞达而已矣。"

孔子说："言辞，能够把意思表达清楚就行了。"

师冕①见，及阶，子曰："阶也。"及席，子曰："席也。"皆坐，子告之曰："某在斯，某在斯。"

师冕出。子张问曰："与师言之道与？"子曰："然，固相(xiàng)②师之道也。"

注释

①师：乐师。古代的乐官多由盲人担任，故"师"又可指盲人。冕：人名。②相：辅佐，帮助。

译文

乐师冕来见孔子，走到阶沿，孔子说："这是阶沿啦。"走到坐席旁，孔子说："这是坐席啦。"都坐定了，孔子告诉他说："某人在这里，某人在这里。"

乐师冕辞了出来。子张问道："这是跟盲人讲话的方式吗？"孔子说："是的，这本来是帮助盲人的方式。"

季氏第十六

季氏将伐颛臾①。冉有、季路见于孔子曰："季氏将有事②于颛臾。"

孔子曰："求！无乃尔是过③与？夫颛臾，昔者先王以为东蒙④主，且在邦域之中矣，是社稷之臣也。何以伐为？"

冉有曰："夫子欲之，吾二臣者皆不欲也。"

孔子曰："求！周任⑤有言曰：'陈力就列，不能者止。'危而不持，颠而不扶，则将焉用彼相⑥矣？且尔言过矣，虎兕（sì）出于柙，龟玉毁于椟（dú）中，是谁之过与？"

冉有曰："今夫颛臾，固而近于费（bì）⑦。今不取，后世必为子孙忧。"

孔子曰："求！君子疾夫舍曰欲之而必为之辞。丘也闻有国有家者，不患寡而患不均，不患贫而患不安⑧。盖均无贫，和无寡，安无倾。夫如是，故远人不服，则修文德以来⑨之。既来之，则安之。今由与求也，相夫子，远人不服，而不能来也；邦分崩离析，而不能守也；而谋动干戈于邦内。吾恐季孙之忧不在颛臾，而在萧墙⑩之内也。"

注释

①颛臾：鲁国的附庸国，在今山东省费县西北。②有事：指用兵、战争。③尔是过：即"过尔"的倒装形式，"是"字是表示倒装之用的结构助词。④东蒙：即蒙山，在今山东蒙阴县南，与

费县接界。⑤周任：古代的一位史官。⑥相：扶持盲人走路的人。⑦费：鲁国季孙氏的采邑，故地在今山东费县西南。⑧不患寡而患不均，不患贫而患不安：当作"不患贫而患不均，不患寡而患不安"。"贫"和"均"是从财富着眼，下文"均无贫"可以为证；"寡"和"安"是从人民着眼，下文"和无寡"可以为证。⑨来：使动词。使归来、归附。⑩萧墙：君主大门内的照壁或屏风。人臣至此，便会肃然起敬，所以叫作萧墙（萧字从肃得声）。"萧墙之内"指鲁君。当时季孙把持鲁国政治，和鲁君矛盾很大，也知道鲁君想收拾他以收回主权，因此怕颛臾凭借有利的地势起而帮助鲁国，于是要先下手为强，攻打颛臾。孔子这句话，深深地刺中了季孙的内心。

译文

季氏准备攻打颛臾。冉有、子路两人谒见孔子，说："季氏准备对颛臾用兵。"

孔子说："冉求，这难道不应该责备你吗？颛臾，先前的君王曾经授权他主持东蒙山的祭祀，而且它就在我们的国境之内，这正是鲁国的藩属国，为什么要去攻打它呢？"

冉有说："季孙氏要这么干，我们两人本来都是不同意的。"

孔子说："冉求！周任有句话说：'能够贡献自己的力量，就接受职务；如果不行，就该辞职。'譬如盲人遇到危险，不去扶持；将要摔倒了，不去搀扶，那又何必用助手呢？而且你的话错啦。老虎犀牛从槛里逃了出来，龟壳美玉在匣子里毁坏了，这是谁的责任呢？"

冉有说："颛臾，城墙既然坚牢，而且离季孙的采邑费地很近。现今不把它占领，日子久了，一定会给子孙留下祸患。"

孔子说："冉求！君子就讨厌那种不说自己贪心无厌，却一定另找借口的人。我听说过：无论是诸侯或者大夫，不必担心财富不多，只须担心财富不均；不必担心人民太少，只须担心境内不安。如果财富平均，便无所谓贫穷；境内和平安定，便不会觉得少；境内平安，便不会倾危。做到这样，远方的人还不归服，便再修仁义礼乐的政教来招致他们。他们来了，就得使他们安下心来。如今仲由和冉求两人辅佐季孙，远方之人不归服，却不能把他们招来；国家分裂破碎，却不能保全；反而想在国境之内发起战争。我恐怕季孙真正担忧的不在颛臾，而在宫里的屏风之内呢。"

孔子曰："天下有道，则礼乐征伐自天子出；天下无道，则礼乐征伐自诸侯出。自诸侯出，盖十世希不失矣；自大夫出，五世希不失①矣；陪臣②执国命，三世希不失矣。天下有道，则政不在大夫；天下有道，则庶人不议。"

注释

①希：同"稀"。失：失去政权。②陪臣：卿大夫的家臣。

译文

孔子说："天下太平，礼乐制度的制定和出征攻伐的命令都决定于天子；天下昏乱，那么礼乐制度的制定和出征攻伐的命令便决定于诸侯。决定于诸侯，大概传到十代，很少不失去政权的了；决定于大夫，传到五代，很少不失去政权的了；如果是大夫的家臣执掌国家政权，传到三代就很少不失去政权的了。天下太平，国家的政权就不会掌握在大夫之手；天下太平，老百姓就不会议论纷纷。"

孔子曰："禄之去公室五世①矣，政逮于大夫四世②矣，故夫三桓③之子孙微矣。"

注释

①禄：这里指给官员发放俸禄的权力，即政权。五世：指自鲁君丧失政治权力到孔子说这段话的时候，经历了宣公、成公、襄公、昭公、定公五代。②四世：指自季氏最初把持鲁国政权到孔子说这段话时，经历了季文子、季武子、季平子、季桓子四代。③三桓：指鲁国的三卿孟孙、叔孙、季孙，因三家贵族都是鲁桓公的后代，故称"三桓"。

译文

孔子说："国家政权离开鲁国国君已经五代了，政权到了大夫的手中也已经四代了，所以桓公的三房子孙现在也衰微了。"

孔子曰："益者三友，损者三友。友直，友谅①，友多闻，益矣。友便辟（pián pì）②，友善柔③，友便（pián）佞④，损矣。"

注释

①谅：诚信。②便辟：巴结奉承别人的人。③善柔：喜欢当面恭维别人的人。④便佞：善于花言巧语的人。

译文

孔子说："有益的朋友有三种，有害的朋友也有三种。跟正直的人交友，跟诚信的人交友，跟见闻广博的人交友，这就有益了。跟谄媚奉承的人交友，跟当面恭维人的人交友，跟夸夸其谈的人交友，这就有害了。"

孔子曰："益者三乐，损者三乐。乐节礼乐（yuè），乐道人之善，乐多贤友，益矣。乐骄乐，乐佚（yì）游，乐晏乐①，损矣。"

注释

①晏乐：饮酒作乐。

译文

孔子说："有益的快乐有三种，有害的快乐也有三种。以得到礼乐的调节为快乐，以称道别人的好处为快乐，以多交有益的朋友为快乐，这就有益了。以放纵享乐为快乐，以游荡忘返为快乐，以饮酒狂欢为快乐，这就有害了。"

孔子曰："侍于君子有三愆（qiān）：言未及之而言谓之躁，言及之而不言谓之隐，未见颜色而言谓之瞽。"

译文

孔子说："陪侍在君子身边经常会犯三种错误：没轮到他说话却抢先说，叫作急躁；该说话了却不说，叫作隐瞒；不看看君子的脸色便贸然开口，叫作瞎子。"

孔子曰："君子有三戒：少之时，血气未定，戒之在色；及其壮也，血气方刚，戒之在斗；及其老也，血气既衰，戒之在得①。"

注释

①得：孔安国注云："得，贪得。"所贪者可能包括名誉、地位、

财货在内。《淮南子·诠言训》："凡人之性，少则猖狂，壮则强暴，老则好利。"意本于此章。

译文

孔子说："君子有三种警惕戒备：年轻的时候，血气精力还不固定，要警戒防备女色；等到壮年的时候，血气精力正旺盛，要警戒防止争强好胜；等到年老了，血气精力已经衰弱，要警戒防止贪求名利。"

孔子曰："君子有三畏：畏天命，畏大人[①]，畏圣人[②]之言。小人不知天命而不畏也，狎大人，侮圣人之言。"

注释

①大人：在高位的人。②圣人：有道德的人。

译文

孔子说："君子有三种畏惧：畏惧天命，畏惧王公大人，畏惧有德之人的言语。小人不懂天命所以不怕它，他们轻视王公大人，轻侮圣人的言语。"

孔子曰："生而知之者上也，学而知之者次也；困而学之，又其次也；困而不学，民斯为下矣。"

译文

孔子说："天生就知道的是上等，学习之后知道的是次一等；遇到困难再去学习，再次一等；遇到困难而不学习，这样的人就是最下等的了。"

孔子曰："君子有九思：视思明，听思聪，色思温，貌思恭，言思忠，事思敬，疑思问，忿思难，见得思义。"

译文

孔子说："君子有九种考虑：看，要考虑看明白了没有；听，要考虑听清楚了没有；脸色，要考虑是否温和；态度，要考虑是否恭敬；言语，要考虑是否忠诚；工作，要考虑认真负责；遇到疑问，要考虑怎样向人家请教；发怒生气，要考虑是否会引起麻烦；看到可得的东西，要考虑是否应该得到它。"

孔子曰："见善如不及，见不善如探汤①。吾见其人矣，吾闻其语矣。隐居以求其志，行义以达其道。吾闻其语矣，未见其人也。"

注释

①汤：开水。

译文

孔子说："看到好的人或事，就像追赶不上似的去努力追求；看到不好的人或事，就像手伸进开水里一样赶紧避开。我看见过这样的人，也听到过这样的话。避世隐居以求保持他的志向，依义而行来贯彻他的主张。我听到过这样的话，却没有看到过这样的人。"

齐景公有马千驷①，死之日，民无德而称焉。伯夷、叔齐饿于首阳②之下，民到于今称之。其斯之谓与③？

注释

①驷：驾车的四匹马。古代一般用四匹马驾一辆车，所以一驷就是四匹马。②首阳：山名。现在何地，其说甚多。一说即今山西省永济县西南之雷首山，一说即今河南省偃师市西北之首山。③其斯之谓与：这一章既没有"子曰"字样，而且"其斯之谓与"来得突兀，上面没有领起句，语意殊不连贯，朱熹《答江德功书》说："此章文势或有断续，或有阙文，或非一章，皆不可考。"程颐以为《颜渊篇》第十二的"诚不以富，亦只以异"两句引诗应该放在此处的"其斯之谓与"之上。可供参考。

译文

齐景公有马四千匹，死的时候，大家都不觉得他有什么好的品德值得称述。伯夷、叔齐两人饿死在首阳山下，大家到现在还称颂他们。大概说的就是这个意思吧！

陈亢（gāng）问于伯鱼①曰："子亦有异闻乎？"

对曰："未也。尝独立，鲤趋②而过庭。曰：'学《诗》乎？'对曰：'未也。''不学《诗》，无以言。'鲤退而学《诗》。他日，又独立，鲤趋而过庭。曰：'学《礼》乎？'对曰：'未也。''不学《礼》，无以立。'鲤退而学《礼》。闻斯二者。"

陈亢退而喜曰："问一得三：闻《诗》，闻《礼》，又闻君子之远其子也。"

注释

①陈亢：就是陈子禽。伯鱼：就是孔鲤，字伯鱼，孔子的长子。②趋：小步快走。这是晚辈在长辈面前一种恭敬的走路姿势。

190

陈亢向伯鱼问道:"老师对您有什么特别的传授吗?"

回答说:"没有。他曾经独自一人站在庭中,我快步走过他身边。他问我说:'学了《诗》没有?'我说:'没有。'他便说:'不学《诗》,就不知道怎么说话。'我便退回去学《诗》。过了几天,他又一个人站在庭中,我又快步走过他身边。他问道:'学了《礼》没有?'我回答说:'没有。'他说:'不学《礼》,便不知道怎么立足于社会。'我便退回去学《礼》。只听到这两句话。"

陈亢回去后高兴地说:"我问一件事,知道了三件事。知道了《诗》,知道了《礼》,又知道君子对待儿子的态度。"

邦君之妻,君称之曰夫人,夫人自称曰小童;邦人称之曰君夫人,称诸异邦曰寡小君;异邦人称之亦曰君夫人。

国君的妻子,国君称她为夫人,她自称为小童;国人称她为君夫人,但对外国人便称她为寡小君;外国人称她也叫君夫人。

阳货第十七

　　阳货①欲见孔子，孔子不见，归（kuì）孔子豚（tún）②。孔子时（sì）其亡③也，而往拜之。遇诸涂④。谓孔子曰："来！予与尔言。"曰："怀其宝而迷其邦，可谓仁乎？"曰："不可。好从事而亟（qì）⑤失时，可谓知乎？"曰："不可。日月逝矣，岁不我与。"

　　孔子曰："诺。吾将仕矣。"

注释

①阳货：又叫阳虎，季氏的家臣。季氏几代以来把持鲁国的政权，阳货这时正又持季氏的权柄。最后因企图削除三桓而未成，逃往晋国。②归孔子豚：归同"馈"。赠送。豚：小猪。《孟子·滕文公下》对这事有一段说明，他说，当时，"大夫有赐于士，不得受于其家，则往拜其门"。阳货便利用这一礼俗，趁孔子不在家，给他送了一头蒸熟的小猪去。孔子也就趁阳货不在家时去登门拜谢。③时：同"伺"。窥探，守候。亡：外出，不在家。④涂：道路。⑤亟：屡次，多次。

译文

　　阳货想要孔子来拜会他，孔子不去，他便送孔子一头（蒸熟了的）小猪（迫使孔子到他家来道谢）。孔子探听到他不在家的时候，前去拜谢。两人在路上碰着了。阳货对孔子说："来，我跟你说。"他说："自己有一身本领，却让国家处于昏乱状态，可以叫作仁德吗？"（孔子没吭声。）他便自己接口说："不可以。一个人喜欢做官，却屡屡错过机会，可以叫作聪明吗？"（孔子仍然没吭声。）他又自己接口说："不可以。时光一去不返，时不我待呀。"

孔子这才说："好吧。我准备做官了。"

子曰："性相近也，习相远也。"

孔子说： "人性原本相近，因为习俗濡染不同，便相距甚远。"

子曰："唯上知与下愚不移①。"

①上知下愚：关于"上知""下愚"的解释，古今颇有异说。《汉书·古今人表》说："可与为善，不可与为恶，是谓上智。可与为恶，不可与为善，是谓下愚。"是以其品质言。清人孙星衍说："上知谓生而知之，下愚谓困而不学。"（《问字堂集》）则是兼以其知识与质量而言。孔子说过"生而知之者上也"，这里的"上知"可能就是"生而知之"的人。下愚，大概就是白痴。

孔子说："只有上等的智者和下等的愚人是改变不了的。"

子之武城①，闻弦歌之声。夫子莞尔而笑，曰："割鸡焉用牛刀?"

子游对曰:"昔者偃也闻诸夫子曰:'君子学道则爱人,小人学道则易使也。'"

子曰:"二三子!偃之言是也。前言戏之耳。"

注释

①武城:鲁国的一个小城。当时孔子的学生子游担任武城宰。

译文

孔子到了武城,听到了弹琴唱歌的声音。孔子微微笑着,说:"杀鸡哪用得着宰牛的刀?"

子游回答说:"以前我听老师说过:'做官的人学习了道,就会有仁爱之心;老百姓学习了道,就容易使唤。'"

孔子说:"同学们!言偃的话是正确的。我刚才那句话不过是句玩笑话罢了。"

公山弗扰以费(bì)畔①,召,子欲往。

子路不说(yuè),曰:"末之②也,已③,何必公山氏之之也④?"

子曰:"夫召我者,而岂徒哉⑤?如有用我者,吾其为东周⑥乎!"

注释

①公山弗扰:疑即《左传》定公五年、八年、十二年及哀公八年之公山不狃,季氏的封地费城的行政长官。畔:同"叛"。②末:没有(地方)。之:去。③已:止,罢了。④何必公山氏之之也:"何必之公山氏也"的倒装。"之之"的第一个"之"字只是帮助

倒装用的结构助词，第二个"之"字是动词。⑤而岂徒哉："徒"下省略动宾结构，说完整是"而岂徒召我哉"。⑥为东周：朱熹《集注》："言兴周道于东方。"

译文

公山弗扰盘踞在费邑图谋造反，召孔子去，孔子准备去。

子路很不高兴，说："实在没有地方去便算了，为什么一定要去公山氏那里呢？"

孔子说："那个叫我去的人，难道是白白召我吗？如果有人用我，我将在东方复兴周道啊！"

子张问仁于孔子。孔子曰："能行五者于天下为仁矣。"

"请问之。"曰："恭、宽、信、敏、惠。恭则不侮，宽则得众，信则人任焉，敏则有功，惠则足以使人。"

译文

子张问孔子怎样做到仁。孔子说："能够在天下践行五种品德，就可以称得上仁了了。"

"愿闻其详。"孔子说："恭敬、宽厚、守信、勤敏、恩惠。恭敬就不会被侮辱，宽厚就会得到大家的拥护，守信就会得到别人的任用，勤敏就能使工作有效果，有恩惠就能够指挥动人。"

佛肸（bì xī）①召，子欲往。

子路曰："昔者由也闻诸夫子曰：'亲于其身为不善者，君子不入也。'佛肸以中牟畔②，子之往也，如之何？"

子曰："然，有是言也。不曰坚乎，磨而不磷（lìn）③；不曰白乎，涅（niè）而不缁④。吾岂匏（páo）瓜⑤也哉？焉能系而不食？"

①佛肸：晋国大夫范中行的家臣，任中牟宰，依据中牟来抗拒赵简子。②中牟：春秋时晋邑，故址当在今日河北省邢台和邯郸之间。畔：同"叛"。③磷：薄也。④涅：本是一种矿物质，古人用作黑色染料，这里作动词。染黑。缁：黑色。⑤匏瓜：即匏葫芦，古有甘、苦两种，苦的不能吃，但因为它比水轻，可以系于腰间，用以泅渡。《庄子·逍遥游》："今子有五石之匏，何不虑以为大樽，而浮乎江湖。"

译文

佛肸征召孔子，孔子打算前往。

子路说："从前我听老师说过：'亲自做坏事的人那里，君子是不去的呀。'佛肸凭借中牟叛乱谋反，您却要到他那里去，怎么说得过去呢？"

孔子说："是的，我是说过这话。不是说吗，真坚硬的东西，磨也磨不薄；不是说吗，真洁白的东西，染也染不黑。我难道是匏瓜吗？哪能只是被悬挂着而不给人吃呢？"

子曰："由也，女闻六言①六蔽矣乎？"对曰："未也。"

"居②，吾语女。好仁不好学，其蔽也愚③；好知不好学，其蔽也荡④；好信不好学，其蔽也贼⑤；好直不好学，其蔽也绞⑥；好勇不好学，其蔽也乱；好刚不好学，其蔽也狂。"

注释

①言：与"有一言而可以终身行之"的"言"意思相同，指

196

"德"。②居：坐。③愚：朱熹《集注》："愚若可陷可罔之类。"
④荡：孔安国云："荡，无所适守也。"⑤贼：损害，伤害。
⑥绞：急切不近情理。

译文

　　孔子说："仲由啊，你听过有六种德行和六种弊病吗?"子路回答说："没有。"

　　孔子说："坐下，我告诉你。爱仁德却不爱学习，那种弊病就是愚蠢；爱耍聪明却不爱学习，那种弊病就是放纵；爱诚实却不爱学习，那种弊病就是祸害；爱直率却不爱学习，那种弊病就是不近情理；爱勇敢却不爱学习，那种弊病就是捣乱闯祸；爱刚强却不爱学习，那种弊病就是狂妄无知。"

　　子曰："小子①何莫学夫《诗》? 《诗》，可以兴②，可以观，可以群，可以怨。迩之事父，远之事君。多识于鸟兽草木之名。"

注释

①小子：相当于今天说"小伙子"，年轻人。②兴：艺术的联想、想象。

译文

　　孔子说："同学们，为什么不去学习那部《诗经》呢? 读《诗经》，可以培养联想力，可以提高观察力，可以锻炼合群性，可以学得怨刺之法。近呢，可以用来事奉父母；远呢，可以事奉君上。还可以多多认识鸟兽草木的名称。"

子谓伯鱼曰："女为《周南》《召南》①矣乎？人而不为《周南》《召南》，其犹正墙面而立②也与！"

孔子对伯鱼说："你研读过《周南》《召南》了吗？人如果不研读《周南》《召南》，那也许会像面贴着墙壁而站着吧（什么也看不见、一步也走不了）！"

子曰："礼云礼云，玉帛①云乎哉？乐云乐云，钟鼓云乎哉？"

孔子说："礼呀礼呀，说的就是玉器、绢帛等礼物吗？乐呀乐呀，说的就是钟鼓等乐器吗？"

子曰："色厉而内荏①，譬诸小人，其犹穿窬（yú）②之盗也与？"

①茬：怯懦，软弱。②窬：小孔。一说同"逾"，翻越。

孔子说："外表严厉，内心怯弱，用小人打个比方，只怕就像挖洞跳墙的小偷罢！"

子曰："乡愿（yuàn）①，德之贼也。"

①乡愿：《孟子》作"乡原"。指表面上谨慎老实，实则同流合污的伪善者。《孟子·尽心下》："非之无举也，刺之无刺也。同乎流俗，合乎污世。居之似忠信，行之似廉洁。众皆悦之，自以为是，而不可与入尧舜之道。故曰'德之贼'也。"

孔子说："没有是非的好好先生和伪君子，是败坏道德的小人。"

子曰："道听而涂①说，德之弃也。"

①涂：道路。这里用作状语，在路上。

孔子说："在路上听到传言就四处传播，是违背道德的小人。"

子曰："鄙夫①可与事君也与哉？其未得之也，患［不］得之②；既得之，患失之。苟患失之，无所不至矣。"

注释

①鄙夫：见识短浅的人。②患得之：据文意，当作"患不得之"。王符《潜夫论·爱日篇》云："孔子疾夫未之得也，患不得之；既得之，患失之者。"可见东汉人所据的本子有"不"字。宋人沈作喆《寓简》云："东坡解云，'患得之'当作'患不得之'。"可见宋人所见的本子已脱此"不"字。

译文

孔子说："见识短浅的人能与他共同事奉国君吗？当他没有得到职位的时候，生怕得不到它；已经得到了，又生怕失掉它。如果生怕失掉官职，那就什么事情都做得出来了。"

子曰："古者民有三疾，今也或是之亡（wú）也。古之狂也肆，今之狂也荡；古之矜也廉①，今之矜也忿戾（lì）②；古之愚也直，今之愚也诈而已矣。"

注释

①廉：本义是器物的棱角，引申指人的行为方正有威严。②忿戾：蛮横无理。

译文

孔子说："古代的人有三种毛病，今天呢，或许这些都没有了。古代的狂是肆意直言，现在的狂是放荡无羁；古代的矜持是方正有棱角，现在的矜持是蛮横无理；古代的愚笨是直率，现在的愚笨却只是欺诈要手段罢了。"

子曰："恶（wù）紫之夺朱①也，恶郑声之乱雅乐②也，恶利口之覆邦家者。"

注释

①紫之夺朱：周代贵族用大红色做衣服，而不用浅红色或紫色。这从《诗经·豳风·七月》的叙述可知："我朱孔阳，为公子裳。"（我染的大红色布非常鲜艳，给贵族公子做衣服用。）到春秋时，有些诸侯国君如鲁桓公、齐桓公等，都喜欢穿紫色衣服，孔子对此很不满。孔子还主张"红紫不以为亵服"（《乡党》）。连内衣都不用紫色的布做，更不用说礼服了。②郑声：郑国的乐曲。孔子说过："郑声淫。"（《卫灵公》）认为郑国的乐曲放荡。雅乐：典雅的乐曲。指朝见天子、祭祀鬼神、庆典、宴会所用的乐曲。

译文

孔子说："讨厌紫色夺去了大红色的光彩和地位，讨厌郑国的乐曲破坏了典雅的乐曲，讨厌强嘴利舌颠覆国家的人。"

子曰："予欲无言。"子贡曰："子如不言，则小子何述焉?"子曰："天何言哉? 四时行焉，百物生焉，天何言哉?"

译文

孔子说："我想不说什么了。"子贡说："您如果不说话，那我们晚辈传述什么呢?"孔子说："天说了什么吗? 四季照样运行，百物照样生长，天说了什么吗?"

孺悲①欲见孔子，孔子辞以疾。将命者出户，取瑟而歌，使之闻之。

注释

①孺悲：鲁国人。《礼记·杂记》："恤由之丧，哀公使孺悲之孔子学士丧礼，《士丧礼》于是乎书。"

译文

孺悲来想要拜见孔子，孔子推托有病不愿接见。传命的人刚出门，孔子便取下瑟来边弹边唱，故意使孺悲听到。

宰我问："三年之丧（sāng），期已久矣。君子三年不为礼，礼必坏；三年不为乐，乐必崩。旧谷既没，新谷既升，钻燧改火①，期（jī）②可已矣。"

子曰："食夫稻③，衣夫锦，于女安乎？"

曰："安。"

"女安，则为之！夫君子之居丧，食旨不甘，闻乐（yuè）不乐，居处不安④，故不为也。今女安，则为之！"

宰我出，子曰："予之不仁也！子生三年，然后免于父母之怀。夫三年之丧，天下之通丧也，予也有三年之爱于其父母乎！"

注释

①钻燧改火：即钻木取火。用钻头钻树木，因发热而产生火星，用来点火。因为被钻的树木四季不同，所谓"春取榆柳之火，夏取枣杏之火，季夏取桑柘之火，秋取柞楢之火，冬取槐檀之火"（马融引《周书·月令篇》文），一年一轮回，这叫"改火"。

②期：同"朞"，一年。③稻：精粮。古代北方以稷（小米）为主要粮食，水稻和粱（精细的小米）是珍品，而稻的耕种面积更小，所以这里特别提出它来和"锦"为对文。④居处不安：古代孝子要"居倚庐，寝苦枕块"，就是住临时用草料木料搭成的凶庐，睡在用草编成的藁垫上，用土块做枕头。这里的"居处"是指平日的居住生活而言。

译文

宰我问道："守孝三年，为期也太长了。君子有三年不举行礼仪活动，礼仪一定会被废弃掉；三年不演奏音乐，音乐一定会被荒废。陈谷既已吃完了，新谷又已登场；打火用的燧木又经过了一个轮回，一年也就可以了。"

孔子说："（在丧期内）你吃那种白米饭，穿那些花缎衣，你觉得心安吗？"

宰我说："心安。"

"你心安，你就去做吧！君子在守孝时，吃美味不知道甘甜，听音乐不觉得快乐，住在家里不以为舒适，才不这样做。现在你既然觉得心安，便去做好了。"

宰我退了出来。孔子说："宰予真不仁呀！儿女生下来，三年之后才能脱离父母的怀抱。替父母守孝三年，是天下通行的丧期。宰予难道就没有从他父母那里得到三年的爱护吗？"

子曰："饱食终日，无所用心，难矣哉！不有博弈①者乎？为之，犹贤乎已②。"

注释

①博：古代的一种棋局。弈：下棋。焦循《孟子正义》："盖弈但

行棋，博以掷采（骰子）而后行棋。"②已：停止，不动。

孔子说："整天吃饱了饭，什么事也不做，时间很难打发的呀！不是有掷骰子下棋的游戏吗？玩玩这个也比闲着好。"

子路曰："君子尚①勇乎？"

子曰："君子义以为上，君子有勇而无义为乱，小人有勇而无义为盗。"

①尚：与下句"上"同义，用作动词，崇尚，推崇。

子路问道："君子崇尚勇敢吗？"

孔子说："君子认为义是最高尚的，君子只有勇气而没有仁义就会捣乱造反，小人只有勇气而没有仁义就会做土匪强盗。"

子贡曰："君子亦有恶（wù）乎？"

子曰："有恶：恶称人之恶者，恶居下流而讪（shàn）①上者，恶勇而无礼者，恶果敢而窒②者。"

曰："赐也亦有恶乎？"

"恶徼（jiāo）③以为知者，恶不孙④以为勇者，恶讦（jié）⑤以为直者。"

①下流：唐以前的本子没有"流"字，"流"字为衍文（误增的

文字）。讪：毁谤。②窒：窒塞不通，此指固执不通。③徼：抄袭。④孙：同"逊"，谦逊。⑤讦：揭发他人的隐私。

译文

子贡说："君子也有憎恶的事吗？"

孔子说："有憎恶的事：憎恶说别人坏话的人，憎恶在下位而毁谤上级的人，憎恶勇敢却不懂礼节的人，憎恶武断却顽固不化的人。"

孔子又说："端木赐呀，你也有憎恶的事吗？"

"我憎恶偷袭别人的成绩却作为自己的聪明才智的人，憎恶不懂得谦虚而自以为勇敢的人，憎恶揭发别人隐私却自以为直率的人。"

子曰："唯女子与小人为难养①也，近之则不孙②，远之则怨。"

注释

①养：教育，教养。②孙：同"逊"。

译文

孔子说："只有女子和小人是难以教育的，亲近了，他们会无礼；疏远了，他们会怨恨。"

子曰："年四十而见恶（wù）焉，其终也已①。"

注释

①其终也已："已"是动词，与"末之也已""斯害也已"的

"已"字意义相同，句法与"斯害也已"一致。"其终也""斯害也"为主语；"已"为动词，谓语。

译文

孔子说："到了四十岁还被人厌恶，恐怕他这一生也就完了。"

微子第十八

微子①去之，箕子②为之奴，比干③谏而死。孔子曰："殷有三仁焉。"

注释

①微子：名启，纣王的同母兄。他出生时，他的母亲还是帝乙的妾，其后才立为妻，然后生了纣，所以帝乙死后，纣得立为嫡子，而微子不得立。事见《吕氏春秋·仲冬纪》。古书中唯《孟子·告子篇》认为微子是纣的叔父。②箕子：纣王的叔父。纣王无道，他曾进谏而不听，便披发佯狂，自降为奴隶。③比干：也是纣王的叔父。他力谏纣王，纣王说，他听说圣人的心有七个孔，便剖开比干的心检验。

译文

（纣王昏乱残暴）微子离开了他，箕子做了他的奴隶，比干劝谏而被杀。孔子说："殷商有三位仁人。"

柳下惠为士师①，三黜。人曰："子未可以去乎？"曰："直道而事人，焉往而不三黜？枉道而事人，何必去父母之邦？"

①柳下惠：春秋时鲁国大夫，姓展，名获，字禽，又字季，私谥
惠。居柳下，因称柳下惠。士师：主管刑狱的官。

译文.

柳下惠做法官，多次被罢免。有人对他说："您不可以离开
鲁国吗？"他说："以正直的品德事奉人君，到哪里去不会常常被
罢免呢？以歪门邪道事奉人君，又何必离开自己的祖国呢？"

齐景公待孔子曰："若季氏，则吾不能；以季孟之间待
之。"曰："吾老矣，不能用也。"孔子行。

译文.

齐景公讲到对待孔子的待遇时说："像鲁君对待季氏那样
（对待孔子），我做不到；用介于季氏和孟氏之间的待遇来对待
他。"不久，又说："我老了，没有什么作为了。"孔子就走了。

齐人归（kuì）①女乐，季桓子②受之，三日不朝，孔子行。

注释.

①归：同"馈"。齐人馈女乐事，可参阅《史记·孔子世家》和
《韩非子·内储说》。②季桓子：季孙斯，鲁国定公至哀公初年时
的执政上卿，死于哀公三年。

译文.

齐国送给鲁国一些歌姬舞女，季桓子接受了，三天不问政
事，孔子就离职走了。

楚狂接舆^①歌而过孔子曰："凤兮凤兮！何德之衰（cuī）？往者不可谏，来者犹可追^②。已而，已而！今之从政者殆而！"

孔子下，欲与之言。趋而辟^③之，不得与之言。

注释

①接舆：楚国的隐士。②犹可追：赶得上、来得及。③趋：快走。辟：同"避"。

译文

楚国的狂人接舆一面走过孔子的车子，一面唱着歌曲："凤凰呀，凤凰呀！为什么这么倒霉？过去的不能再挽回，未来的还能来得及。算了吧，算了吧！现在的执政者真危险啊！"

孔子下车，想跟他交谈几句。他却赶快避开，孔子没法跟他交谈。

长沮、桀溺耦而耕^①，孔子过之，使子路问津^②焉。

长沮曰："夫执舆^③者为谁？"

子路曰："为孔丘。"

曰："是鲁孔丘与？"

曰："是也。"

曰："是知津矣。"

问于桀溺。

桀溺曰："子为谁？"

曰："为仲由。"

曰："是鲁孔丘之徒与？"

对曰："然。"

曰："滔滔者天下皆是也，而谁以易^④之？且而与其从辟⑤人之士也，岂若从辟世之士哉?"耰（yōu）⑥而不辍。

子路行以告。

夫子怃（wǔ）然⑦曰："鸟兽不可与同群，吾非斯人之徒与而谁与? 天下有道，丘不与易也。"

注释

①长沮、桀溺：楚国的两位隐士。耦而耕：即耦耕，古代耕田的一种方法，由两人各执一耜，合并在一起，前面用一头牛拉。②津：渡口。③执舆：就是执辔（拉马的缰绳）。④以：与，和下文"不可与同群"，"斯人之徒与而谁与"，"丘不与易也"诸"与"字同义。易：改革，改变。下文"丘不与易也"的"易"字同义。⑤而：同"尔"。辟：同"避"。⑥耰：播种之后，再以土覆之，摩而平之，使种入土，以防鸟啄。⑦怃然：怅惘失意的样子。

译文

长沮、桀溺两人一同耕田，孔子从那儿经过，叫子路去问渡口在哪儿。

长沮问子路说："那位驾车子的是谁?"

子路说："是孔丘。"

他又说："是鲁国的那位孔丘吗?"

子路说："是的。"

他便说："他么，早晓得渡口在哪儿了。"

子路又去问桀溺。

桀溺说："您是谁?"

子路说："我是仲由。"

桀溺说："您是鲁国孔丘的门徒吗?"

回答说："是的。"

他便说："像洪水一样的坏东西到处都是，你们同谁去改革它呢？你与其跟着（孔丘那种）逃避坏人的人，为什么不跟着（我们这些）逃避整个社会的人呢？"说完，仍旧不停地做田里的活。

子路回来报告给孔子。

孔子很怅然失望地说："既然飞禽走兽不可以与其合群共处，我们如果不和人群打交道，又和什么打交道呢？如果天下太平，我就不会同你们一道来从事改革了。"

子路从而后，遇丈人，以杖荷筱（diào）①。

子路问曰："子见夫子乎？"

丈人曰："四体不勤，五谷②不分。孰为夫子？"植其杖而芸。

子路拱而立。

止子路宿，杀鸡为黍③而食之，见其二子焉。

明日，子路行以告。

子曰："隐者也。"使子路反见之。至，则行矣。

子路曰："不仕无义。长幼之节，不可废也；君臣之义，如之何其废之？欲洁其身，而乱大伦。君子之仕也，行其义也。道之不行，已知之矣。"

注释

①筱：除草的农具。②五谷：五种粮食作物，即黍、稷、麦、稻、菽。③为黍：黍就是现在的黍子，也叫黄米，以其色黄而黏，又称"黄糯"。它比当时的主要食粮稷（小米）的收获量小，而且柔糯可口，因而在古代被认为是上等的精美粮食，常用于过

年过节或招待客人。丈人杀鸡做菜，为黍做饭，这在当时是很好的招待了。

译文

子路跟随着孔子，却远落在后面，碰到一个老头，用拐杖挑着除草用的工具。

子路问道："您看见我的老师吗？"

老头说："四肢不劳动，五谷分不清，谁是你的老师？"说完，便扶着拐杖去锄草。

子路拱着手恭敬地站着。

他便留子路到他家住宿，杀鸡、做黍米饭给子路吃，又叫他两个儿子出来相见。

第二天，子路赶上了孔子，报告了这件事。

孔子说："这是位隐士。"叫子路回去再拜见他。子路到了那里，老人却已经走了。

子路便说："不做官是不对的。长幼之间的秩序既然不能废弃，君臣间的关系又怎能废弃呢？为了使自己一身洁净，却破坏了重要的社会关系。君子出来做官，只是尽应尽之责。政治主张行不通，我们早就知道了。"

逸民①：伯夷、叔齐、虞仲、夷逸、朱张、柳下惠、少连②。子曰："不降其志，不辱其身，伯夷、叔齐与！"谓"柳下惠、少连，降志辱身矣，言中伦，行中虑，其斯而已矣"。谓"虞仲、夷逸，隐居放言，身中清，废中权。我则异于是，无可无不可"。

①逸民：遗佚的人，有德而隐居的人。逸：同"佚"，遗佚。②虞仲、夷逸、朱张、少连：四人言行多已不可考。虞仲前人认为就是吴太伯之弟仲雍，不可信。夷逸曾见《尸子》，有人劝他做官，他不肯。少连曾见《礼记·杂记》，孔子说他善于守孝。

隐居的高人：伯夷、叔齐、虞仲、夷逸、朱张、柳下惠、少连。孔子说："不动摇自己的意志，不辱没自己的身份，就是伯夷、叔齐吧！"又说"柳下惠、少连降低自己的意志，屈辱自己的身份，可是言语合乎法度，行为经过思虑，那也不过如此罢了"。又说"虞仲、夷逸遁世隐居，放肆直言，行为廉洁，被废弃也是他的权术。我就和他们这些人不同，没有什么可以，也没有什么不可以"。

周公谓鲁公①曰："君子不施（shǐ）②其亲，不使大臣怨乎不以③。故旧无大故，则不弃也。无求备于一人。"

①周公：名旦，周武王的弟弟，周成王的叔父，也是孔子心目中的圣人。鲁公：周公的儿子伯禽。②施：同"弛"，怠慢。③以：用。

周公对鲁公说："君子不怠慢他的亲人，不让大臣抱怨不被重视。老臣故人没有严重过错，就不要废弃他。不要对某一人求全责备。"

周有八士：伯达、伯适、仲突、仲忽、叔夜、叔夏、季随、季骓（guā）①。

注释

①伯达……季骓：此八人皆已经无可考知。

译文

　　周朝有八个贤士：伯达、伯适、仲突、仲忽、叔夜、叔夏、季随、季骓。

子张第十九

子张曰："士见危致命，见得思义，祭思敬，丧思哀，其可已矣。"

译文

子张说："读书人看到危险肯献出生命，看到有所得考虑是否该得，祭祀时考虑严肃恭敬，居丧时考虑悲痛哀伤，那也就可以了。"

子张曰："执德不弘①，信道不笃，焉能为有？焉能为亡（wú）②？"

注释

①弘：就是"强"字。②焉能为有，焉能为亡：这两句疑是当日成语。何晏《论语集解》云："言无所轻重。"

译文

子张说："履行道德不坚强，信仰不执着，（这种人）有他又怎样？没他又怎样？"

子夏之门人问交于子张。子张曰："子夏云何？"

对曰："子夏曰：'可者与之，其不可者拒之。'"

子张曰："异乎吾所闻：君子尊贤而容众，嘉善而矜不能。我之大贤与，于人何所不容？我之不贤与，人将拒我，如之何其拒人也？"

译文

子夏的学生问子张如何交朋友。子张说："子夏怎么说？"

回答说："子夏说：'可以交的就结交他，不可交的就拒绝他。'"

子张说："与我所听到的不同：君子尊敬贤人，也包容普通人；称赞好人，可怜无能的人。我是非常好的人吗，对什么人不能包容呢？我是坏人吗，别人会拒绝我，我怎能去拒绝别人呢？"

子夏曰："虽小道，必有可观者焉；致远恐泥，是以君子不为也。"

译文

子夏说："即使是小技艺，也一定有可取的地方；但恐怕它妨碍远大事业，所以君子不去做。"

子夏曰："日知其所亡（wú），月无忘其所能，可谓好学也已矣。"

译文

子夏说："每天弄懂所未知的，每月记住所已能的，可以说是好学了。"

子夏曰："博学而笃志，切问而近思，仁在其中矣。"

子夏说："广泛学习，坚定志向；恳切提问，认真思考，仁德就在这中间了。"

子夏曰："百工居肆以成其事，君子学以致其道。"

子夏说："各种工人在其制造场所完成他们的工作，君子则靠学习来获得他们追求的真理。"

子夏曰："小人之过也必文。"

子夏说："小人对于自己的过错总是要加以掩饰。"

子夏曰："君子有三变：望之俨然，即之也温，听其言也厉。"

子夏说："君子有各种变化：远远望去庄严可畏，靠近他温和可亲，听他说话严厉不苟。"

子夏曰："君子信而后劳其民；未信，则以为厉己也。信而后谏；未信，则以为谤己也。"

子夏说："君子必须得到老百姓的信任后才去使唤他们；否

则，百姓会以为你在折磨他们。必须得到国君的信任后才去进谏；否则，国君会以为你在毁谤他。"

子夏曰："大德不逾闲^①，小德出入可也。"

注释
①闲：界限，法度。

译文
子夏说："人的大节不能逾越界限，小节上放松一点是可以的。"

子游曰："子夏之门人小子，当洒扫应对进退，则可矣，抑末也。本之则无，如之何？"

子夏闻之，曰："噫！言游过矣！君子之道，孰先传焉？孰后倦焉？譬诸草木，区以别矣。君子之道，焉可诬也？有始有卒者，其惟圣人乎！"

译文
子游说："子夏的学生，叫他们打扫庭院、接待客人、应付进退的工作，那是可以的，不过这只是细微小事罢了。根本的东西却没有，这怎么行呢？"

子夏听了这话，说："咳！言游错了！君子的学问，哪一种先传授呢？哪一种后讲述呢？学问就像树木花草，是要区别种类的。君子的学问，怎能这么曲解呢？（依照一定的次序去传授而）有始有终的，大概只有圣人吧！"

子夏曰："仕而优^①则学，学而优则仕。"

注释

①优：胜任工作或学习而有余力。

译文

　　子夏说："做了官，有余力便去学习；书读好了，有余力便去做官。"

　　子游曰："丧致乎哀而止。"

译文

　　子游说："居丧，表现了悲哀就行了。"

　　子游曰："吾友张也，为难能也，然而未仁。"

译文

　　子游说："我的朋友子张，是个难得的人了，然而他还没做到仁。"

　　曾子曰："堂堂乎^①张也，难与并为仁矣。"

注释

①堂堂乎：仪容庄矜不合群的样子。

译文

　　曾子说："子张的为人庄重而有威严高不可攀，可难以与他一起实行仁德。"

曾子曰:"吾闻诸夫子:人未有自致者也,必也亲丧乎!"

曾子说:"我听老师说过:人没有能无故地充分表达感情的,一定只有在父母死亡的时候才如此吧!"

曾子曰:"吾闻诸夫子:孟庄子①之孝也,其他可能也,其不改父之臣与父之政,是难能也。"

①孟庄子:鲁大夫孟献子仲孙蔑之子,名速。其父死于鲁襄公十九年,本人死于襄公二十三年,相距仅四年。

曾子说:"我听老师说过:孟庄子的孝,别的都容易做到,而留用他父亲的臣属,不改变父亲的政治措施,这是难以做到的。"

孟氏使阳肤为士师①,问于曾子。曾子曰:"上失其道,民散久矣。如得其情,则哀矜而勿喜!"

①阳肤:旧注说他是曾子弟子。士师:法官。

孟氏任命阳肤为法官,阳肤向曾子求教。曾子说:"在上位的人不按法度治政,百姓早就离心离德了。你如果能够审出罪犯的真情，便应该同情怜悯他而不要暗自高兴！"

子贡曰："纣①之不善，不如是之甚也。是以君子恶居下流，天下之恶皆归焉。"

注释

①纣：商朝末代君主，后为周武王所伐，自焚而死。

译文

子贡说："商纣王的恶行，不像现在说的这样严重。所以君子憎恨居于下流，一居下流，天下的什么坏名声都会集中到他身上了。"

子贡曰："君子之过也，如日月之食焉：过也，人皆见之；更也，人皆仰之。"

译文

子贡说："君子的过失呀，就像日蚀月蚀一样：有了错误，人人都看见；改正了，人人都敬仰。"

卫公孙朝①问于子贡曰："仲尼焉学？"子贡曰："文武之道，未坠于地，在人。贤者识其大者，不贤者识其小者。莫不有文武之道焉。夫子焉不学？而亦何常师之有？"

注释

①公孙朝：姓公孙，名朝。春秋时卫国人。

卫国的公孙朝问子贡道："仲尼的学问是从哪里学来的?"子贡说:"周文王周武王的思想、礼制,并没有失传,还流传在人间。贤能的人便抓住大处,不贤能的人只抓些末节。没有地方不遗留着文王武王的思想、礼制。我的老师哪里不学习?又哪里有固定的老师呢?"

叔孙武叔①语大夫于朝曰:"子贡贤于仲尼。"

子服景伯以告子贡。

子贡曰:"譬之宫墙②,赐之墙也及肩,窥见室家之好。夫子之墙数仞③,不得其门而入,不见宗庙之美,百官④之富。得其门者或寡矣。夫子之云,不亦宜乎!"

①叔孙武叔:鲁国大夫,名州仇。②宫墙:围墙。③仞:古代长度单位,七尺(一说八尺)为一仞。④官:本义是房舍,其后才引申为官职之义。这里用的是其本义。

叔孙武叔在朝廷中对官员们说:"子贡比他老师仲尼要强些。"

子服景伯把这话告诉子贡。

子贡说:"拿房屋的围墙打比方吧:我的围墙只有肩膀那么高,谁都可以看到到里面房屋的美好。我老师的围墙却有几丈高,找不到大门走进去,就看不到宗庙的雄伟堂皇,各种房屋的丰富多彩。能够找着大门的人或许不多吧。武叔他老人家的这话,不也很自然吗?"

叔孙武叔毁仲尼。子贡曰：“无以①为也！仲尼不可毁也。他人之贤者，丘陵也，犹可逾也；仲尼，日月也，无得而逾焉。人虽欲自绝，其何伤于日月乎？多②见其不知量也③。”

注释

①以：此也，这里作副词用。②多：副词。只也，适也。③也：用法同“耳”。

译文

叔孙武叔毁谤仲尼。子贡说：“不要这样做！仲尼是毁谤不了的。别人的贤能，好比山丘，还可以超越过去；仲尼，就像太阳和月亮，不可能超越他。人家即使要自绝于太阳月亮，那对太阳月亮有什么损害呢？只不过表明他不自量罢了。”

陈子禽谓子贡曰：“子为恭也，仲尼岂贤于子乎？”

子贡曰：“君子一言以为知，一言以为不知，言不可不慎也。夫子之不可及也，犹天之不可阶而升也。夫子之得邦家者，所谓立之斯立，道之斯行，绥之斯来，动之斯和。其生也荣，其死也哀，如之何其可及也？”

译文

陈子禽对子贡说：“您是谦让客气吧，仲尼难道真比您还强吗？”

子贡说：“君子一句话便表现他的聪明，一句话也表现出他的愚蠢，所以说话不可不谨慎。他老人家别人不可以赶上，就好像青天不可以用阶梯爬上去一样。他老人家如果能得到国家而为诸侯，或者得到采邑而为卿大夫，那正如我们所说的，一叫百姓人人能立足于社会，百姓自会人人能立足于社会；一引导百姓，百姓自会前进；一安抚百姓，百姓自会从远方来投靠；一动员百姓，百姓自会同心协力。他老人家，活着受人尊敬，死了人人哀悼，别人怎么能赶得上呢?"

尧曰第二十

尧曰："咨^①！尔舜！天之历数在尔躬，允执其中^②。四海困穷，天禄永终。"舜亦以命禹。

曰："予小子履敢用玄牡^③，敢昭告于皇皇后帝：有罪不敢赦。帝臣不蔽，简在帝心。朕躬有罪，无以万方；万方有罪，罪在朕躬。"

周有大赉（lài），善人是富。"虽有周亲，不如仁人。百姓有过，在予一人。"

谨权量，审法度，修废官，四方之政行焉。兴灭国，继绝世，举逸民，天下之民归心焉。

所重：民、食、丧、祭。

宽则得众，信则民任焉，敏则有功，公则说（yuè）。

注释

①咨：叹词。②允：诚心，真诚。执：掌握，坚持。中：中正的原则。③予小子：和"予一人"都是上古帝王自称之词。履：相传为商汤王的名。玄牡：祭天地的黑色公牛。

译文

尧（让位给舜的时候）说："啊！你这位舜！上天的大命已经落到你的身上了，诚实地坚持中正的原则。如果天下的百姓都陷于困苦贫穷，上天给你的禄位也会永远地终止了。"舜（让位给禹的时候）也说了这一番话。

（汤）说："我履谨用黑色公牛作祭品明明白白地告于光明而伟大的天帝：有罪的人（我）不敢擅自去赦免他。您的臣仆（的善恶）我也不隐瞒掩盖，您心里也是早就知道的。我本人若有罪，就不要牵连天下万方；天下万方若有罪，都归我一个人来承担。"

周朝大封诸侯，使善人都富贵起来。"我虽然有至亲，却不如有仁德之人。百姓如果有罪过，应该由我来担承。"

严格地审查并制定度量衡，恢复已废弃的官署，全国的政令就都会通行了。恢复被灭亡的国家，承续已断绝的后代，提拔被遗落的人才，天下的百姓就都会心悦诚服了。

所重视的：人民、粮食、丧礼、祭祀。

为人宽厚就会得到群众的拥护，讲信用就会得到人民的信任，勤奋努力就会有功绩，做事公正就会使百姓高兴。

子张问于孔子曰："何如斯可以从政矣？"

子曰："尊五美，屏①四恶，斯可以从政矣。"

子张曰："何谓五美？"

子曰："君子惠而不费，劳而不怨，欲而不贪，泰②而不骄，威而不猛。"

子张曰："何谓惠而不费？"

子曰："因民之所利而利之，斯不亦惠而不费乎？择可劳而劳之，又谁怨？欲仁而得仁，又焉贪？君子无众寡，无小大，无敢慢，斯不亦泰而不骄乎？君子正其衣冠，尊其瞻视，俨然人望而畏之，斯不亦威而不猛乎？"

子张曰："何谓四恶？"

子曰："不教而杀谓之虐；不戒视成谓之暴；慢令致期谓

226

之贼；犹之③与人也，出纳之吝谓之有司④。"

注释

①屏：屏除。②泰：态度安详，从容不迫。③犹之：王引之《经传释词》："犹之与人，均之与人也。"④出纳：偏义复词。这里只有"出"的意义，没有"纳"的意义。有司：古代管事者之称，职务卑微。

译文

子张问孔子道："怎样才可以从政为官呢？"

孔子说："尊崇五种美德，摒弃四种恶政，这样就可以从政为官了。"

子张说："五种美德是些什么？"

孔子说："君子给人民以好处，而自己却耗费不多；役使百姓，百姓却不怨恨；有欲望，却不贪婪；态度安详庄重，却不骄傲；威严却不凶猛。"

子张说："给人民以好处，自己却耗费不多，这应该怎么办呢？"

孔子说："根据人民的需要而给他们好处，这不是给人民以好处而自己却耗费不多吗？选择可以役使他们的时间再去役使他们，又有谁会怨恨呢？自己追求仁德便得到了仁德，又贪求什么呢？无论人多人少，无论势力大小，君子都不怠慢他们，这不也是安详庄重却不骄傲吗？君子衣冠整齐，目不邪视，庄严地使人望而生畏，这不是威严却不凶猛吗？"

子张说："四种恶政又是什么呢？"

孔子说："不加教育便加杀戮叫作虐；不事先告知却突然要成绩叫作暴；起先懈怠，突然限期叫作贼；给人以财物却出手悭吝，叫作小家子气。"

孔子曰："不知命，无以为君子也；不知礼，无以立也；不知言①，无以知人也。"

注释

①知言：与《孟子·公孙丑上》的"我知言"的"知言"义同，指善于分析别人的言语，辨其是非善恶。

译文

孔子说："不懂得命运，没有办法成为君子；不懂得礼，没有办法立足于社会；不懂得分辨人家的言语，没有办法识别人。"

孟　子

梁惠王上

孟子见梁惠王①。王曰："叟②，不远千里而来，亦将有以利吾国乎？"

孟子对曰："王何必曰利？亦③有仁义而已矣。王曰：'何以利吾国？'大夫曰：'何以利吾家？'士、庶人④曰：'何以利吾身？'上下交征⑤利而国危矣。万乘之国，弑其君者，必千乘之家⑥；千乘之国，弑其君者，必百乘之家。万取千焉，千取百焉，不为不多矣。苟为后义而先利，不夺不餍⑦。未有仁而遗其亲者也，未有义而后其君者也。王亦曰仁义而已矣，何必曰利？"

译文

孟子谒见梁惠王。梁惠王说："老人家，你不远千里而来，一定是有什么对我的国家有利的高见吧？"

孟子回答说:"大王何必说利呢?只要有仁义就行了。大王说:'怎样使我的国家有利?'大夫说:'怎样使我的封邑有利?'士人和老百姓说:'怎样使我自己有利?'上上下下互相争夺利益,国家就危险了啊!拥有一万辆兵车的国家,谋杀他们国君的人,一定是拥有一千辆兵车的大夫;拥有一千辆兵车的国家,谋杀他们国君的人,一定是拥有一百辆兵车的大夫。这些大夫在一万辆兵车的国家中拥有一千辆,在一千辆兵车的国家中拥有一百辆,他们拥有的不是不多了。可是,如果把义放在后而把利摆在前,他们不夺得国君的地位是不会满足的。从来没有讲仁的人却抛弃父母的,从来没有讲义的人却不顾君王的。所以,大王只需说仁义就行了,何必说利呢?"

孟子见梁惠王。王立于沼上,顾鸿雁、麋鹿,曰:"贤者亦乐此乎?"

孟子对曰:"贤者而后乐此,不贤者虽有此,不乐也。《诗云》①:'经始灵台②,经之营之。庶民攻③之,不日成之。经始勿亟④,庶民子来。王在灵囿⑤,麀(yōu)鹿攸伏⑥。麀鹿濯濯⑦,白鸟鹤鹤⑧。王在灵沼,於(wū)牣(rèn)鱼跃⑨。'文王以民力为台为沼,而民欢乐之,谓其台曰'灵台',谓其沼曰'灵沼',乐其有麋鹿鱼鳖。古之人与民偕乐,故能乐也。《汤誓》⑩曰:'时日害(hé)丧⑪?予及女⑫偕亡!'民欲与之偕亡,虽有台池鸟兽,岂能独乐哉?"

注释

①《诗》云:引诗见《诗经·大雅·灵台》。这是一首歌颂周文王德行的诗,全诗共四章,文中引的是前两章。②经始:开始规划营造。灵台:台名,故址在今陕西西安西北。③攻:建造。

232

④亟：急。⑤囿：古代帝王畜养禽兽的园林。⑥麀鹿：母鹿。攸：同"所"。⑦濯濯：肥胖而光滑的样子。⑧鹤鹤：羽毛洁白的样子。⑨於：赞叹词。牣：满。⑩《汤誓》：《尚书》中的一篇，记载商汤王讨伐夏桀时的誓师词。⑪时：代词。这。害：何，何时。丧：毁灭。⑫女：同"汝"，你。

译文

孟子谒见梁惠王。梁惠王站在池塘边上，一面顾盼着鸿雁、麋鹿，一面说："贤人也以此为乐吗？"

孟子回答说："正因为是贤人才能够以此为乐，不贤的人就算有这些东西，也不能够快乐的。《诗经》上说：'开始规划灵台，仔细营造巧安排。天下百姓都来干，几天建成速度快。建台本来不着急，百姓起劲自动来。国王游览灵园中，母鹿伏在深草丛。母鹿肥大毛色润，白鸟洁净羽毛丰。国王游览到灵沼，满池鱼儿欢跳跃。'周文王虽然用了老百姓的劳力来修建高台深池，可是老百姓非常高兴，把那个台叫作'灵台'，把那个池叫作'灵沼'，以那里面有麋鹿鱼鳖等珍禽异兽为快乐。古代的君王与民同乐，所以能真正快乐。《汤誓》中说：'你这太阳什么时候毁灭呢？我们跟你一起毁灭！'老百姓恨不得与你同归于尽，即使你有高台深池、珍禽异兽，难道能独自享受快乐吗？"

梁惠王曰："寡人之于国也，尽心焉耳矣。河内凶①，则移其民于河东②，移其粟于河内；河东凶亦然。察邻国之政，无如寡人之用心者。邻国之民不加少，寡人之民不加多，何也？"

孟子对曰："王好战，请以战喻。填然③鼓之，兵刃既接，弃甲曳（yè）兵而走④。或百步而后止，或五十步而后止。以五十步笑百步，则何如？"

曰："不可，直（zhǐ）不百步耳⑤，是亦走也。"

曰："王如知此，则无望民之多于邻国也。

"不违农时，谷不可胜食也；数（cù）罟（gǔ）不入洿⑥（wū）池，鱼鳖不可胜食也；斧斤以时入山林，材木不可胜用也。谷与鱼鳖不可胜食，材木不可胜用，是使民养生丧（sāng）死无憾也。养生丧死无憾，王道之始也。

"五亩之宅，树之以桑，五十者可以衣（yì）帛矣。鸡豚狗彘（zhì）之畜（xù），无失其时，七十者可以食肉矣。百亩之田，勿夺其时，数口之家，可以无饥矣；谨庠（xiáng）序之教⑦，申之以孝悌（tì）之义，颁白者不负戴⑧于道路矣。七十者衣帛食肉，黎民不饥不寒，然而不王（wàng）者，未之有也。

"狗彘食人食而不知检，涂有饿莩（piǎo）而不知发，人死，则曰：'非我也，岁也。'是何异于刺人而杀之，曰：'非我也，兵也？'王无罪岁，斯天下之民至焉。"

注释

①河内：魏地名。今河南省境内黄河以北地区。凶：年成不好，闹饥荒。②河东：魏地名，在今山西省安邑县一带，位于黄河以东。③填然：形容鼓声充盈的样子。④兵：武器。走：逃跑。⑤直：通"只"，只是。耳：罢了。⑥数：密。罟：网。洿：深。⑦庠序：指学校。古代的地方学校，商朝叫庠，周朝叫序。教：教化。⑧颁白者：老人。颁：同"斑"，斑白。负：背上背东西。戴：头上顶东西。

梁惠王说："我对于国家呢，真是费尽心力了。河内地方遭遇饥荒，便把那里的百姓迁移到河东地方，把河东地方的粮食运到河内。黄河以东的地方遇到饥荒，也这样办。考察邻国的政事，没有谁能像我这样尽心的。可是，邻国的百姓并不因此减少，我的百姓并不因此增多，这是什么缘故呢？"

孟子回答说："大王喜欢战争，那就请让我用战争打个比方吧。战鼓冬冬敲响，枪尖刀锋刚一接触，有些士兵就抛下盔甲、拖着兵器逃跑。有的人跑了一百步停住脚，有的人跑了五十步停住脚。凭借自己只跑了五十步讥笑别人跑了一百步，那怎么样？"

惠王说："不可以。只不过他们没有跑到一百步罢了，但这也是逃跑呀。"

孟子说："大王如果懂得这个道理，那就不要希望百姓比邻国多了。

"不耽误农业生产的季节，粮食便会吃不完；细密的渔网不进入水深的池塘，鱼鳖就会吃不完；刀斧按季节进入山林，木材就会用不完。粮食和鱼鳖吃不完，木材用不完，那么百姓便对生养死葬没有什么遗憾。百姓对生养死葬都没有遗憾，就是王道的开端了。

"五亩大的宅地植上桑树，那么五十岁以上的人都可以穿上丝绸了。鸡狗和猪等家畜，不要失去他们繁殖饲养的好时间，那么七十岁以上的老人都可以吃上肉了。百亩的田地，不要耽误生产的季节，那么几口人的家庭可以不挨饿了。认真地办好学校教育，反复地用孝顺父母、尊敬兄长的道理教育老百姓，那么须发花白的老人也就不会自己背负或顶着重物在路上行走了。七十岁以上的人有丝绸穿，有肉吃，普通百姓饿不着、冻不着，这样还不能实行王道，是从来不曾有过的事。

"（现在的梁国呢）富贵人家的猪狗吃掉了百姓的粮食，却不知道约束制止；道路上有饿死的人，却不打开粮仓赈救。老百姓死了，竟然说：'这不是我的罪过，而是由于年成不好。'这种说法，和拿着刀子杀死了人，却说'这不是我杀的而是刀子杀的'，又有什么不同呢？大王如果不归罪到年成，那么天下的老百姓就会投奔到梁国来了。"

　　梁惠王曰："寡人愿安①承教。"

　　孟子对曰："杀人以梃（tǐng）②与刃，有以异乎？"

　　曰："无以异也。"

　　"以刃与政，有以异乎？"

　　曰："无以异也。"

　　曰："庖③有肥肉，厩④有肥马，民有饥色，野有饿莩⑤。此率兽而食人也！兽相食，且人恶之；为民父母，行政，不免于率兽而食人，恶（wū）⑥在其为民父母也？仲尼曰：'始作俑（yǒng）⑦者，其无后乎！'为其象⑧人而用之也。如之何其使斯民饥而死也？"

注释

①安：乐意。②梃：木棒。③庖：厨房。④厩：马栏。⑤饿莩：同"饿殍"，饿死的人。⑥恶：疑问代词。何，怎么。⑦俑：古代陪葬用的土偶或木偶。在用土偶、木偶陪葬之前，经历了一个用草人陪葬的阶段。草人只是略略像人形，而土偶、木偶却做得非常像活人。所以孔子深恶痛绝最初采用土偶、木偶陪葬的人。"始作俑者"就是指最初采用土偶、木偶陪葬的人。后来这句话成为成语，指首开恶例的人。⑧象：同"像"。

梁惠王说:"我很乐意听您的指教。"

孟子回答说:"用木棒打死人和用刀子杀死人,有什么不同吗?"

梁惠王说:"没有什么不同。"

孟子又问:"用刀子杀死人和用政治害死人,有什么不同吗?"

梁惠王回答:"没有什么不同。"

孟子于是说:"厨房里有肥嫩的肉,马房里有健壮的马,可是老百姓面带饥色,野外躺着饿死的尸体。这等于是在上位的人率领着野兽吃人啊!野兽自相残杀,人类尚且厌恶它;作为老百姓的父母官,施行政治,却不免于率领野兽来吃人,那又怎么能够做老百姓的父母官呢?孔子说:'最初采用土偶木偶陪葬的人,恐怕是会断子绝孙的吧!'这不过是因为土偶木偶太像活人而用来陪葬罢了。又怎么可以使老百姓活活地饿死呢?"

梁惠王曰:"晋国,天下莫①强焉,叟之所知也。及寡人之身,东败于齐,长子死焉②;西丧地于秦七百里③;南辱于楚④。寡人耻之,愿比死者壹洒⑤之,如之何则可?"

孟子对曰:"地方百里而可以王。王如施仁政于民,省刑罚,薄税敛,深耕易耨⑥;壮者以暇日修其孝悌忠信,入以事其父兄,出以事其长上,可使制梃以挞秦楚之坚甲利兵矣。彼夺其民时,使不得耕耨以养其父母。父母冻饿,兄弟妻子离散,彼陷溺其民,王往而征之,夫谁与王敌?故曰:'仁者无敌。'王请勿疑!"

①莫：无指代词，没有谁。②东败于齐，长子死焉：前341年，魏国与齐国战于马陵（今河南范县西南），兵败，主将庞涓被杀，太子申被俘。③西丧地于秦七百里：马陵之战后，魏国国势渐衰，秦屡败魏国，迫使魏国献出河西之地和上郡的十五个县，约七百里地。④南辱于楚：前323年，魏又被楚将昭阳击败于襄陵，失去八座城邑。⑤比：替，为。壹：全，都。洒：洗刷。⑥易耨：及时除草。易：疾，速，快。耨：除草。

译文

梁惠王说："晋国，天下没有哪个国家比它强大，这是老先生您知道的。可是到了我这时候，东边被齐国打败，连我的大儿子都死掉了；西边丧失了七百里土地给秦国；南边又受楚国的侮辱。我为这些事感到非常羞耻，希望替所有的死难者报仇雪恨，我要怎样做才行呢？"

孟子回答说："只要有纵横一百里的土地就可以使天下归服。大王如果对老百姓施行仁政，减免刑罚，降低赋税，深耕细作，及时除草；让身强力壮的人抽出时间修养孝顺、尊敬、忠诚、守信的品德，在家侍奉父母兄长，出门尊敬长辈上级。这样，就是让他们制作木棒也可以打击那些拥有坚实盔甲锐利刀枪的秦楚军队了。那些国家剥夺了老百姓的生产时间，使他们不能够深耕细作来赡养父母。父母受冻挨饿，兄弟妻子东离西散。他们使老百姓陷入深渊之中，大王去征伐他们，有谁来和您抵抗呢？所以说：'施行仁政的人是无敌于天下的。'大王请不要疑虑！"

孟子见梁襄王①。出，语（yù）人曰："望之不似人君，就之而不见所畏焉。卒（cù）然②问曰：'天下恶（wū）③乎

定?'吾对曰：'定于一。'

"'孰能一之?'对曰：'不嗜杀人者能一之。'

"'孰能与④之?'对曰：'天下莫不与也。王知夫苗乎? 七八月⑤之间旱，则苗槁矣。天油然作云，沛然下雨，则苗浡(bó) 然⑥兴之矣。其如是，孰能御之? 今夫天下之人牧⑦，未有不嗜杀人者也。如有不嗜杀人者，则天下之民皆引领而望之矣。诚如是也，民归之，由⑧水之就下，沛然谁能御之?'"

注释

①梁襄王：梁惠王的儿子，名嗣，前318年至前296年在位。②卒然：突然。卒：同"猝"。③恶：疑问代词。何。④与：从，跟。⑤七八月：这里用的是周代的历法，相当于夏历的五六月，正是禾苗需要雨水的时候。⑥浡然：兴起的样子。⑦人牧：治理人民的人，指国君。牧：治理。由牧牛、牧羊的意义引申而来。⑧由：同"犹"，好像，如同。

译文

孟子见了梁襄王，出来后告诉别人说："远看不像个国君，到了他跟前也看不出威严的样子。突然问我：'天下要怎样才能安定?'我回答说：'天下统一才能安定。'

"他又问：'谁能统一天下呢?'我又答：'不喜欢杀人的国君能统一天下。'

"他又问：'有谁愿意跟随不喜欢杀人的国君呢?'我又答：'天下的人没有不愿意跟随他的。大王知道禾苗吗? 七八月间天旱的时候，禾苗就干枯了。一旦天上乌云密布，哗啦哗啦下起大雨来，禾苗便会蓬勃生长起来。这样的情况，谁能够阻挡得住呢？如今各国的国君，没有一个不喜欢杀人的。如果有一个不喜欢杀人的国君，那么，天下的老百姓都会伸长脖子期待着他来解救了。真像这样，老百姓归服他，就像雨水往低处奔流一样，谁能阻挡得住那汹涌的势头呢？'"

齐宣王①问曰："齐桓、晋文②之事，可得闻乎？"

孟子对曰："仲尼之徒，无道桓、文之事者，是以后世无传焉，臣未之闻也。无以③，则王乎？"

曰："德何如，则可以王矣？"

曰："保民而王，莫之能御也。"

曰："若寡人者，可以保民乎哉？"

曰："可。"

曰："何由知吾可也？"

曰："臣闻之胡龁（hé）④曰，王坐于堂上，有牵牛而过堂下者，王见之，曰：'牛何之⑤？'对曰：'将以衅钟⑥。'王曰：'舍之！吾不忍其觳觫（hú sù）⑦，若无罪而就死地。'对曰：'然则废衅钟与？'曰：'何可废也？以羊易之！'不识有诸？"

曰："有之。"

曰："是心足以王矣。百姓皆以王为爱⑧也，臣固知王之不忍也。"

王曰："然。诚有百姓者。齐国虽褊⑨小，吾何爱一牛？即不忍其觳觫，若无罪而就死地，故以羊易之也。"

曰："王无异⑩于百姓之以王为爱也。以小易大，彼恶知之？王若隐⑪其无罪而就死地，则牛羊何择焉？"

王笑曰："是诚何心哉？我非爱其财而易之以羊也，宜乎百姓之谓我爱也。”

曰：“无伤^⑫也，是乃仁术也，见牛未见羊也。君子之于禽兽也，见其生，不忍见其死；闻其声，不忍食其肉。是以君子远庖厨也。”

王说（yuè）^⑬曰：“《诗》云^⑭：‘他人有心，予忖度（cǔnduó）^⑮之。’夫子之谓也。夫我乃行之，反而求之，不得吾心。夫子言之，于我心有戚戚^⑯焉。此心之所以合于王者，何也？”

曰：“有复于王者曰：‘吾力足以举百钧^⑰，而不足以举一羽；明足以察秋毫之末^⑱，而不见舆薪^⑲。’则王许^⑳之乎？”

曰：“否。”

“今恩足以及禽兽，而功不至于百姓者，独何与？然则一羽之不举，为不用力焉；舆薪之不见，为不用明焉；百姓之不见保，为不用恩焉。故王之不王，不为也，非不能也。”

曰：“不为者与不能者之形^㉑，何以异？”曰：“挟太山以超北海^㉒，语人曰‘我不能’，是诚不能也。为长者折枝，语人曰‘我不能’，是不为也，非不能也。故王之不王，非挟太山以超北海之类也；王之不王，是折枝之类也。

“老吾老，以及人之老；幼吾幼，以及人之幼^㉓。天下可运于掌。《诗》云^㉔：‘刑于寡妻^㉕，至于兄弟，以御^㉖于家邦。’言举斯心加诸彼而已。故推恩足以保四海，不推恩无以保妻子。古之人所以大过人者，无他焉，善推其所为而已矣。今恩足以及禽兽，而功不至于百姓者，独何与？

“权^㉗，然后知轻重；度，然后知长短。物皆然，心为甚。王请度之！抑^㉘王兴甲兵，危士臣，构怨于诸侯，然后快于心与？”

王曰："否。吾何快于是？将以求吾所大欲也。"

曰："王之所大欲，可得闻与？"

王笑而不言。

曰："为肥甘不足于口与？轻暖不足于体与？抑为采色㉚不足视于目与？声音不足听于耳与？便嬖（pián bì）㉛不足使令于前与？王之诸臣皆足以供之，而王岂为是哉？"

曰："否。吾不为是也。"

曰："然则王之所大欲可知已。欲辟㉜土地，朝㉝秦楚，莅中国而抚四夷㉞也。以若所为，求若所欲，犹缘木而求鱼也。"

王曰："若是其甚与？"

曰："殆有甚焉。缘木求鱼，虽不得鱼，无后灾。以若所为，求若所欲，尽心力而为之，后必有灾。"

曰："可得闻与？"

曰："邹人与楚人战，则王以为孰胜？"

曰："楚人胜。"

曰："然则小固不可以敌大，寡固不可以敌众，弱固不可以敌强。海内之地，方千里者九，齐集有其一。以一服八，何以异于邹敌楚哉？

"盍㉟亦反其本矣。今王发政施仁，使天下仕者皆欲立于王之朝，耕者皆欲耕于王之野，商贾皆欲藏于王之市，行旅皆欲出于王之涂㊱，天下之欲疾其君者皆欲赴愬㊲于王。其若是，孰能御之？"

王曰："吾惛㊳，不能进于是矣。愿夫子辅吾志，明以教我，我虽不敏，请尝试之。"

曰："无恒产㊴而有恒心者，惟士为能。若民，则无恒产，因无恒心。苟无恒心，放辟邪侈㊳，无不为已。及陷于罪，然后从而刑之，是罔㊵民也。焉有仁人在位，罔民而可为也？是故明君制民之产，必使仰足以事父母，俯足以畜妻子；乐岁终身饱，凶年免于死亡。然后驱而之善，故民之从之也轻。

"今也制民之产，仰不足以事父母，俯不足以畜妻子；乐岁终身苦，凶年不免于死亡。此惟救死而恐不赡㊶，奚暇㊷治礼义哉？王欲行之，则盍反其本矣？

"五亩之宅，树之以桑，五十者可以衣帛矣。鸡豚狗彘之畜，无失其时，七十者可以食肉矣。百亩之田，勿夺其时，八口之家可以无饥矣。谨庠序之教，申之以孝悌之义，颁白者不负戴于道路矣。老者衣帛食肉，黎民不饥不寒，然而不王者，未之有也。"

注释

①齐宣王：姓田，名辟疆。齐威王的儿子，齐湣王的父亲，前319年至前301年在位。②齐桓、晋文：指齐桓公、晋文公。齐桓公，春秋时齐国国君，姓姜，名小白。前685年至前643年在位，是春秋时期第一个霸主。晋文公，春秋时晋国国君，姓姬，名重耳，前636至前628年在位，也是"春秋五霸"之一。③无以：不得已。以：同"已"。④胡龁：人名，齐宣王身边的近臣。⑤之：动词，去，往。⑥衅钟：新钟铸成，杀牲取血涂抹钟的孔隙，用来祭祀。按照古代礼仪，凡是国家某件新器物或宗庙开始使用时，都要杀牲取血加以祭祀。⑦觳觫：因恐惧而战栗的样子。⑧爱：吝啬，舍不得。⑨褊：狭小。⑩异：动词。奇怪，疑怪，责怪。⑪隐：疼爱，可怜。⑫无伤：没有关系，不要紧。伤，妨碍。⑬说：同"悦"。⑭《诗》云：引诗出于《诗经·小雅·巧言》。⑮忖度：猜测，揣想。⑯戚戚：心有所动的样子。

⑰钧：古代重量单位，三十斤为一钧。⑱秋毫之末：细微难见的东西。秋毫：秋天鸟兽换毛后长出来的新毛。⑲舆：车子。薪：木柴。⑳许：赞许，同意。㉑形：情况，状况。㉒太山：即泰山。北海：指渤海。㉓"老吾老"二句：第一个"老"和"幼"都作动词用。老：尊敬。幼：爱护。㉔《诗》云：引诗出于《诗经·大雅·思齐》。㉕刑：同"型"，树立榜样，做示范。寡妻：国君的正妻。㉖御：治理。㉗权：本指秤锤，这里用作动词，用秤称。㉘抑：选择连词，相当于现代汉语的"还是"。㉙采色：即彩色。㉚便嬖：君王左右被宠爱的人。㉛辟：开辟。㉜朝：使动用法。使……来朝见。㉝莅：临。中国：中原之国，中原地区。四夷：四方边境的少数民族。㉞盍："何不"的合音字，为什么不。㉟涂：同"途"。㊱愬：同"诉"，控告。㊲惽：同"昏"。昏乱，糊涂。㊳恒产：可以赖以维持生活的固定财产，如土地、田园、林木、牧畜等。㊴放辟邪侈：放纵邪欲违法乱纪。放：放荡。辟：同"僻"，与"邪"的意思相近，均指歪门邪道。侈：放纵挥霍。㊵罔：同"网"，用作动词，"陷害"的意思。㊶赡：足够，充足。㊷奚暇：怎么顾得上。奚：疑问代词。怎么，哪有。暇：余暇，空闲。

译文

齐宣王问道："齐桓公、晋文公称霸诸侯的事迹，可以讲给我听听吗？"

孟子回答说："孔子的学生，没有谈论齐桓公、晋文公称霸之事的，所以后世没有传下来，我也没有听说过。大王如果一定要我说，那我就说说用道德来统一天下的王道吧？"

宣王问道："道德要怎样，才可以实行王道呢？"

孟子说："通过安抚百姓的方法来称王天下，就没有谁能够阻挡他了。"

宣王说:"像我这样的人,可以安抚百姓吗?"

孟子说:"可以。"

宣王说:"凭什么知道我可以呢?"

孟子说:"我听胡龁说,有一天大王坐在大殿上,有人牵着牛从殿下走过,大王看到了,便问道:'把牛牵到哪里去?'回答说:'准备杀了取血祭钟。'您便说:'放了它吧!我不忍心看到它那害怕得发抖的样子,就像没有罪过却叫它走向杀场。'牵牛的人问:'那么废除祭钟的仪式吗?'您说:'那怎么可以废除呢?用羊来代替牛吧!'——不知道有这回事没有?"

宣王说:"有这回事。"

孟子说:"有这样的心,就可以实行王道了。老百姓听说这件事后都认为您是吝啬,我却知道您是因为不忍心啊。"

宣王说:"是,确实有这样看我的老百姓。齐国虽然狭小,我怎么会舍不得一头牛呢?就是不忍心看到它害怕得发抖的样子,就像没有罪过却叫它走向杀场,所以用羊来替换它啊。"

孟子说:"大王不要责怪老百姓认为您吝啬。他们只看到您用小的羊去替换大的牛,哪里知道您的用意呢?大王如果可怜它毫无罪过却被宰杀,那牛和羊又选择什么呢?"

宣王笑着说:"这真是一种什么心理呢?我不是因为吝啬才用羊去替下牛的。老百姓认为我吝惜,也是合乎情理的啊。"

孟子说:"没有关系,这正是仁爱之道,因为您当时只见到了牛而没有见到羊。君子对于飞禽走兽,见到它们活着,便不忍心见到它们死去;听到它们哀叫,便不忍心吃它们的肉。所以,君子总是远离厨房。"

齐宣王高兴地说:"《诗经》上说:'别人有什么心思,我能揣测出。'这就是说的先生您吧。我只是这样做了,反过来想想为什么要这样做，却说不出所以然来。老先生这么一说，在我的内心有些感动了。这种心情与王道相合的原因，又是什么呢？"

孟子说："如果有个来向大王报告的人说：'我的力气能举得起三千斤，却拿不起一根羽毛；视力能看得清秋天毫毛的末梢，却看不见摆在眼前的一车柴草。'那么，大王您同意他的这种说法吗？"

宣王说："不同意。"

（孟子紧接着说：）"如今大王的恩惠能够施及动物，却偏偏不能够施及老百姓，是什么原因呢？一根羽毛拿不起，是因为不愿意用力气拿；一车柴草看不见，是不愿意用眼睛看；老百姓不被爱护，是因为君王不愿意施予恩惠呢。所以大王不实行王道，只是不肯做，不是不能做。"

宣王说："不肯做和不能做的具体表现，怎样区别呢？"孟子说："（要一个人）挟持泰山跳过北海，（他）对别人说'我做不到'，这是真的做不到。（要一个人）为老年人折一根树枝，（他）对别人说'我做不到'，这就是不肯做，而不是不能做到。现在大王您不实行王道，不是属于挟持泰山跳过北海那一类，而是属于为老年人折树枝这一类啊。

"尊敬自己的老人，从而推广到尊敬别人的老人；爱护自己的孩子，从而推广到爱护别人的孩子。（那么）治理天下就会像在自己的手掌心里运转一样容易了。《诗经》上说：'先给妻子做榜样，再推广到兄弟，再推广到卿大夫的封邑和国家。'说的就是要把自己的心推广到别人身上去而已。所以推广恩德就能够安定天下，不推广恩德连自己的妻子儿女都保不了。古代的圣贤之所以能远远超过一般人，没有别的什么呢，不过是善于推广他们的好行为罢了。如今大王您的恩惠能够施及动物，却不能够施及老百姓，偏偏是为什么呢？

"称一称，才知道轻重；量一量，才知道长短。什么东西都是如此，人心更是这样。大王您请考虑考虑吧！大王要发动军队，让将士冒着危险，和别的国家结下仇怨，您的心里才觉得痛快吗？"

宣王说："不是。我为什么要这样做心里才痛快呢？我只是想追求我最大的心愿啊。"

孟子说："大王的最大心愿是什么呢？可以讲给我听听吗？"

齐宣王笑了笑，却不说话。

孟子便说："是因为肥美的食物不够吃呢？轻暖的衣服不够穿呢？还是因为艳丽的色彩不够看呢？美妙的音乐不够听呢？身边伺候的人不够在跟前使唤呢？这些，大王的大臣都能够给您提供，大王难道是为了这些吗？"

宣王说："不是。我不是为了这些。"

孟子说："那么，大王的最大心愿可以知道了。您是想要扩张国土，使秦、楚这些大国都来朝贡，君临中原各国，安抚四方落后的部族。不过，以您这样的行为，来追求您这样的愿望，就好像爬到树上去找鱼一样啊。"

宣王说："有这样严重吗？"

孟子说："恐怕比这还要严重呢。爬上树去找鱼，虽然找不到鱼，却也没有什么后患。以您这样的行为，来追求这样的愿望，费尽心力去做，后面必定会有灾祸。"

宣王说："能说给我听听吗？"

孟子说："假如邹国人和楚国人打仗，那么大王以为哪一国会取胜呢？"

宣王说："当然是楚国人取胜。"

孟子说："可见，小国本来不可以抵挡大国，人口少的国家本来不可以抵挡人口多的国家，弱国本来不可以抵挡强国。现在四海以内的土地，纵横千里的共有九个，齐国的土地凑合起来只占九分之一。拿九分之一的地方去征服九分之八的地方，这跟邹国人抵挡楚国人有什么区别呢？

"我们为什么不回到那个根本问题上来呢。现在大王如果发布政令，施行仁政，使天下做官的人都想站在您的朝廷中，耕田的人都想到您的土地来耕种，做生意的人都想把货物储藏在您的街市上，来往旅客都想通行在您的道路上，各国那些想非议本国国君的人都想到您这儿来控诉。如果这样，谁能抵挡大王呢？"

齐宣王说："我头昏脑涨，不能进入到这样的程度了。希望先生开导我的心志，更明确地教导我。我虽然不聪明，也不妨试它一试。"

孟子说："没有固定的产业，却有固定不变的善心，只有读书人才能做到。至于一般老百姓，如果没有固定的产业，就没有固定不变的善心。假如没有固定的善心，那么放荡、越轨、邪道、妄为的事情，就没有什么不做的了。等到他们犯了罪，然后再去惩办他们，这是陷害他们呀。哪里有仁慈的人在位执政却去陷害百姓的呢？所以，贤明的国君规定老百姓的产业，一定要让他们对上足以赡养父母，对下足以抚养妻子儿女；好年成丰衣足食，坏年成也不致饿死。然后督促他们走善良的道路，老百姓也就很容易听从了。

"现在规定老百姓的产业，对上不足以赡养父母，对下不足以抚养妻子儿女；好年成尚且艰难困苦，坏年成更是性命难保。到了这个地步，老百姓连保命都恐怕来不及呢，哪里还有闲暇时间来学习礼义呢？大王如果要施行仁政，那为什么不回到根本上来呢？

"五亩大的宅地，把桑树种上，五十岁的人都可以穿上丝绸了。鸡、狗、猪等家禽家畜不要失去它们繁殖饲养的时间，七十岁的人都可以经常吃上肉了。百亩的田地，不要耽误耕作的时机，八口人的家庭就可以不挨饿了。认真地兴办学校教育，用孝顺父母尊敬兄长的道理反复教导他们，须发斑白的人也就不会在路上负重行走了。老年人有丝绸穿，有肉吃，老百姓不挨饿不受冻，这样还不能以仁德统一天下，从来没有过这种事情啊。"

梁惠王下

庄暴①见孟子，曰："暴见于王②，王语暴以好乐，暴未有以对也。"曰："好乐何如③？"

孟子曰："王之好乐甚，则齐国其庶几④乎！"

他日，见于王曰："王尝语庄子以好乐，有诸？"

王变乎色⑤，曰："寡人非能好先王之乐也，直⑥好世俗之乐耳。"

曰："王之好乐甚，则齐其庶几乎！今之乐由⑦古之乐也。"

曰："可得闻与？"

曰："独乐（yào）乐⑧，与人乐（yào）乐，孰乐？"

曰："不若与人。"

曰："与少乐（yào）乐，与众乐（yào）乐，孰乐？"

曰："不若与众。"

"臣请为王言乐。今王鼓乐于此，百姓闻王钟鼓之声、管籥（yuè）⑨之音，举疾首蹙（cù）頞（è）⑩而相告曰：'吾王之好鼓乐，夫何使我至于此极⑪也，父子不相见，兄弟妻子离散。'今王田猎于此，百姓闻王车马之音，见羽旄⑫之美，举疾首蹙頞而相告曰：'吾王之好田猎，夫何使我至于此极也？父子不相见，兄弟妻子离散。'此无他，不与民同乐也。

"今王鼓乐于此，百姓闻王钟鼓之声、管籥之音，举欣欣

然有喜色而相告曰：'吾王庶几无疾病与，何以能鼓乐也？'
今王田猎于此，百姓闻王车马之音，见羽旄之美，举欣欣然
有喜色而相告曰：'吾王庶几无疾病与，何以能田猎也？'此
无他，与民同乐也。今王与百姓同乐，则王矣。"

注释

①庄暴：齐国大臣。②见于王：被齐王召见或朝见齐王。焦循
《正义》云："此章之王亦宣王也。"③好乐何如：这句话也是庄
暴所说的，中间另加"曰"字，表示说话另外起了一个话头（见
俞樾《古书疑义举例·一人之辞而加曰字例》）。④庶几：差不
多。朱熹《集注》："近辞也，言近于治。"⑤变乎色：改变了脸
色。⑥直：不过、仅仅。⑦由：同"犹"。⑧独乐乐：独自一人
欣赏音乐快乐。前一个"乐"作动词用，以下几句类似的句子
同。⑨管籥：古代的吹奏乐器。赵注云："管，笙；籥，箫。"⑩
举：皆、都。疾首蹙頞：愁眉苦脸的样子。王夫之《四书稗疏》：
"疾首者蓬头不理，低垂丧气，若病之容耳。"蹙頞：皱着鼻梁。
頞：鼻梁。⑪极：朱熹《集注》："穷也。"⑫羽旄：旗帜。

译文

　　庄暴来见孟子，说："我被齐王召见，大王和我谈论爱好音
乐的事，我没有什么话回答他。"又问道："爱好音乐怎么样啊？"

　　孟子说："大王如果非常爱好音乐，那齐国恐怕就差不多治
理好了！"

　　几天后，孟子被齐王召见时，问道："大王曾经和庄暴谈论
过爱好音乐，有这回事吗？"

　　宣王脸色变得不好意思地说："我并不是喜欢先王的音乐，
只不过喜欢世俗的音乐罢了。"

孟子说："大王如果非常爱好音乐，那齐国恐怕就治理得差不多了！现在的音乐与古代的音乐是一样的。"

宜王说："能讲给我听听吗?"

孟子说："独自一人欣赏音乐快乐，与和他人一起欣赏音乐快乐，哪个更快乐?"

宜王说："不如与他人一起欣赏更快乐。"

孟子说："和少数人一起欣赏音乐快乐，与和多数人一起欣赏音乐快乐，哪个更快乐?"

宜王说："不如与多数人一起欣赏音乐更快乐。"

（孟子说）："那就让我来为大王讲讲欣赏音乐和娱乐的道理吧。假如大王在这儿奏乐，百姓们听到大王鸣钟击鼓、吹箫奏笛的声音，都愁眉苦脸地相互诉苦说：'我们大王喜爱音乐，为什么要使我们这般穷困呢? 父亲和儿子不能相见，兄弟和妻儿分离流散。'假如大王在围猎，百姓们听到大王车马的声音，见到旗帜的华丽，都愁眉苦脸地相互诉苦说：'我们大王喜好围猎，为什么要使我们这般穷困呢，父亲和儿子不能相见，兄弟和妻儿分离流散。'这没有别的原因，是由于不与民众一起娱乐啊。

"假如大王在这儿奏乐，百姓们听到大王鸣钟击鼓、吹箫奏笛的声音，都眉开眼笑地相互告诉说：'我们大王大概没有疾病吧，要不怎么能奏乐呢?'假如大王在这儿围猎，百姓们听到大王车马的声音，见到旗帜的华丽，都眉开眼笑地相互告诉说：'我们大王大概没有疾病吧，要不怎么能围猎呢?'这没有别的原因，是由于和民众一起娱乐啊。如果大王与百姓一起娱乐，那么就能统一天下了。"

齐宣王问曰："文王之囿方七十里，有诸?"

孟子对曰："于传（zhuàn）①有之。"

曰："若是其大乎?"

曰："民犹以为小也。"

曰："寡人之囿方四十里，民犹以为大，何也?"

曰："文王之囿方七十里，刍荛（ráo）②者往焉，雉兔者往焉，与民同之。民以为小，不亦宜乎? 臣始至于境，问国之大禁③，然后敢入。臣闻郊关之内④有囿方四十里，杀其麋鹿者如杀人之罪，则是方四十里为阱⑤于国中。民以为大，不亦宜乎?"

注释

①传：泛指古书。②刍荛：柴草。此处用作动词。③大禁：重要的禁令。④郊关之内：指国境之内。郊：城外、野外。关：关口、关卡。⑤阱：捕捉野兽的陷阱。

译文

齐宣王问孟子道："听说周文王的狩猎场纵横七十里，有这回事吗?"

孟子说："在古书上有这样的记载。"

宣王说："竟有这样大吗?"

孟子说："老百姓还觉得小了呢。"

宣王说："我的狩猎场纵横四十里，老百姓还觉得大了，这是为什么呢?"

孟子说："文王的狩猎场纵横七十里，割草打柴的人能自由地进入那里，打野鸡、兔子的人也能自由地进入那里，与老百姓共同享有那园子。老百姓认为小了，不也应该吗? 我刚到齐国边境，问清楚国中的重大禁令才敢进来。我听说国都郊外有个狩猎场纵横四十里，射杀场里麋鹿的，就像犯了杀人的罪一样。那么，这纵横四十里的地面等于在国中设置了一个陷阱。老百姓认为大了，不也应该吗？"

齐宣王问曰："交邻国有道乎？"

孟子对曰："有。惟仁者为能以大事小，是故汤事葛①，文王事昆夷②；惟智者为能以小事大，故太王事獯鬻（xūn yù）③，句践事吴④。以大事小者，乐天者也；以小事大者，畏天者也。乐天者保天下，畏天者保其国。《诗》云：'畏天之威，于时保之⑤。'"

王曰："大哉言矣！寡人有疾，寡人好勇。"

对曰："王请无好小勇。夫抚剑疾视曰：'彼恶敢当我哉！'此匹夫之勇，敌一人者也。王请大之！《诗》云⑥：'王赫斯⑦怒，爰⑧整其旅，以遏徂（cú）莒（jǔ）⑨，以笃周祜⑩，以对于天下。'此文王之勇也。文王一怒而安天下之民。《书》曰⑪：'天降下民，作之君，作之师。惟曰其⑫助上帝，宠之四方⑬。有罪无罪，惟我在，天下曷敢有越厥⑭志？'一人衡行⑮于天下，武王耻之。此武王之勇也。而武王亦一怒而安天下之民。今王亦一怒而安天下之民，民惟恐王之不好勇也。"

注释

①汤事葛：汤指商汤，商朝的开国之君。葛：葛伯，葛国的国君。葛国是商紧邻的小国，故城在今河南宁陵北十五里处。②文王事昆夷：文王周文王。昆夷，也写作"混夷"，周朝初年的西戎国名。③太王事獯鬻：太王，周文王的祖父古公亶父。獯鬻又称猃狁，当时北方的少数民族。④句践：春秋时越国国君，前497年至前465年在位。吴：指春秋时吴国国君夫差。⑤"畏天"二句：是《诗经·周颂·我将》中的句子。⑥《诗》云：以

下诗句引自《诗经·大雅·皇矣》。这是一首歌颂周先祖功业的诗。⑦赫斯：发怒的样子。⑧爰：语首助词，无义。⑨遏：止。徂：往，到。莒：古国名，在今山东莒县，前431年被楚国消灭。⑩笃：厚。祜：福。⑪《书》曰：引文见伪《古文尚书·周书·泰誓》。⑫惟：有。其：表示祈使语气，"庶几"的意思。⑬"宠之"二字上属，"四方"二字下属。⑭厥：其。⑮衡行：即"横行"。

译文

齐宣王问道："和邻国交往有什么方法吗？"

孟子回答说："有。只有有仁德的人才能够以大国的身份事奉小国，所以商汤事奉葛伯，周文王事奉昆夷。只有有智慧的人才能够以小国的身份事奉大国，所以周太王事奉獯鬻，越王句践事奉吴王夫差。以大国身份事奉小国的，是以天命为乐的人；以小国身份事奉大国的，是敬畏天命的人。以天命为乐的人安定天下，敬畏天命的人安定自己的国家。《诗经》上说：'畏惧上天的威灵，因此才能够安定。'"

宣王说："先生的话真高深呀！（不过）我有个毛病，我好勇逞强。"

孟子说："大王，请不要喜好小勇。手按着剑瞪着眼睛说：'他怎么敢抵挡我呢！'这只是个人的勇敢，只能与个把人较量。大王，请扩大个人的勇敢吧！《诗经》上说：'文王义愤激昂，发令调兵遣将，把侵略莒国的敌军阻挡，增添了周国的吉祥，不辜负天下百姓的期望。'这是周文王的勇敢。周文王一怒，便使天下百姓都得到安宁。《尚书》上说：'上天降生了老百姓，又替他们立了君王，立了师傅，有言说，庶几帮助上帝来安抚人民。四方有罪和无罪的人，有我考察，天下怎么敢有人违背上帝的意志呢?'纣王一人横行于天下,周武王便感到羞耻。这是周武王的勇敢。周武王也是一怒便使天下百姓都得到安宁。如今大王如果也做到一怒便使天下百姓都得到安宁,老百姓就会惟恐大王不喜好勇敢呢。"

齐宣王见孟子于雪宫①。王曰:"贤者亦有此乐乎?"

孟子对曰:"有。人不得,则非②其上矣。不得而非其上者,非也;为民上而不与民同乐者,亦非也。乐民之乐者,民亦乐其乐;忧民之忧者,民亦忧其忧。乐以天下,忧以天下,然而不王者,未之有也。

"昔者齐景公问于晏子③曰:'吾欲观于转附、朝儛④,遵海而南,放于琅邪⑤。吾何修而可以比于先王观也?'晏子对曰:'善哉问也!天子适诸侯曰巡狩。巡狩者,巡所守也。诸侯朝于天子曰述职。述职者,述所职也。无非事者⑥。春省(xǐng)耕而补不足,秋省(xǐng)敛而助不给。夏谚曰:"吾王不游,吾何以休?吾王不豫⑦,吾何以助?一游一豫,为诸侯度。"今也不然:师⑧行而粮食,饥者弗食,劳者弗息。睊睊胥谗⑨,民乃作慝(tè)⑩。方命⑪虐民,饮食若流,流连荒亡,为诸侯忧。从流下而忘反谓之流,从流上而忘反谓之连,从兽无厌谓之荒,乐酒无厌谓之亡。先王无流连之乐、荒亡之行,惟君所行也。'景公悦,大戒⑫于国,出舍于郊。于是始兴发补不足。召大(tài)师⑬曰:'为我作君臣相说(yuè)之乐!'盖《徵(zhǐ)招(sháo)》《角招(sháo)》⑭是也。其诗曰:'畜(xù)君何尤⑮?'畜君者,好君也。"

①雪宫：齐宣王的离宫。离宫是古代帝王在正宫以外临时居住的宫室，相当于当今的别墅之类。②非：动词，非难，非议。下文"非也"之"非"为判断词，不对，不正确。③齐景公：春秋时齐国国君，前547年至前490年在位。晏子：春秋时齐国贤相，名婴，《晏子春秋》一书记载了他的事迹和学说。④观：巡游。转附，朝儛：均为山名。⑤放：赵岐注："至也。"琅邪：山名，在今山东省诸城东南。⑥无非事者：赵岐注："无非事而空行者。"⑦豫：义同"游"。⑧师：朱熹《集注》："众也。二千五百人为师。"⑨睊睊：侧目而视的样子。胥：互相。谗：毁谤，说坏话。⑩慝：恶。⑪方命：违反命令。方：反，违反。⑫大戒：充分的准备。⑬大师：即"太师"，古代的乐官。⑭《徵招》《角招》：乐曲名。徵与角是古代五音（宫、商、角、徵、羽）中的两个。招，同"韶"，乐曲名。⑮畜：喜欢，喜爱。尤：错误，过失。

译文

　　齐宣王在雪宫接见孟子。宣王说："贤德的人也有这种（观游的）快乐吗？"

　　孟子回答说："有。他们要是得不到这种快乐，就会埋怨他们的国君。得不到这种快乐就埋怨国君，是不对的；作为老百姓的君主而不与民同乐，也是不对的。国君以百姓的快乐为快乐，百姓也会以国君的快乐为快乐；国君以百姓的忧愁为忧愁，百姓也会以国君的忧愁为忧愁。以天下人的快乐为快乐，以天下人的忧愁为忧愁，这样还不能够使天下归服的事，是从来没有过的。

　　"从前齐景公问晏子说：'我想到转附、朝儛两座山去观光游览，沿着海岸向南行，一直到琅邪。我该怎样做才能和古代圣君的巡游相比呢？'晏子回答说：'问得好呀！天子到诸侯国去叫作巡狩。巡狩就是巡视各诸侯所守疆土的意思。诸侯去朝见天子叫述职。述职就是报告在他职责内的工作的意思。没有无事而出游的。春天巡视耕种情况，对粮食不够吃的给予补助；秋天巡视收获情况，对歉收的给予补助。夏朝的谚语说："我王不出来游历，我怎么能得到休息？我王不出来巡视，我怎么能得到赏赐？一游历一巡视，足以作为诸侯的法式。"现在可不是这样了：众人出动，而且要供给粮食，饥饿的人吃不饱，劳苦的人得不到休息。大家侧目而视，互相毁谤（国君），老百姓就做坏事了。诸侯违背天子的命令，虐待百姓，大吃大喝如同流水一样浪费。这种流连荒亡的行为，变为附庸诸侯们的忧虑。（什么叫流连荒亡呢？）从上游向下游游玩乐而忘返叫作流，从下游向上游游玩乐而忘返叫作连，打猎不知厌倦叫作荒，饮酒不加节制叫作亡。古代圣贤君王没有流连的享乐、荒亡的行为。至于大王您的行为，只有您自己选择了。'齐景公听了很高兴，在国内大加戒备，驻扎在郊外。从此开始实行开仓放粮，补助粮食不足的人。召来乐官说：'给我创作一些君臣同乐的乐曲！'大概这就是《徵招》《角招》。那歌词说：'畜君有什么不对呢？''畜君'的意思，就是热爱国君呢。"

齐宣王问曰："人皆谓我毁明堂^①。毁诸？已^②乎？"

孟子对曰："夫明堂者，王者之堂也。王欲行王政，则勿毁之矣。"

王曰："王政可得闻与？"

对曰："昔者文王之治岐^③也，耕者九一^④，仕者世禄，关市讥而不征^⑤，泽梁^⑥无禁，罪人不孥（nú）^⑦。老而无妻曰鳏（guān），老而无夫曰寡，老而无子曰独，幼而无父曰孤。

此四者，天下之穷民而无告者。文王发政施仁，必先斯四者。《诗》云：'哿（gě）矣富人，哀此茕（qióng）独⑧。'"

王曰："善哉言乎！"

曰："王如善之，则何为不行？"

王曰："寡人有疾，寡人好货。"

对曰："昔者公刘⑨好货，《诗》云⑩：'乃积乃仓，乃裹糇粮⑪，于橐于囊⑫。思戢用光⑬，弓矢斯张。干戈戚扬⑭，爰方启行⑮。'故居者有积仓，行者有裹囊也，然后可以爰方启行。王如好货，与百姓同之，于王何有？"

王曰："寡人有疾，寡人好色。"

对曰："昔者太王好色，爰厥妃。《诗》云⑯：'古公亶（dǎn）父⑰，来朝走马。率西水浒⑱，至于岐下。爰及姜女⑲，聿（yù）来胥宇⑳。'当是时也，内无怨女，外无旷夫。王如好色，与百姓同之，于王何有？"

注释

①明堂：本为天子接见诸侯而设的建筑。这里指泰山明堂，在泰山下，是周天子东巡时所建，后被齐国侵占。②已：止。即"不毁"。③岐：地名。在今陕西岐山县一带。④耕者九一：指井田制。把耕地划成井字形，每井九百亩，周围八家各一百亩，属私田；中间一百亩属公田，由八家共同耕种，收入归公家，所以叫九一税制。⑤关：道路上的关卡。市：集市。讥：稽查。征：征税。⑥泽梁：在流水中拦鱼的设备。⑦孥：本指妻子儿女。这里用作动词，不孥，即指不牵连妻子儿女。⑧"哿矣"二句：引诗见《诗经·小雅·正月》。哿，王引之《经传释词》："家大人曰：……哿与哀相对为文，哀者忧悲，哿者欢乐也。……毛传训哿为可，可亦快意惬心之称。"茕：孤单。⑨公刘：人名，后稷的后

代，周朝的创业始祖。⑩《诗》云：引诗见《诗经·大雅·公刘》。这是一首歌颂公刘功绩的诗。⑪糇粮：干粮。⑫橐囊：都是盛物的东西，囊大橐小。⑬思：语气词，无义。戢：同"辑"，和睦。用：因而。光：发扬光大。⑭干戈戚扬：四种兵器。⑮爰：于是。方：开始。启行：出发。⑯《诗》云：引诗见《诗经·大雅·绵》。这是一首歌颂周族兴起业绩的诗。⑰古公亶父：周文王的祖父周太王。⑱率：循着。浒：水边。⑲爰：语首词，无义。姜女：也称太姜，太王的妃子。⑳聿：语首词，无义。胥：动词。省视，视察。宇：屋宇。

译文

齐宣王问道："别人都建议我拆毁明堂，拆掉它好呢？还是不拆掉好呢？"

孟子回答说："这个明堂，是天子的殿堂。大王如果想施行王政，就不要拆掉它了。"

宣王说："实行王政的道理，能说给我听听吗？"

孟子回答说："从前周文王治理岐山，耕田的人只上缴九分之一的农业税，做官的人可以世代承袭俸禄，在关卡和市场上只稽查而不征税，池泽鱼梁不禁止捕鱼，犯罪的人不牵连妻室儿女。年老没有妻子的人叫鳏夫，年老没有丈夫的人叫寡妇，年老没有儿女的人叫孤老，年幼没有父亲的人叫孤儿。这四种人，是天下的穷苦百姓而又无处诉说的人。文王实行仁政，一定最先考虑到他们。《诗经》上说：'快乐呀，是那些阔人；可怜啊，这一批孤独。'"

宣王说："这话说得好呀！"

孟子说："大王如果认为这些话说得好，那为什么不去实行呢？"

宣王说:"我有个毛病,我喜爱财货。"

孟子说:"从前公刘也喜爱财货。《诗经》上说:'收割粮食装满仓,备好充足的干粮,装进小袋和大囊。紧密团结争荣光,张弓带箭齐武装。盾戈斧铷拿手上,开始动身向前方。'因此留在家里的人有积满谷仓的粮食,移居他处的人有包裹的干粮,然后才可以开始出发。大王如果喜爱财货,与老百姓共同享用它,这对于施行王政有什么影响呢?"

宣王说:"我有个毛病,我喜爱女色。"

孟子回答说:"从前周太王也喜爱女色,很爱他的妃子。《诗经》上说:'周太王古公亶父,一大早驱驰快马。沿着西边的河岸,一直走到岐山下。带着妻子姜氏女,勘察地址建新居。'在那个时候,里边没有怨恨找不到丈夫的女子,外边没有空身一人的男子。大王如果喜爱女色,与老百姓共同享受这种幸福,这对于施行王政有什么影响呢?"

孟子谓齐宣王曰:"王之臣有托其妻子于其友而之楚游^①者。比(bì)其反^②也,则冻馁其妻子,则如之何?"

王曰:"弃之。"

曰:"士师^③不能治士,则如之何?"

王曰:"已之。"

曰:"四境之内不治,则如之何?"

王顾左右而言他。

注释

①之楚游:去楚国游历。之:动词,去。②比:及、到。反:同"返"。③士师:法官。士:指士师下面的乡士、遂士等属官。

孟子对齐宣王说："大王的臣子中有个把妻子儿女托付给他的朋友而自己去楚国游历的人，等到他回来的时候，他的朋友已经让他的妻子儿女挨饿受冻，（对待这样的朋友，）那么应该怎么办呢？"

齐宣王说："和他绝交。"

孟子说："如果司法官不能管理好他的下属，那应该怎么办呢？"

齐宣王说："罢免他。"

孟子又说："如果一个国家的四境之内不能治理好，那又该怎么办呢？"

齐宣王左张右望，把话题扯到一边去了。

孟子见齐宣王曰："所谓故国^①者，非谓有乔木之谓也，有世臣^②之谓也。王无亲臣矣，昔者所进，今日不知其亡^③也。"

王曰："吾何以识其不才而舍之？"

曰："国君进贤，如不得已，将使卑逾尊，疏逾戚，可不慎与？左右皆曰贤，未可也；诸大夫皆曰贤，未可也；国人皆曰贤，然后察之；见贤焉，然后用之。左右皆曰不可，勿听；诸大夫皆曰不可，勿听；国人皆曰不可，然后察之；见不可焉，然后去之。左右皆曰可杀，勿听；诸大夫皆曰可杀，勿听；国人皆曰可杀，然后察之；见可杀焉，然后杀之。故曰：国人杀之也。如此，然后可以为民父母。"

①故国：历史悠久的国家。②世臣：世代建立功勋的大臣。

③亡：去位，去职。

孟子谒见齐宣王，说："平时所说的'故国'，并不是说那个国家有高大的树木，而是指有世代建立功勋的大臣。可大王您现在却没有亲信的大臣了，过去所进用的人，现在也不知到哪里去了。"

齐宣王说："我凭什么识别他没有才能就舍弃他呢？"

孟子回答说："国君选择贤才，如果迫不得已，就该把原本地位低的人提拔到地位高的人之上，把原本关系疏远的人提拔到关系亲近的人之上，这能不谨慎吗？左右亲信都说某人贤能，不可轻信；众位大夫都说某人贤能，也不可轻信；全国的人都说某人贤能，然后去考察他，发现他是真正的贤才，再任用他。左右亲信都说某人不贤，不可轻信；众位大夫都说某人不贤，也不可轻信；全国的人都说某人不贤，然后去考察他，发现他真不贤，再罢免他。左右亲信都说某人该杀，不可轻信；众位大夫都说某人该杀，也不可轻信；全国的人都说某人该杀，然后去考察他，发现他真的该杀，再杀掉他。所以说，是全国人民杀的他。这样，才可以做老百姓的父母官。"

齐宣王问曰："汤放桀①，武王伐纣②，有诸？"

孟子对曰："于传（zhuàn）有之。"

曰："臣弑其君，可乎？"

曰："贼仁者谓之贼，贼义者谓之残，残贼之人，谓之一夫③。闻诛一夫纣矣，未闻弑君也。"

①放：流放。桀：夏朝的末代君主。②纣：商朝的末代君主。
③一夫：犹"独夫"。朱熹《集注》："言众叛亲离，不复以为君
也。《书》曰'独夫纣'。"

译文

　　齐宣王问道："商汤王放逐夏桀王，周武王讨伐商纣王，有
这回事吗？"

　　孟子回答说："史书上有这些事。"

　　宣王说："臣子杀死国君，可以吗？"

　　孟子说："败坏仁德的人叫作贼，败坏道义的人叫作残，残
贼一类的人，叫作一夫。我听说过杀了一个独夫民贼纣王，没有
听说过臣子杀死国君。"

　　齐人伐燕①，胜之。宣王问曰："或谓寡人勿取，或谓寡
人取之。以万乘之国伐万乘之国，五旬而举之②，人力不至于
此。不取，必有天殃③。取之，何如？"

　　孟子对曰："取之而燕民悦，则取之。古之人有行之者，
武王是也④。取之而燕民不悦，则勿取。古之人有行之者，文
王是也⑤。以万乘之国伐万乘之国，箪食壶浆⑥，以迎王师。
岂有他哉？避水火也。如水益深，如火益热，亦运⑦而已矣。"

注释

①齐人伐燕：齐宣王五年（前315），燕国内乱，齐宣王趁机进
攻燕国，很快就取得了胜利。②五旬而举之：据《战国策·燕
策》记载，当齐国的军队攻打燕国时，燕国"士卒不战，城门不
闭"，因此齐国军队五十天就攻进了燕国的首都，杀死了燕王哙

和相国子之。③不取，必有天殃：因齐宣王认为他攻打燕国太顺利，"人力不至于此"，是天意。所以如果不占领它就是违背天意，必有灾殃。④武王是也：指武王灭纣。⑤文王是也：指文王已三分天下有其二，但仍然事奉殷商而没有造反。⑥箪：盛饭的竹筐。食：饭。浆：米酒。⑦运：转。

译文

　　齐国人攻打燕国，战胜了它。齐宣王问道："有人劝我不要占领燕国，有人又劝我占领它。我觉得，以一个拥有万辆兵车的大国去攻打一个同样拥有万辆兵车的大国，五十天就打下来了，光凭人力是做不到的呀。如果我们不占领它，一定会遭到天灾吧。占领它，怎么样？"

　　孟子回答说："如果占领它而使燕国的老百姓高兴，那就占领它。古人有这样做的，周武王便是。如果占领它而使燕国的老百姓不高兴，那就不要占领它。古人有这样做的，周文王便是。以齐国这样一个拥有万辆兵车的大国去攻打燕国这样一个同样拥有万辆兵车的大国，燕国的老百姓用竹筐装着饭菜，用酒壶盛着酒浆来欢迎大王的军队，难道有别的什么原因吗？不过是想摆脱他们那水深火热的日子罢了。如果您想让他们的水更深，火更热，那么他们也就会转而去寻求其他的出路了。"

　　齐人伐燕，取之。诸侯将谋救燕。宣王曰："诸侯多谋伐寡人者，何以待之？"

　　孟子对曰："臣闻七十里为政者，汤是也。未闻以千里畏人者。《书》曰：'汤一征，自葛始①。'天下信之。东面而征，西夷怨；南面而征，北狄怨。曰：'奚为后我？'民望之，若大旱之望云霓②也。归市者③不止，耕者不变。诛其君而吊④

其民，若时雨降，民大悦。《书》曰：'傒我后⑤，后来其苏⑥！'今燕虐其民，王往而征之，民以为将拯己于水火之中也，箪食壶浆以迎王师。若杀其父兄，系累⑦其子弟，毁其宗庙，迁其重器⑧，如之何其可也？天下固畏齐之强也，今又倍地⑨而不行仁政，是动天下之兵也。王速出令，反其旄倪⑩，止其重器，谋于燕众，置君而后去之，则犹可及止也。"

注释

①汤一征，自葛始：这是《尚书·汤征》所亡佚之文，今伪古文《尚书》将其采入《仲虺之诰》。②云霓：云彩和虹霓，都是下雨的征兆。③归市者：做生意的人。④吊：安抚、慰问。⑤傒：等待。后：王，君主。⑥后来其苏：君王来了就会有起色。苏：苏醒，复活。⑦系累：束缚，捆绑。⑧重器：指贵重的祭器，如鼎之类。⑨倍地：疆土扩大一倍。⑩旄倪：老人和小孩。旄：通"耄"。八十、九十岁的人叫作耄，这里通指老年人。倪：小孩子。

译文

　　齐国人攻打燕国，占领了他的土地。一些诸侯国在谋划救助燕国。齐宣王说："不少诸侯在谋划着要来攻打我，该怎么办呢？"

　　孟子回答说："我听说过，只有七十里的小国而在天下推行仁政的，商汤就是这样。没有听说过凭借千里的大国而害怕别国来攻打的。《尚书》上说：'商汤初次征伐，从葛国开始。'天下人都信赖他，当他向东方进军时，西边国家的老百姓便抱怨；当他向南方进军时，北边国家的老百姓便抱怨。都说：'为什么把我们放到后面呢？'老百姓盼望他，就像大旱的时候盼望乌云和彩虹一样。到市场上做生意的人照常做生意，种地的人照常种地。只诛杀那些暴虐的国君来抚慰那些受害的百姓，就像天上下了及时雨一样，老百姓非常高兴。《尚书》上说：'等待我们的国君，国君来了，我们就可以复活！'如今燕国的国君虐待他的百姓，大王您的军队去征伐他，燕国的老百姓以为您是要把他们从水深火热之中拯救出来，所以用饭筐装着饭菜，用酒壶盛着酒浆来欢迎您的军队。假如杀死他们的父兄，抓走他们的子弟，毁坏他们的宗庙，抢走他们宝器，这怎么可以呢？天下各国本来就害怕齐国的强大，现在齐国的土地又扩大了一倍，却不施行仁政，这是挑动天下的军队攻打齐国了。大王您赶快发出命令，放回燕国老老小小的俘虏，停止搬运燕国的宝器，再和燕国的民众商量，为他们选立一位国君，然后从燕国撤回齐国的军队，那么，还可以来得及阻止各国兴兵。"

邹与鲁哄①。穆公②问曰："吾有司死者三十三人，而民莫之死③也。诛之，则不可胜诛；不诛，则疾④视其长上之死而不救。如之何则可也？"

孟子对曰："凶年饥岁，君之民老弱转乎沟壑⑤，壮者散而之四方者，几（jī）⑥千人矣；而君之仓廪实、府库充，有司莫以告，是上慢而残下也。曾子⑦曰：'戒之戒之！出乎尔者，反乎尔者也。'夫民今而后得反之也。君无尤⑧焉！君行仁政，斯民亲其上、死其长矣。"

注释

①哄：冲突，交战。②穆公：邹穆公。孟子是邹国人，所以穆公问他。③莫之死："莫死之"的倒装。"之"指"有司"。④疾：憎恨。⑤转：弃尸。沟壑：山沟。⑥几：接近，差不多。⑦曾

子：孔子的学生曾参。⑧尤：责备，怪罪。

译文

邹国与鲁国交战。邹穆公问孟子说："我的官吏死了三十三个，可老百姓却没有一个为他们效死的。杀了他们吧，却不能杀尽；不杀吧，又恨他们眼睁睁地看着他们的长官死去却不去营救。到底怎么办才好呢？"

孟子回答说："灾荒年成饥饿岁月，您的老百姓年老体弱的弃尸于山沟，年轻力壮的四处逃荒，差不多有上千人吧；而您的粮仓里堆满粮食，货库里装满财宝，官吏们没有谁把这些情况向您报告，这是在上位的轻忽而且残害老百姓啊。曾子说：'小心啊，小心啊！你怎样对待别人，别人也会怎样对待你。'现在就是老百姓报复他们的时候了。您不要责怪他们！您施行仁政，那么老百姓自然会亲近他们的领导人，肯为他们的长官而牺牲了。"

滕文公①问曰："滕，小国也，间（jiàn）②于齐、楚。事齐乎？事楚乎？"

孟子对曰："是谋非吾所能及也。无已，则有一焉：凿斯池③也，筑斯城也，与民守之，效④死而民弗去，则是可为也。"

注释

①滕文公：战国时滕国国君。滕国，古国名，西周分封的同姓诸侯国，在今山东滕县西南。②间：处于。③池：城池，也就是护城河。④效：献，致。

　　滕文公问道："滕国是一个弱小的国家，处于齐国和楚国的中间。是事奉齐国呢？还是事奉楚国呢？"

　　孟子回答说："这个策略不是我所能想到的。如果您一定要我谈谈看法，只有一个办法：把护城河挖深，把城墙加固，与老百姓一起坚守它，宁可献出生命也不抛弃，老百姓也不退去。做到了这样，那就可以有所作为了。"

　　滕文公问曰："齐人将筑薛①，吾甚恐，如之何则可？"

　　孟子对曰："昔者大王居邠（bīn），狄人侵之，去之岐山之下居焉。非择而取之，不得已也，苟为善，后世子孙必有王者矣。君子创业垂统②，为可继③也。若夫成功，则天也。君如彼何哉④？强⑤为善而已矣。"

注释

①薛：城邑名，在今山东滕县东南。它原是西周初年分封的诸侯国，国灭后该地为齐所得，齐威王将它作为小儿子田婴（即孟尝君）的封地。在《战国策·齐策一》中有孟尝君"将城薛"的记载（薛原是国都，应有城墙，可能是灭国时遭到了破坏，所以要加以重修），有人认为即此处所说的"筑薛"。因薛接近于滕，所以滕文公感到恐慌。②垂统：传之后世。③可继：赵岐注："君子造业继统，贵令后世可继续而行耳。"④如彼何：拿他怎么办。⑤强：勉力，努力。

　　滕文公问孟子道："齐人打算修筑薛城，我很担心，怎么办才好呢？"

孟子答道："过去太王住在邠地，狄人来侵犯，于是就离开那儿到歧山下定居。这不是经过选择采取的做法，是不得已啊。要是能施行善政，后世子孙必定有人能称王天下。君子创立基业留传给后代，正是为了能代代相继。至于说能否成功，那就是天意了。您拿齐人怎么办呢？只有努力施行善政罢了。"

公孙丑上

公孙丑①问曰："夫子当路②于齐，管仲、晏子之功，可复许③乎?"

孟子曰："子诚齐人也，知管仲、晏子而已矣。或问乎曾西④曰：'吾子⑤与子路孰贤?'曾西蹴（cù）然⑥曰：'吾先子⑦之所畏也。'曰：'然则吾子与管仲孰贤?'曾西艴（fú）然⑧不悦，曰：'尔何曾比予于管仲? 管仲得君如彼其专也，行乎国政如彼其久也，功烈如彼其卑也，尔何曾⑨比予于是?'"曰："管仲，曾西之所不为也，而子为⑩我愿之乎?"

曰："管仲以其君霸，晏子以其君显。管仲、晏子犹不足为与?"

曰："以齐王，由⑪反手也。"

曰："若是，则弟子之惑滋甚。且以文王之德，百年而后崩⑫，犹未洽于天下；武王、周公继之，然后大行。今言王若易然，则文王不足法与?"

曰："文王何可当也? 由汤至于武丁⑬，贤圣之君六七作⑭，天下归殷久矣，久则难变也。武丁朝诸侯，有天下，犹运之掌也。纣之去武丁未久也，其故家遗俗、流风善政犹有存者；又有微子、微仲、王子比干、箕子、胶鬲（gé）——皆贤人也——相与辅相⑮之，故久而后失之也。尺地莫非其有也，一民莫非其臣也，然而文王犹方百里起，是以难也。齐人有言曰：'虽有智慧，不如乘势；虽有镃基⑯，不如待时。'今时则易然也。夏后、殷、周之盛，地未有过千里者也，而齐有其地矣；鸡鸣狗吠相闻而达乎四境，而齐有其民矣。地不改辟矣，民不改聚矣，行仁政而王，莫之能御也。且王者之不作，未有疏于此时者也；民之憔悴于虐政，未有甚于此时者也。饥者易为食，渴者易为饮。孔子曰：'德之流行，速于置邮⑰而传命。'当今之时，万乘之国行仁政，民之悦之，犹解倒悬⑱也。故事半古之人，功必倍之，惟此时为然。"

注释

①公孙丑：孟子的学生，齐国人。②当路：当权，当政。③许：兴盛、复兴。④曾西：名申，字子西，鲁国人，孔子学生曾参的儿子（一说是曾子的孙子）。⑤吾子：对他人的尊称，相当于"吾兄""老兄"之类。⑥蹵然：不安的样子。⑦先子：指已逝世的长辈。这里指曾西的父亲曾参。⑧艴然：恼怒的样子。⑨曾：副词。竟然，居然。⑩为：同"谓"，认为。⑪由：同"犹"，好像。⑫百年而后崩：相传周文王活了九十七岁，百年是泛指寿命很长。⑬武丁：即殷高宗，商朝国君。据《史记·殷本纪》记载，武丁在位时，"修德行政，天下咸欢，殷道复兴"。⑭作：这里用作量词，相当于现代汉语的"起"。⑮微子：名启，商王武乙的长子，纣王的庶兄。微仲：微子的弟弟。王子比干：纣王的叔父。箕子：纣王的叔父。胶鬲：殷代贤臣。辅相：辅助。⑯镃基：农具，相当于今天的锄头之类。⑰置邮：置和邮都是名词，相当于后代的驿站。⑱倒悬：朱熹《集注》："喻困苦也。"

公孙丑问道:"先生如果在齐国当权,管仲、晏子的功业可以再度兴起来吗?"

孟子说:"你真是个齐国人啊,只知道管仲、晏子。曾经有人问曾西道:'您和子路相比,哪个更能干?'曾西不安地说:'子路是我先父所敬畏的人啊。(我怎么能和他相比呢?)'那人又问:'那么您和管仲相比,哪个更能干呢?'曾西马上不高兴起来,说:'你怎么竟拿管仲来和我相比呢?管仲受到国君的信任是那样专一,行使国家政权那么长久,而功绩却是那样少,你怎么竟拿他来和我相比呢?'"孟子接着说:"管仲是曾西都不愿意做的人,你以为我愿意学习他吗?"

公孙丑说:"管仲辅佐桓公称霸天下,晏子辅佐景公名扬诸侯。难道管仲、晏子还不值得学习吗?"

孟子说:"以齐国的实力用王道来统一天下,易如反掌。"

公孙丑说:"您这样一说,弟子我就更加疑惑不解了。以周文王那样的仁德,活了将近一百岁才死,还没有能够统一天下。直到周武王、周公继承他的事业,然后才统一天下。现在您说用王道统一天下易如反掌,那么,连周文王都不值得学习了吗?"

孟子说:"我们怎么可以比得上周文王呢?由商汤到武丁,贤明的君主有六七个,天下人归服殷朝已经很久了,归服既久,就难以变动。武丁使诸侯们来朝,统治天下就像在自己的手掌心里运转一样容易。纣王离武丁并不久远,武丁的勋臣世家、良好习俗、传统风尚、慈善政治都还有遗存,又有微子、微仲、王子比干、箕子、胶鬲等一批贤臣共同辅佐他,所以能统治很久以后才失去政权。当时没有一尺土地不是纣王所有,没有一个百姓不是纣王的臣民,然而文王从纵横百里的小地方兴起,所以非常困难啊。齐国人有句俗话说:'虽然有智慧,不如趁时势;虽然有锄头，不如待农时。'现在的时势，就很利于用王道统一天下。夏、商、周三代兴盛的时候，没有哪一国的国土有超过纵横千里的，而现在的齐国却超过了；鸡鸣狗叫的声音处处都听得见，一直到四方边境，这说明齐国人口众多。国土不需要新开辟，百姓不需要新聚集，如果施行仁政来统一天下，没有谁能够阻挡。何况统一天下的贤君没有出现，从来没有间隔过这么久的；老百姓受暴政的蹂躏，从来没有这么厉害过的。饥饿的人容易让他吃饱，口渴的人容易让他饮够。孔子说：'道德的流行，比驿站传递政令还要迅速。'现在这个时候，拥有一万辆兵车的大国施行仁政，老百姓的高兴，就像被倒挂着的人得到解救一样。所以，做事仅为古人的一半，功绩一定比古人加倍。只有这个时候才是这样的吧。"

公孙丑问曰："夫子加①齐之卿相，得行道焉，虽由此霸王，不异矣。如此，则动心否乎？"

孟子曰："否！我四十不动心。"

曰："若是，则夫子过孟贲（bēn）②远矣。"

曰："是不难，告子③先我不动心。"

曰："不动心有道乎？"

曰："有。北宫黝（yǒu）④之养勇也，不肤挠⑤，不目逃⑥，思以一豪挫于人，若挞之于市朝⑦；不受于褐宽博⑧，亦不受于万乘之君，视刺万乘之君若刺褐夫；无严⑨诸侯，恶声至必反也。孟施舍⑩之所养勇也，曰：'视不胜犹胜也。量敌而后进，虑胜而后会，是畏三军者也，舍岂能为必胜哉？能无惧而已矣。'孟施舍似曾子，北宫黝似子夏。夫二子之勇，未知其孰贤，然而孟施舍守约⑪也。昔者曾子谓子襄⑫

曰：'子好勇乎？吾闻大勇于夫子矣：自反而不缩⑬，虽褐宽博吾不惴焉；自反而缩，虽千万人吾往矣。'孟施舍之守气，又不如曾子之守约也。"

曰："敢问夫子之不动心与告子之不动心，可得闻与？"

"告子曰：'不得于言，勿求于心；不得于心，勿求于气。'不得于心勿求于气，可；不得于言勿求于心，不可。夫志，气之帅也；气，体之充也。夫志至焉，气次焉，故曰持其志，无暴其气。"

"既曰'志至焉，气次焉'，又曰'持其志，无暴其气'者，何也？"

曰："志壹则动气，气壹则动志也。今夫蹶者、趋者，是气也，而反动其心。"

"敢问夫子恶（wū）⑭乎长？"

曰："我知言，我善养吾浩然⑮之气。"

"敢问何谓浩然之气？"

曰："难言也。其为气也，至大至刚，以直养而无害，则塞于天地之间。其为气也，配义与道；无是，馁也。是集义所生者，非义袭而取之也。行有不慊（qiè）⑯于心，则馁矣。我故曰，告子未尝知义，以其外之也。必有事焉，而勿正⑰，心勿忘，勿助长也。无若宋人然：宋人有闵其苗之不长而揠（yà）⑱之者，芒芒然⑲归，谓其人曰：'今日病⑳矣！予助苗长矣！'其子趋而往视之，苗则槁矣。天下之不助苗长者寡矣。以为无益而舍之者，不耘苗者也；助之长者，揠苗者也。非徒无益，而又害之。"

"何谓知言？"

曰："诐（bì）辞㉑知其所蔽，淫辞㉒知其所陷，邪辞知其所离，遁辞㉑知其所穷。生于其心，害于其政；发于其政，害于其事。圣人复起，必从吾言矣。"

"宰我㉒、子贡善为说辞，冉牛、闵子、颜渊善言德行㉓，孔子兼之，曰：'我于辞命则不能也。'然则夫子既圣矣乎？"

曰："恶（wū）！是何言也？昔者子贡问于孔子曰：'夫子圣矣乎！'孔子曰：'圣则吾不能，我学不厌而教不倦也。'子贡曰：'学不厌，智也；教不倦，仁也。仁且智，夫子既圣矣。'夫圣，孔子不居，是何言也？"

"昔者窃闻之，子夏、子游、子张皆有圣人之一体㉖，冉牛、闵子、颜渊则具体而微㉗，敢问所安㉘。"

曰："姑舍是㉙。"

曰："伯夷、伊尹何如㉚？"

曰："不同道。非其君不事，非其民不使；治则进，乱则退，伯夷也。何事非君，何使非民，治亦进，乱亦进，伊尹也。可以仕则仕，可以止则止，可以久则久，可以速则速，孔子也。皆古圣人也，吾未能有行焉，乃所愿，则学孔子也。"

"伯夷、伊尹于孔子，若是班㉛乎？"

曰："否！自有生民以来，未有孔子也。"

曰："然则有同与？"

曰："有。得百里之地而君之，皆能以朝诸侯，有天下；行一不义、杀一不辜而得天下，皆不为也，是则同。"

曰："敢问其所以异。"

曰："宰我、子贡、有若㉜，智足以知圣人，汙（wū）不至阿㉝其所好。宰我曰：'以予观于夫子，贤于尧、舜㉞远矣。'子贡曰：'见其礼而知其政㉟，闻其乐而知其德，由百世之后，等⑥百世之王，莫之能违也。自生民以来，未有夫子也。'有若曰：'岂惟民哉？麒麟之于走兽，凤凰之于飞鸟㊲，太山之于丘垤（dié）㊳，河海之于行潦（lǎo）㊴，类也；圣人之于民，亦类也。出于其类，拔乎其萃㊵，自生民以来，未有盛于孔子也。'"

注释

①加：犹居，担任。②孟贲：古代勇士。③告子：名不害，生平事迹不详。④北宫黝：生平事迹不详。从下文的叙述看，他可能是个刺客。⑤肤挠：朱熹《集注》："肌肤被刺而挠屈也。"⑥目逃：即眨眼。⑦豪：同"毫"。挫：辱。市朝：集市和朝廷。这里指公众场合。⑧褐宽博：与下文的"褐夫"同义，指地位低贱的人。褐：粗麻布衣。宽博：宽大之衣。⑨严：惧怕，畏惧。⑩孟施舍：生平事迹无考。从下文所叙述的事迹看，他可能也是孟贲一类的勇士。⑪守约：得其要领。⑫子襄：曾子弟子。⑬缩：朱熹《集注》："直也。"⑭恶：疑问代词。何。⑮浩然：盛大而流动的样子。⑯慊：痛快，惬意。⑰正：止。"而勿正"即"而勿止"。⑱闵：担心，忧愁。揠：拔。⑲芒芒然：疲倦的样子。⑳病：疲倦，劳累。㉑诐辞：偏颇的言辞。㉒淫辞：夸张、过分的言辞。㉓遁辞：躲闪的言辞。㉔宰我：即孔子的弟子宰予，字子我。他是孔门言语科的高才生，《史记·仲尼弟子列传》说他"利口辩辞"。㉕冉牛：孔子的弟子冉耕，字伯牛。闵子：孔子的弟子闵损，字子骞。颜渊：孔子的弟子颜回，字子渊。他们三人都是孔门德行科的高才生。㉖子游：孔子的弟子言偃，子游是他的字。他是孔门文学科的高才生。子张：孔子的弟子颛孙师，子张是他的字。一体：赵注云："得一枝也。"又云："体以喻德也。"㉗具体而微：朱熹《集注》："谓有其全体，但未广大耳。"

㉘敢问所安：朱熹《集注》："公孙丑复问孟子，既不敢比孔子，则于此数子欲何所处也。"㉙姑舍是：赵注、朱熹都认为孟子不回答是不愿将自己与这几个人相比。㉚伯夷：相传是商末孤竹国君的儿子，因与弟弟叔齐相互谦让君位而双双逃奔周国。后来因周武王出兵讨伐商朝，他们劝阻无效，便隐居到首阳山，"义不食周粟"而饿死。司马迁在《史记》中曾为他们立传，置于"列传"之首。伊尹：商初大臣，名伊（一说名挚），尹是官名。他曾辅佐成汤灭夏和巩固商初的统治，是古代有名的贤臣。㉛班：朱熹《集注》："齐等之貌。"㉜有若：孔子的弟子，据《史记·仲尼弟子列传》记载，因他的相貌像孔子，所以孔子死后，孔门弟子曾一度"相与共立为师，师之如夫子时也"。㉝汙：低下。赵岐注："汙，下也。言三人虽小汙不平，亦不至阿其所好以非其事，阿私所爱而空誉之，其言有可用者。"阿：阿谀。㉞尧、舜：传说中上古时代的贤君，是儒家最推崇的人物之一。㉟见其礼而知其政：赵注认为此处的"其"是指孔子，朱熹则认为是孔子"见人之礼则可知其政"，译文从朱熹说。㊱等：此处是比较、评论的意思。㊲"麒麟之于走兽"二句：古人将动物分成五类，凤凰是羽虫（相当于飞禽）之长，麒麟是毛虫（相当于走兽）之长。㊳太山：泰山。垤：小土堆。㊴行潦：朱熹《集注》："道上无源之水也。"㊵拔乎其萃：朱熹《集注》："拔，特起也；萃，聚也。言自古圣人固皆异于众人。"

译文

公孙丑问道："如果老师担任了齐国的卿相，能够实行自己的主张，即使因此而成就王霸之业，也是不足为奇的啊。如果这样，那么您会动心吗？"

孟子说："不，我四十岁时就不动心了。"

公孙丑说："像这样说，那么老师超过孟贲很远了。"

孟子说："这个不难，告子不动心比我还早。"

公孙丑说："不动心有什么方法吗？"

孟子说："有的。北宫黝的培养勇气，不因为肌肤被刺就弯屈，不因为眼睛被刺就眨眼睛，即使有一根毫毛被他人伤害也觉得犹如在大庭广众之下遭到鞭打一样；既不能受辱于穿着宽大的粗麻布衣的普通平民，也不能受辱于拥有万辆兵车的大国之君，把刺杀一个大国之君看做如同刺杀一个普通平民一样。他不畏惧诸侯，坏话传到耳边，一定要报复它。孟施舍培养勇气的办法呢，他说：'我看待那些不能战胜的人，好像足以战胜的人一样；如果估量敌人的力量才前进，考虑有胜利的把握才与之会战，这是畏惧敌人的人。我难道能说必定打胜仗吗？只是能不畏惧罢了。'孟施舍的培养勇气像曾子，北宫黝的培养勇气像子夏。这二人的勇气，不知道他们哪一个强，然而孟施舍能掌握要领。从前曾子对子襄说：'你喜欢勇敢吗？我曾经在我老师那里听说过关于大勇的道理：自己反躬自问，如果自己理不直，即使是普通平民责备我，我也不恐惧；如果自己理直，即使有千万人，我也要前进啊。孟施舍的守住勇气，又不如曾子的掌握要领。"

公孙丑说："冒昧地问一下，老师的不动心和告子的不动心，能讲给我听听吗？"

"告子说：'如果不能在言语上取得胜利，就不要在思想上求取；如果不能在思想上取得胜利，就不要在意气上求取。'不能在思想上取得胜利就不要在意气上求取，是对的；不能在言语上取得胜利就不要在思想上求取，是不对的。志向是气的主导，气是充满全身的。志向是首要的，气是次一等的。所以说，'坚定自己的志向，不要扰乱自己的气。'"

"您既然说志向是首要的，气是次一等的；您又说，要坚定自己的志向，不要扰乱自己的气。这是什么意思呢?"

孟子说:"志向专一就引动气，气专一了就引动志向。譬如跌倒和奔跑，这只是体气专一的作用，却反过来震动了他的心。"

公孙丑说:"请问老师您长于哪一方面呢?"

孟子说:"我善于分析别人的言语，我善于培养自己的浩然之气。"

公孙丑说:"请问什么叫浩然之气呢?"

孟子说:"这很难用一两句话说清楚。这种气，极端浩大，极端有力量，用正直去培养它而不加以伤害，就会充满天地之间。它的成为气，必须与仁义道德相配，否则就会缺乏力量。这种气是积聚正义所产生的，不是靠偶尔的正义行为就能获取的。行为中有内心感到不安的事，这种气就会缺乏力量了。所以我说，告子不懂得义，因为他把义看成心外的东西。必须要先有集义的事却不停止，心中不要忘记，也不要去帮助它生长，不要像宋国人似的。宋国有个人嫌他的禾苗不长，就用手去把它们拔高，累得气喘吁吁地回家，对他家里人说:'今天可把我累坏啦!我让禾苗长高了!'他的儿子跑到地里去一看，禾苗已全部干死了。天下人不犯这种拔苗助长错误的是很少的。认为养护庄稼没有用处而不去管它们的，是只种庄稼不除草的懒汉;去帮助庄稼生长的，就是这种拔苗助长的人。不仅没有益处，反而害死了庄稼。"

公孙丑问:"怎样才算善于分析别人的言语呢?"

孟子回答说:"偏颇的言语知道它片面在哪里，夸张的言语知道它过分在哪里，怪僻的言语知道它离奇在哪里，躲闪的言语知道它理穷在哪里。(这四种言语)从内心发出，必然会对政治造成危害;在他政治措施中体现出来，就会对国家大事造成危害。如果圣人再世，也一定会同意我的话。"

公孙丑说："宰我、子贡善于讲说谈论，冉牛、闵子、颜渊善于阐述德行，孔子兼而有之，说：'我对于辞令就不擅长了。'如此说来，老师已经称得上圣了吧？"

孟子说："嗨！这是什么话？过去子贡问孔子说：'老师称得上圣了吧！'孔子说：'圣，我还不敢当，我只不过学习不感到满足、教诲不感到疲倦罢了。'子贡说：'学习不感到满足，是智；教诲不感到疲倦，是仁。有仁有智，老师已经称得上圣了。'圣这样的称号，连孔子都不敢自居，你这是什么话？"

公孙丑说："过去我曾听说，子夏、子游、子张都具有圣人的某一个方面，冉牛、闵子、颜渊则具备了圣人的全体而规模较小，请问夫子自居于哪一种人呢？"

孟子说："暂且不谈这个。"

公孙丑说：'伯夷、伊尹怎么样呢？'

孟子说："他们是不同主张的人。不够格的君主不事奉，不够格的百姓不使唤，世道太平就做官，世道昏乱就退隐，这是伯夷；任何君主都可以事奉，任何百姓都可以使唤，世道太平也做官，世道昏乱也做官，这是伊尹；能做官就做官，能退隐就退隐，能长久就长久，能短暂就短暂，这是孔子。他们都是过去的圣人，我没有能力像他们那样去做，至于我的愿望，则是学习孔子。"

公孙丑说："伯夷、伊尹与孔子相比，如此相等吗？"

孟子说："不是！自有人类以来，从未有过孔子那样的人。"

公孙丑说："那么，他们有共同之处吗？"

孟子说："有的。如果能得到纵横百里的疆土成为君主，都能使诸侯来朝见，拥有天下；如果做一件不义的事、杀一个无辜的人来得到天下，他们都不会干的，这是他们的共同之处。"

公孙丑说："请问他们不同的地方。"

孟子说："宰我、子贡、有若的智慧都足以了解圣人，他们虽然地位低下，却不至于阿谀他们所喜欢的人。宰我说：'据我看来，老师比尧、舜强多了。'子贡说：'见到所行的礼仪就明了它的政事，听到所奏的音乐就明了它的德行，即使从百世之后来评价这百世之中的君王，也没有一个能违背老师的主张。自有人类以来，从未有过老师那样的人。'有若说：'难道仅仅是人类如此吗？麒麟跟走兽，凤凰跟飞禽，泰山跟小丘，河海跟水塘，都是同类啊；圣人跟百姓，也是同类。高出自己的同类，超越自己的群体，自有人类以来，从未有过比孔子更伟大的人了。'"

孟子曰："以力假仁者①霸，霸必有大国。以德行仁者王，王不待②大。汤以七十里，文王以百里。以力服人者，非心服也，力不赡③也；以德服人者，中心悦而诚服也，如七十子④之服孔子也。《诗》云⑤：'自西自东，自南自北，无思⑥不服。'此之谓也。"

注释

①假：借，凭借。②待：等待，引申为依靠。③赡：充足。④七十子：孔子弟子。相传孔子有弟子三千，其中"身通六艺者七十有二人"（《史记·孔子世家》）。⑤《诗》云：引诗见《诗经·大雅·文王有声》。⑥思：音节助词，无义。

译文

孟子说："倚仗武力而假借仁义的，那是霸业，创造霸业必须要有大国作基础。依靠道德实行仁政的，那是王业，创造王业不须大国作基础。商汤王只有纵横七十里，周文王只有纵横一百里。用武力征服别人的，别人并不是真心服从他，只不过是力量不够罢了；用道德使人归服的，是心悦诚服，就像七十个弟子信服孔子那样。《诗经》上说：'从西从东，从南从北，无不心服。'正是说的这个意思啊。"

孟子曰："仁则荣，不仁则辱。今恶辱而居不仁，是犹恶湿而居下也。如恶之，莫如贵德而尊士。贤者在位，能者在职，国家闲暇①，及是时，明其政刑，虽大国，必畏之矣。《诗》云②：'迨（dài）③天之未阴雨，彻彼桑土（dù）④，绸缪牖（yǒu）户⑤。今此下民⑥，或敢侮予？'孔子曰：'为此诗者，其知道乎！能治其国家，谁敢侮之？'今国家闲暇，及是时，般（pán）乐怠敖⑦，是自求祸也。祸福无不自己求之者。《诗》云⑧：'永言配命⑨，自求多福。'《太甲》⑩曰："天作孽，犹可违⑪；自作孽，不可活⑫。'此之谓也。"

注释

①闲暇：指国家安定，无内忧外患。②《诗》云：引诗见《诗经·豳风·鸱鸮》。该诗以鸱鸮为喻，申述周至危急，表明作者救危扶倾的苦心。据《尚书·金滕》记载，该诗的作者是周公。③迨：趁着。④彻：剥取。桑土：桑树根。土：同"杜"，东齐方言说"根"为"杜"。⑤绸缪：缠结。牖：窗子。户：门。⑥民：人。⑦般：乐。怠：怠慢。敖：同"遨"。出游。⑧《诗》云：引诗见《诗经·大雅·文工》。⑨永：长久。言：语助词，无义。配：合。命：天命。⑩《太甲》：《尚书》中的一篇。⑪违：避。⑫活：赵岐、朱熹均释为"活命"，唯焦循《孟子正义》以《礼记·缁衣》引此句作"不可逭"，则作"逃避"讲。二说皆可通。译文依赵、朱说。

孟子说："行仁政就就能得到荣耀，不行仁政就会蒙受屈辱。如今既厌恶屈辱却又自处于不仁的境地，这就好像既厌恶潮湿却又居于低洼的地方一样。假如真的厌恶屈辱，不如崇尚仁德，尊敬读书人，使有贤德的人在位做官，有才能的人在职做事，国家无内忧外患，趁着这个时候整理国家的政治、法律制度，即使是大国也一定畏惧他了。《诗经》上说：'趁着天晴没阴雨，剥些桑树根上皮，补好窗子和门户。现在你们下面的人，有谁还敢欺侮我？'孔子说：'写这首诗的人，大概懂得防患的道理呀！能够治理他的国家，谁还敢欺侮他呢？'如今国家太平无事，却趁着这个时候纵情享乐，怠惰游玩，这是自己找祸啊。祸害和幸福没有不是自己找来的。《诗经》上说：'永远配合着天命，自然求得幸福多。'《尚书·太甲》说：'上天降下的灾祸还可以避免；自己造成的罪孽，就不能够活命了。'说的就是这个意思。"

孟子曰："尊贤使能，俊杰在位，则天下之士皆悦，而愿立于其朝矣；市，廛（chán）而不征[1]，法而不廛[2]，则天下之商皆悦，而愿藏于其市矣；关，讥[3]而不征，则天下之旅皆悦，而愿出于其路矣；耕者，助而不税[4]，则天下之农皆悦，而愿耕于其野矣；廛[5]，无夫里之布[6]，则天下之民皆悦，而愿为之氓[7]矣。信能行此五者，则邻国之民仰之若父母矣。率其子弟，攻其父母，自有生民以来，未有能济者也。如此，则无敌于天下。无敌于天下者，天吏[8]也，然而不王者，未之有也。"

①廛：集市中储藏或堆积货物的货栈。这里用作动词。提供处所

储藏货物。征：征税。②法而不廛：官方依据法规收购长期积压于货栈的货物，以保证商人的利益。③讥：稽查，查问。④助而不税：指"耕者九一"的井田制，只帮助种公田而不再对私田收税。⑤廛：这里指民居，与上文"廛而不征"的"廛"所指不同。⑥夫里之布：古代的一种税收名称，即"夫布""里布"，大致相当于后世的土地税、劳役税。⑦氓：指从外地移居来的移民。⑧天吏：顺从上天旨意的执政者。这里的"吏"不是指小官。

译文

孟子说："尊重贤才，使用能人，杰出的人物都在位做官，那么，天下的士人都会高兴，愿意在他的朝廷上立身了；市场上提供储藏货物的地方却不征税，把滞销的货物依法收购不使积压，那么，天下的商人都会高兴，愿意把货物放在这样的市场上了；关卡只稽查而不征税，那么，天下的旅客都会高兴，愿意在这样的路上旅行了；种庄稼的人只帮助耕种公田而不另外征税，那么，天下的农民都会高兴，愿意在这样的土地上耕种了；居民区没有额外的土地税和劳役税，那么，天下的百姓都会高兴，愿意成为这里的居民了。真正能够做到这五点，就连邻国的百姓都会把他当父母一样仰慕。（如果有邻国来进攻）就好比率领他的子弟去攻打他的父母，自有人类以来，就没有成功过的。像这样，他就会天下无敌了。天下无敌的人，叫作'大吏'。做到了这样还不能成就王业，是不曾有过的事情。"

孟子曰："人皆有不忍人之心①。先王有不忍人之心，斯有不忍人之政矣。以不忍人之心，行不忍人之政，治天下可运之掌上。所以谓人皆有不忍人之心者，今人乍见孺子②将入于井，皆有怵惕恻隐之心。非所以内交③于孺子之父母也，非所以要（yāo）誉④于乡党朋友也，非恶其声而然也。由是观之，无恻隐之心，非人也；无羞恶之心，非人也；无辞让之心，非人也；无是非之心，非人也。恻隐之心，仁之端⑤也；羞恶之心，义之端也；辞让之心，礼之端也；是非之心，智之端也。人之有是四端也，犹其有四体也。有是四端而自谓不能者，自贼者也；谓其君不能者，贼其君者也。凡有四端于我⑥者，知皆扩而充之矣，若人之始然⑦，泉之始达。苟能充之，足以保⑧四海；苟不充之，不足以事父母。"

注释

①不忍人之心：怜悯心，同情心。②乍：突然、忽然。孺子：小孩子。③内交：结交。内：同"纳"。④要誉：博取名誉。要：同"邀"。求。⑤端：开端，源头。⑥我：同"己"。⑦然：同"燃"。⑧保：定，安定。

译文

孟子说："每个人都有怜悯同情别人的心情。古代帝王由于有怜悯同情别人的心情，所以才有怜悯同情百姓的政治。用怜悯同情别人的心情，施行怜悯同情百姓的政治，治理天下就可以像在手掌心里面转动东西一样容易了。我说每个人都有怜悯同情别人心情的缘故，譬如现在有人突然看到一个小孩快要掉进井里去了，都会产生惊骇同情的心理。不是因为想因此去和这孩子的父母拉关系，不是因为想因此在乡邻朋友中博取声誉，也不是因为厌恶这孩子的哭叫声才产生这种惊惧同情心理的。由此看来，没有同情心，那不是人啊；没有羞耻心，不是人啊；没有谦让心，不是人啊；没有是非心，不是人啊。同情心是仁的发端，羞耻心是义的发端，谦让心是礼的发端，是非心是智的发端。一个人有这四种发端，就好像他有四肢一样啊。有了这四种发端却自认为不贤能的人，是自己害自己的人；说他的君主不贤能的人，是害他的国君的人。凡是在自己方面有这四种发端的人，又知道把它们扩大充实起来，就像火刚开始燃烧，泉水刚开始涌出。如果能够扩充它们，便足以保有天下；如果不能扩充它们，就连赡养父母都成问题。"

孟子曰："矢人岂不仁于函人①哉？矢人唯恐不伤人，函人唯恐伤人。巫、匠②亦然。故术③不可不慎也。孔子曰：'里仁为美，择不处仁，焉得智？'夫仁，天之尊爵④也，人之安宅⑤也。莫之御而不仁，是不智也。不仁、不智，无礼、无义，人役也。人役而耻为役，由⑥弓人而耻为弓，矢人而耻为矢也。如耻之，莫如为仁。仁者如射：射者正己而后发；发而不中，不怨胜己者，反求诸己而已矣。"

注释

①矢人：造弓箭的人。函人：造铠甲的人。②巫：巫医。匠：匠人，这里特指做棺材的木匠。赵岐注："巫欲捉活人；匠，梓匠，作棺欲其早售，利在于人死也。"③术：选择谋生之术，也就是选择职业。④尊爵：朱熹《集注》："仁义礼智皆天所与之良贵，而仁者天地生物之心，得之最先而兼统四者，所谓元者善之长也，故曰'尊爵'。"⑤安宅：朱熹《集注》仁义礼智"人当常在其中而不可须臾离者也，故曰'安宅'。"⑥由：同"犹"。好像。

译文

孟子说："造弓箭的人难道比造铠甲的人更不仁吗？造弓箭

的人唯恐他的箭不能伤人，造铠甲的人唯恐人受伤。巫师和棺材匠也是这样。所以选择职业不可不谨慎啊。孔子说：'居住在有仁厚风气的地方才好。选择住处，不居住在有仁厚风气的地方，怎么能算明智呢?'仁是上天尊贵的爵位，人间最安逸的住宅。没有人阻拦你却不做仁人，这是不明智啊。不仁不智、无礼无义的人，那就是别人的仆役了。做了别人的仆役却觉得是耻辱，就好像做了造弓的人却又以造弓为耻，做了造箭的人却又以造箭为耻一样。如果认为这是耻辱，不如好好行仁。行仁德的人就好像射手：射手先端正自己的姿势然后才放箭；如果没有射中，不怨恨胜过自己的人，而是反过来从自己身上寻找原因罢了。"

孟子曰："子路，人告之以有过，则喜；禹闻善言，则拜。大舜有①大焉，善与人同②，舍己从人，乐取于人以为善。自耕稼、陶、渔以至为帝，无非取于人者。取诸人以为善，是与③人为善者也。故君子莫大乎与人为善。"

注释

①有：同"又"。②善与人同：与人共同做善事。③与：偕同。

译文

孟子说："子路，别人指出他的过错，他就很高兴；大禹听到有教益的话，就给人家行拜谢礼。大舜又比这两人更伟大，善于与别人合作，抛弃自己的成见，听从人家的意见，乐意吸取别人的长处来行善。从他种庄稼、做陶器、打渔一直到做帝王，没有哪个优点不是向别人学习来的。吸取别人的优点来行善，这就是同别人一道行善。所以君子的美德没有比同别人一道行善更伟大的了。"

公孙丑下

孟子曰："天时不如地利，地利不如人和①。三里之城，七里之郭②，环而攻之而不胜。夫环而攻之，必有得天时者矣；然而不胜者，是天时不如地利也。城非不高也，池③非不深也，兵革④非不坚利也，米粟非不多也；委⑤而去之，是地利不如人和也。故曰：域民不以封疆之界⑥，固国不以山溪之险，威天下不以兵革之利。得道者多助，失道者寡助。寡助之至，亲戚畔⑦之；多助之至，天下顺之。以天下之所顺，攻亲戚之所畔，故君子有⑧不战，战必胜矣。"

注释

①天时、地利、人和：《荀子·王霸篇》说："农夫朴力而寡能，则上不失天时，下不失地利，中得人和而百事不废。"荀子所指的"天时"指农时，"地利"指土壤肥沃，"人和"是指人的分工。而孟子在这里所说的"天时"则指用兵作战的时机、气候等；"地利"是指山川险要、城池坚固等；"人和"则指人心所向、内部团结等。②三里之城，七里之郭：内城叫"城"，外城叫"郭"。内外城比例一般是三比七。③池：护城河。④兵：武器，指戈矛刀箭等攻击性武器。革：皮革，指甲胄。古代甲胄有用皮革做的，也有用铜铁做的。⑤委：弃。⑥域民：限制人民。界：域，界限。⑦畔：同"叛"。⑧有：或，要么。

孟子说："天时不如地利，地利不如人和。把一个周围三里的内城、七里的外城包围起来攻打它，却不能够取胜。既然已经四面围攻，一定有得天时的了，这样还不能取胜，这就是天时不如地利啊。城墙不是不高，护城河不是不深，兵器和甲胄不是不坚固锋利，粮食不是不充足，（敌人一来士卒就）弃城而逃，这就是地利不如人和啊。所以说：限制百姓不靠封国疆土的界限，巩固国防不凭山川形胜的险要，扬威天下也不靠兵器盔甲的坚利。拥有道义的人得到的帮助就多，失去道义的人得到的帮助就少。帮助的人少到极点时，连亲戚也会背叛他；帮助的人多到极点时，全天下的人都顺从他。以全天下人都顺从的力量去攻打连亲戚都要背叛他的人，所以仁德的君子要么不打仗，要打的话，一定会取得胜利的。"

孟子将朝王①，王使人来曰："寡人如②就见者也，有寒疾，不可以风。朝（zhāo），将视朝③，不识④可使寡人得见乎？"

对曰："不幸而有疾，不能造⑤朝。"

明日，出吊于东郭氏⑥。

公孙丑曰："昔者辞以病，今日吊，或者不可乎？"

曰："昔者疾，今日愈，如之何不吊？"

王使人问疾，医来。孟仲子⑦对曰："昔者有王命，有采薪之忧⑧，不能造朝。今病小愈，趋造于朝，我不识能至否乎？"

使数人要（yāo）⑨于路，曰："请必无归，而造于朝！"

不得已而之景丑氏⑩宿焉。

景子曰："内则父子，外则君臣，人之大伦也。父子主恩，君臣主敬。丑见王之敬子也，未见所以敬王也。"

曰："恶！是何言也！齐人无以仁义与王言者，岂以仁义为不美也？其心曰：'是何足与言仁义也？'云尔，则不敬莫大乎是。我非尧舜之道不敢以陈于王前，故齐人莫如我敬王也。"

景子曰："否，非此之谓也。礼曰：'父召无诺⑪；君命召，不俟（sì）驾⑫。'固将朝也，闻王命而遂不果，宜⑬与夫礼若不相似然。"

曰："岂谓是与？曾子曰：'晋楚之富，不可及也。彼以其富，我以吾仁；彼以其爵，我以吾义。吾何慊（qiàn）⑭乎哉？'夫岂不义而曾子言之？是或一道也。天下有达尊三：爵一，齿⑮一，德一。朝廷莫如爵，乡党莫如齿，辅世长民莫如德。恶得有其一以慢其二哉？故将大有为之君，必有所不召之臣；欲有谋焉，则就之。其尊德乐道，不如是不足与有为也。故汤之于伊尹，学焉而后臣之，故不劳而王；桓公之于管仲，学焉而后臣之，故不劳而霸。今天下地丑⑯德齐，莫能相尚，无他，好臣其所教，而不好臣其所受教。汤之于伊尹，桓公之于管仲，则不敢召。管仲且犹不可召，而况不为管仲者乎？"

注释

①王：指齐宣王。②如：宜，当，应当。③视朝：上朝廷处理政务。④不识：不知。⑤造：到，往。成语有"登峰造极"。⑥东郭氏：齐国的大夫。⑦孟仲子：孟子的堂兄弟，跟随孟子学习。⑧采薪之忧：本意是说有病不能去打柴，引申为自称生病的代词。薪：柴草。⑨要：拦截。⑩景丑氏：齐国的大夫。⑪父召无

诺：《礼记·曲礼》：“父召无诺，先生召无诺，唯而起。”“唯”和“诺”都是表示应答之词，急时用“唯”，缓时用“诺”。父召无诺的意思是说，听到父亲叫唤，不等说“诺”就要起身。⑫俟：等待。驾：套车。⑬宜：义同“殆”。大概，恐怕。⑭慊：不满足，感到遗憾。⑮齿：年龄。⑯丑：类似，相同。

译文

孟子将要去朝见齐宣王，齐宣王派人来说：“我本应该来到你的住处来看你的，患了风寒的病，不能吹风。明天早晨我将上朝处理政务，不知道可让我在朝廷上见到你吗?”

孟子回答说：“不幸得很，我也有病，不能上朝廷去。”

第二天，孟子出门到东郭大夫家里去吊丧。

公孙丑说：“昨天你拿生病辞谢齐王，今天又去吊丧，这恐怕不好吧?”

孟子说：“昨天生病，今天好了，为什么不可以去吊丧呢?”

齐王打发人来问候孟子的病，并且带来了医生。孟仲子应付说：“昨天大王命令来时，他正生着病，不能上朝廷去。今天病刚好了一点，已经快步走向朝廷去了，我不知道他能否到达呢?”

孟仲子立即派人到路上去拦孟子，转告孟子说：“请您一定不要回家就上朝廷去!”

孟子不得已就到景丑的家里去住宿。景丑说：“在家庭里有父子，在家庭外有君臣，这是人与人之间最重要的伦理关系。父子重在恩爱，君臣重在恭敬。我只看见齐王敬重你，却没看见你敬重齐王。”

孟子说：“嗨! 这是什么话啊! 齐国人没有与齐王谈论仁义的，难道认为仁义不好吗? 不是。他们心里想的是：‘这种人哪里值得和他谈论仁义啦’? 那么，对齐王不恭敬没有比这更严重的了。我不是尧舜治天下的道理不敢拿来向齐王陈述，所以齐国人没有谁比我更敬重齐王了。"

景丑说："不，我不是说的这个方面。《礼记》上说：'父亲召唤，不等到应诺一声就应起身；君王有命召唤，不等到车马备好就应起身。'（可你呢，）本来就准备去朝见齐王，听到齐王的召见却反而不去了，这好像和《礼记》上所说的不大相合吧。"

孟子说："难道你说的是这个吗？曾子说：'晋国和楚国的财富，是不能赶上的。但是他有他的财富，我有我的仁德；他有他的爵位，我有我的道义。我有什么遗憾的呢？'这些话难道没有道理曾子会说吗？这里面也许别有道理啊。天下公认为尊贵的东西有三样：爵位是一种，年龄是一种，德行是一种。朝廷论尊，没有赶得上爵位高的；乡里论尊，没有赶得上年龄高的；辅助世道治理百姓，没有赶得上道德好的。怎么可以有了一种，就拿来轻视其他两种呢？所以，大有作为的君主，一定有他不能召唤的大臣，如果他有事情需要与他谋划，就亲自到他家里去拜访。他尊重德行喜爱仁道，不这样，就不值得与他有所作为了。从前商汤对于伊尹，先向伊尹学习，然后才以他为臣，所以不费大力气就称王于天下；桓公对于管仲，也是先向他学习，然后才以他为臣，所以不费大力气就称霸于诸侯。现在天下各国土地的大小相当，君主德行的高低也相等，相互之间谁也不能高出一筹，没有别的原因，就是因为君王们只喜欢以自己教导的人为臣，却不喜欢以教导自己的人为臣。商汤对于伊尹，桓公对于管仲，就不敢召唤。管仲尚且不可以被召唤，何况连管仲都不屑于做的人呢？"

陈臻（zhēn）[1]问曰："前日于齐，王馈兼金一百[2]而不受；于宋，馈七十镒而受；于薛[3]，馈五十镒而受。前日之不受是，则今日之受非也；今日之受是，则前日之不受非也。

夫子必居一于此矣。"

孟子曰："皆是也。当在宋也，予将有远行，行者必以赆(jìn)④，辞曰：'馈赆。'予何为不受？当在薛也，予有戒心⑤，辞曰：'闻戒，故为兵馈之。'予何为不受？若于齐，则未有处⑥也。无处而馈之，是货⑦之也。焉有君子而可以货取⑧乎？"

注释

①陈臻：孟子的学生。②兼金：好金。因其价格双倍于普通金，所以称为"兼金"。先秦时代所谓的"金"，就是现在的铜。一百：即一百镒。镒为古代重量单位，一镒为二十两。③薛：春秋时有薛国，但在孟子的时代已被齐国所灭，齐威王将其地封给其庶子田婴，婴子田文（孟尝君）继承父业，称薛公。地在今山东滕县东南。④赆：给远行的人送路费或礼物。⑤戒心：戒备意外发生。根据赵岐的注释，当时有恶人要害孟子，所以孟子有所戒备。⑥未有处：没有出处，引申为没有理由。⑦货：动词，用钱收买。⑧取：收买。

译文

陈臻问道："前些日子在齐国，齐王送给您好金一百镒，您不接受；在宋国的时候，宋王送给您七十镒，您却接受了；在薛地，薛君送给您五十镒，您也接受了。如果以前的不接受是正确的，那么后来的接受便是错误的；如果后来的接受是正确的，那么以前的不接受便是错误的。老师在这两种错误中一定是占有其中一种的了。"

孟子说："都是正确的。当在宋国的时候，我将要远行，远行的人必定要用盘费，宋王说：'送上一点盘缠吧。'我怎么不接受呢？当在薛地的时候，我听说路上有危险，需要戒备。薛君说：'听说您需要戒备，所以送上一点买兵器的钱。'我怎么能不接受呢？至于在齐国，则没有任何理由啊。没有理由却送给我钱，这是用钱来收买我啊。哪有君子而能用金钱收买的呢？"

孟子谓蚔（chí）蛙①曰："子之辞灵丘而请士师②，似也，为其可以言也。今既数月矣，未可以言与？"

蚔蛙谏于王而不用，致为臣而去。齐人曰："所以为蚔蛙则善矣；所以自为，则吾不知也。"

公都子③以告。

曰："吾闻之也：有官守者，不得其职则去；有言责者，不得其言则去。我无官守，我无言责也，则吾进退，岂不绰绰然有余裕④哉？"

注释

①蚔蛙：齐国大夫。②灵丘：齐国边境邑名。士师：法官。③公都子：孟子的学生。④绰绰然有余裕：语本《诗经·小雅·角弓》："绰绰有裕。"赵岐注："绰、裕皆宽也。"

译文

孟子对蚔蛙说："你辞去灵丘的地方官而请求做法官，似乎是有道理的，因为可以向齐王进言了。现在你已经做了好几个月的法官了，还不能向齐王进言吗？"

蚔蛙向齐王进谏，却不被采用，他辞官而去。齐国人说："（孟子）为蚔蛙考虑的办法，是很好的了，（可他）替自己考虑的办法呢？我们就不知道了。"

公都子把齐国人的议论告诉了孟子。

孟子说："我听说过：有官位职守的人，如果不能履行他的职责就该辞官离去；有进言责任的人，如果他的言论不被采纳，就应该辞职不干。至于我，既无官位，又无进言的责任，那我的进退去留，难道不是宽宽绰绰地很有余地吗？"

孟子自齐葬于鲁①，反于齐，止于嬴②。

充虞③请曰："前日不知虞之不肖，使虞敦匠事④。严⑤，虞不敢请。今愿窃有请也：木若以⑥美然。"

曰："古者棺椁无度⑦，中古⑧棺七寸，椁称之。自天子达于庶人，非直为观美也，然后尽于人心。不得⑨，不可以为悦；无财，不可以为悦。得之为⑩有财，古之人皆用之，吾何为独不然？且比化者⑪无使土亲肤，于人心独无恔（xiào）⑫乎？吾闻之也：君子不以⑬天下俭其亲。"

注释

①自齐葬于鲁：孟子在齐国时，随行的母亲去世，孟子从齐国把母亲遗体送回鲁国安葬。②嬴：地名，故城在今山东莱芜西北。③充虞：孟子的学生。④敦：治，管。匠事：木匠制作棺材的事。⑤严：急，忙。⑥以：太。⑦棺椁无度：棺与椁都没有尺寸规定。古代棺材分内外两层，内层叫棺，外层的套棺叫椁。⑧中古：指周公制礼以后的时代。⑨不得：礼制规定所不允许。⑩为：这里是"与"的意思。⑪比：为了。化者：死者。⑫恔：快慰，满足。⑬以：使。

译文

孟子从齐国到鲁国安葬母亲后，又返回齐国，住在嬴邑。

充虞请教说："前些日子老师不知道我的能力差，让我管理木匠做棺椁的事。因为太急促，我不敢来请教。现在我想私下请教老师：棺木似乎太好了吧！"

孟子回答说："上古的时候，对于内棺外椁的尺寸没有规定；中古的时候，内棺厚七寸，外椁的厚薄与内棺相称。从天子到老百姓，不只是为了美观，（而是因为）这样做了才能尽到孝心。不能搞到上等木料，不能够使人称心；没有钱不能用上等木料，不能够使人满意。能找到上等木料，又有财力，古人都这么做了，为什么我独独不能这样做呢？而且替死者着想，不让泥土沾上死者的肌肤，对孝子的心情来说难道不畅快些吗？我听说过：君子决不使天下人在其父母亲身上省钱。"

燕人畔①。王曰："吾甚惭于孟子②。"

陈贾③曰："王无患焉。王自以为与周公孰仁且智？"

王曰："恶！是何言也！"

曰："周公使管叔监殷④，管叔以殷畔。知而使之，是不仁也；不知而使之，是不智也。仁、智周公且未之尽也，而况王乎？贾请见而解之。"

见孟子，问曰："周公何人也？"

曰："古圣人也。"

曰："使管叔监殷，管叔以殷畔也，有诸？"

曰："然。"

曰："周公知其将畔而使之与？"

曰："不知也。"

"然则圣人且有过与？"

曰："周公，弟也；管叔，兄也。周公之过不亦宜乎？且古之君子，过则改之；今之君子，过则顺之。古之君子，其过也如日月之食，民皆见之；及其更也，民皆仰之⑤。今之君子，岂徒顺之，又从为之辞⑥。"

注释

①畔：同"叛"。齐国攻占燕国后，有灭亡燕国的意图，引起诸侯不满。赵国与燕人合谋迎立流亡在外的燕王哙之庶子职为王，与齐国相对抗。②吾甚惭于孟子：孟子在齐国攻占燕国后曾劝说齐王行仁政，齐王没有听取孟子的意见，以致燕人背叛了齐国，所以他说"甚惭于孟子"。③陈贾：齐国大夫。④管叔：周文王之子，武王之弟，周公之兄。监殷：周武王灭纣后，封纣王的儿子武庚为诸侯，以延续殷的世系，治理殷商的遗民，并派自己的弟弟管叔、蔡叔兄弟监督武庚。武王死后，即位的成王年幼，周公主持国政，管叔、蔡叔怀疑周公篡位，便与武庚一起作乱。周公奉王命进行讨伐，杀了武庚与管叔，放逐了蔡叔，平定了叛乱。⑤"其过也如日月之食"四句：语出《论语·子张》："子贡曰：'君子之过也，如日月之食焉：过也人皆见之，更也人皆仰之。'"食：同"蚀"。⑥辞：辩解。

译文

燕国人背叛了齐国。齐王说："我对孟子感到很惭愧。"

陈贾说："大王不要忧虑。您自己认为和周公相比，哪个更仁爱而且聪明些呢？"

齐王说："嗨！这是什么话啊！"

陈贾说："周公派遣管叔去监督殷民，管叔却带领殷民叛乱。如果周公知道管叔会叛乱却派他去，这是不仁；如果周公不知道管叔会叛乱而派他去，这是不智。仁和智周公尚且没有完全做到，何况大王呢？请让我去见见孟子来解释这件事。"

陈贾去见孟子，问道："周公是怎样的人啊？"

孟子说："是古时候的圣人啊。"

陈贾说："他派管叔去监督殷民，管叔却带领殷人叛乱，有这样的事吗？"

孟子说："是的。"

陈贾说："周公知道管叔将要叛乱而派他去的吗？"

孟子说："不知道。"

陈贾说："那么圣人也有过错吗？"

孟子说："周公是弟弟，管叔是哥哥。周公的过错，不也是应该的吗？况且古时候的君子，有了过错就改掉它；现在的君子，有了过错却只管错下去。古时候的君子，他的过错好像日蚀月蚀一样，老百姓都能看得到；等他改正的时候，老百姓都仰望着他。现在的君子，哪里只是延续错误，还极力替错误辩解。"

孟子致为臣而归①。王就见孟子，曰："前日愿见而不可得；得侍同朝，甚喜；今又弃寡人而归，不识可以继此而得见乎？"

对曰："不敢请耳，固所愿也。"

他日，王谓时子②曰："我欲中国③而授孟子室，养弟子以万钟④，使诸大夫、国人皆有所矜式⑤。子盍为我言之？"

时子因陈子⑥而以告孟子，陈子以时子之言告孟子。

孟子曰："然，夫时子恶知其不可也？如使予欲富，辞十万而受万，是为欲富乎？季孙⑦曰：'异哉子叔疑⑧！使己为政，不用，则亦已矣，又使其子弟为卿。人亦孰不欲富贵？而独于富贵之中有私龙断⑨焉。'古之为市也，以其所有易其所无者，有司者治之耳。有贱丈夫⑩焉，必求龙断而登之，以左右望，而罔⑪市利。人皆以为贱，故从而征⑫之。征商自此贱丈夫始矣。"

注释

①致为臣而归：指孟子辞去齐宣王的客卿而归故乡。致：归还，如致仕、致禄等。②时子：齐宣王的臣子。③中国：在国都中，指齐国的都城临淄城。中：在这里是介词。国：即国都。④钟：古代量器。齐国量器有豆、区、釜、钟四种。每豆四升，每区四斗，每釜四区，每钟十釜。万钟为六万四千石。⑤矜式：敬重，效法。⑥陈子：即孟子的学生陈臻。⑦季孙：赵岐注为孟子的弟子，朱熹则认为"不知何时人"。⑧子叔疑：人名，孟子弟子。⑨龙断：即"垄断"。原意是名词，指高而不相连属的土墩子，后逐渐引申为把持、独占之义。⑩丈夫：对成年男子的通称。《谷梁传·文公十二年》："男子二十而冠，冠而列丈夫。"⑪罔：同"网"。这里用作动词，一网打尽。⑫征：收税。

译文

孟子辞掉齐国的客卿要回老家去。齐王亲自来见孟子，说："从前希望见到您却不能得到机会；后来能够接待您同朝共事，我很高兴。现在您又要抛弃我回去了，不知我们以后还能不能够再次相见啊？"

孟子回答说："（辞职回家）只是不敢请求罢了，这本来就是我的愿望呢。"

另一天，齐王对时子说："我想在都城中拨一所房子给孟子，再用万钟粮食供养他的学生，使各级官吏和全国人民都有崇敬和效法的榜样。您何不替我向孟子谈谈呢？"

时子通过陈臻把这话转告给孟子，陈臻就把时子的话告诉了孟子。

孟子说："嗯，那时子哪里知道这种事情不能做呢？如果我想发财，辞去十万钟俸禄的官不做却去接受一万钟的赏赐，这是想发财吗？季孙曾经说过：'子叔疑真奇怪！自己要做官，别人不重用，也就算了嘛，却又让自己的子弟去做卿大夫。人又谁不想发财呢？可他却想在这做官发财中搞垄断。'古时候做交易，拿自己有的东西交换自己没有的东西，有关的官吏管理市场罢了。有一个卑鄙的汉子，一定要找一个高地登上去，左边望望，右边望望，从而一网取得市场上的好处。大家都觉得这人卑鄙，因此向他征税。征收商业税也就从这个卑鄙的汉子开始了。"

孟子去齐，充虞①路问曰："夫子若有不豫②色然。前日虞闻诸夫子曰：'君子不怨天，不尤人。'"

曰："彼一时，此一时也。五百年必有王者兴，其间必有名世者③。由周而来，七百有余岁矣。以其数，则过矣；以其时考之，则可矣。夫天未欲平治天下也；如欲平治天下，当今之世，舍我其谁也？吾何为不豫哉？"

注释

①充虞：孟子弟子。②豫：快乐，愉快。③名世者：有名望而辅佐君王的人。

译文

孟子离开齐国，充虞在路上问道："老师好像有不快乐的脸色似的。从前我曾听老师您讲过：'君了不抱怨上天，不责怪别人。'"

孟子说："那是一个时候，现在又是一个时候。每隔五百年必定有一位圣君兴起，其中必定有名望很高的辅佐之人。从周王朝以来，到现在已经七百多年了。从年数来看，已经超过了五百年；从时势来考察，也正应该是时候了。大概老天不想使天下太平了吧；如果想使天下太平，当今这个世界上，除了我还有谁呢？我为什么不快乐呢？”

滕文公上

滕文公为世子①，将之楚，过宋而见孟子。孟子道性善，言必称尧舜。

世子自楚反，复见孟子。孟子曰："世子疑吾言乎？夫道一而已矣。成覸（gàn）②谓齐景公曰：'彼，丈夫也；我，丈夫也；吾何畏彼哉？'颜渊曰：'舜，何人也？予，何人也？有为者亦若是。'公明仪③曰：'文王，我师也；周公岂欺我哉？'今滕，绝长补短，将五十里也，犹可以为善国。《书》曰：'若药不瞑眩（miàn xuàn）④，厥疾不瘳（chōu）⑤。'"

译文

滕文公做太子的时候，要到楚国去，经过宋国，便去看望了孟子。孟子给他讲了人性善良的道理，说话总是称引唐尧虞舜。

太子从楚国回来，又来拜访孟子。孟子说："太子怀疑我的话吗？道理只有一个罢了。成覸对齐景公说：'他是一个大丈夫，我也是一个大丈夫，我为什么怕他呢？'颜渊说：'舜是什么人？我是什么人？有作为的人也会像他那样。'公明仪说：'文王是我的老师，周公难道会欺骗我吗？'现在的滕国，假如把疆土截长补短也有将近五十里，还可以治理成一个好国家。《尚书》上说：'如果药不能使人头昏眼花，那病是不会痊愈的。'"

滕定公薨①，世子谓然友②曰："昔者孟子尝与我言于宋，于心终不忘。今也不幸至于大故③，吾欲使子问于孟子，然后行事④。"

然友之⑤邹问于孟子。

孟子曰："不亦善乎！亲丧，固所自尽⑥也。曾子曰："生，事之以礼；死，葬之以礼，祭之以礼，可谓孝矣⑦。'诸侯之礼，吾未之学也；虽然，吾尝闻之矣。三年之丧⑧，齐（zī）疏之服⑨，钎（zhān）粥⑩之食，自天子达于庶人，三代共之。"

然友反命，定为三年之丧。父兄百官皆不欲，曰："吾宗国⑪鲁先君莫之行，吾先君亦莫之行也，至于子之身而反之，不可，且《志》⑫曰：'丧祭从先祖。'曰：'吾有所受之也。'"

谓然友曰："吾他日未尝学问，好驰马试剑。今也父兄百官不我足也，恐其不能尽于大事，子为我问孟子！"然友复之邹问孟子。

孟子曰："然，不可以他求者也。孔子曰：'君薨，听于冢宰⑬，歠（chuò）⑭粥，面深墨，即位而哭，百官有司莫敢不哀，先之也。'上有好者，下必有甚焉者矣。君子之德，风也；小人之德，草也。草尚之风，必偃⑮。是在世子。"

然友反命。

世子曰："然，是诚在我。"

五月居庐⑯，未有命戒。百官族人可，谓曰知。及至葬，四方来观之，颜色之戚，哭泣之哀，吊者大悦。

注释

①滕定公：滕文公的父亲。薨：死。古代称侯王死叫"薨"，唐代以后用于指二品以上官员之死。②然友：人名，滕国太子的老师。③大故：重大的事故，指大丧、凶灾之类。④行事：此指办丧事。⑤之：至，到。邹与滕相距只有四十余里，所以可以先问之后再行事。⑥自尽：尽自己最大的心力。⑦"曾子曰"几句：这几句话在《论语·为政》中是孔子对樊迟说的。⑧三年之丧：指子女为父母、臣下为君主守孝三年。⑨齐疏之服：用粗布做的缝边的丧服。齐：指衣服缝边。古代丧服叫作衰（cuī），不缝衣边的叫"斩衰"，缝衣边的叫"齐衰"。⑩饘：稠粥。粥：稀粥。这里是偏义复词，指稀粥。⑪宗国：鲁、滕诸国的始封祖都是周文王的儿子，而周公封鲁，于行辈较长，所以其余姬姓诸国都以鲁为宗国。⑫《志》：记录国家世系等的一种书。⑬冢宰：官名。在君王居丧期间代理朝政。⑭歠：饮。⑮"君子之德"几句：这几句出自《论语·颜渊》篇，是孔子的话。"尚"：同"上"。偃：倒下。⑯五月居庐：居住在丧庐中五个月。

译文

滕定公死了，太子对他的老师然友说："从前孟子曾经和我在宋国说了许多话，我在心里久久不能忘记。今天不幸遭到大丧，我想派你到孟子那里去问问，然后再办丧事。"

然友便到邹国去向孟子请教。

孟子说："不也是好事吗！父母的丧事，本来就应该尽心竭力。曾子说：'父母活着的时候，依照礼节侍奉他们；父母去世，依照礼节安葬他们，依照礼节祭奠他们，就可以叫作孝了。'诸侯的礼节，我不曾专门学过，但却也听说过。三年的丧期，穿着粗布做的孝服，喝些稀粥一类的食物。从天子直到老百姓，夏、商、周三代都是这样的。"

然友回国复命，太子决定实行三年的丧礼。宗族中长辈和朝中大小官吏都不愿意。他们说："我们的宗国鲁国的历代君主没有这样实行过，我们自己的历代祖先也没有这样实行过，到了你身上却改变过来，不可以。而且《志》上说过：'丧礼祭礼依照祖先的规矩。'还说：'我们有所继承。'"

太子对然友说：'我过去不曾勤学苦问，喜欢跑马舞剑。现在宗族的长辈和朝中大小官吏都不满意我啊，恐怕我处理不好这件大事，你再去替我问问孟子吧！"然友又到邹国问孟子。

孟子说："是的，这件事是不可以求教他人的。孔子说过：'国君死了，一切政事听命于宰相，自己每天喝点稀粥，脸色深黑，到孝子之位便哭泣，大小官吏没有谁敢不哀痛，因为太子带头哀痛啊。'在上位的人有什么喜好，下面的人一定就会喜好得更厉害。领导人的德行是风，老百姓的德行是草。草受风吹，必然随风而倒。这件事取决于太子了。"

然友回国报告了太子。

太子说："是啊，这件事确实取决于我自己。"

于是太子在丧庐中住了五个月，没有颁布命令和禁令。大小官吏和同族的人都赞同，说世子知礼。到了下葬的那一天，四面八方的人都来观看葬礼，太子面容的悲伤，哭泣的哀痛，使前来吊丧的人都非常满意。

滕文公问为国，孟子曰："民事不可缓也。《诗》云①：

'昼尔于茅②，宵尔索绹（táo）③，亟其乘屋④，其始播百谷⑤。'民之为道也，有恒产者有恒心，无恒产者无恒心。苟无恒心，放辟邪侈，无不为已。及陷乎罪，然后从而刑之，是罔民也。焉有仁人在位，罔民而可为也？是故贤君必恭俭礼下，取于民有制。阳虎⑥曰：'为富不仁矣，为仁不富矣。'

"夏后氏五十而贡⑦，殷人七十而助⑧，周人百亩而彻⑨，其实皆什一也。彻者彻也，助者藉⑩也。龙子⑪曰：'治地莫善于助，莫不善于贡。'贡者，校（jiào）⑫数岁之中以为常。乐岁粒米狼戾⑬，多取之而不为虐，则寡取之；凶年粪⑭其田而不足，则必取盈焉。为民父母，使民盻盻（xì）⑮然，将终岁勤动，不得以养其父母，又称贷⑯而益之，使老稚转乎沟壑，恶在其为民父母也？夫世禄⑰，滕固行之矣。《诗》云⑱：'雨我公田，遂及我私。'惟助为有公田。由此观之，虽周亦助也。

"设为庠、序、学、校⑲以教之。庠者养也，校者教也，序者射⑳也。夏曰校，殷曰序，周曰庠；学则三代共之，皆所以明人伦也。人伦明于上，小民亲于下。有王者起，必来取法，是为王者师㉑也。《诗》云㉒：'周虽旧邦，其命惟新。'文王之谓也。子力行之，亦以新子之国。"

使毕战问井地㉓。孟子曰："子之君将行仁政，选择而使子，子必勉之！夫仁政，必自经界㉔始。经界不正，井地不钧㉕，谷禄㉖不平，是故暴君汙吏必慢其经界㉗。经界既正，分田制禄可坐而定也。

"夫滕，壤地褊小，将为君子焉，将为野人焉。无君子莫治野人，无野人莫养君子。请野九一而助，国中什一使自赋。卿以下必有圭田㉘，圭田五十亩。余夫㉙二十五亩。死徙无出乡，乡田同井，出入相友，守望⑩相助，疾病相扶持，则百姓亲睦。方里而井，井九百亩，其中为公田，八家皆私百亩，同养公田。公事毕，然后敢治私事，所以别野人也。此其大略也，若夫润泽⑪之，则在君与子矣。"

注释

①《诗》云：引诗见《诗经·豳风·七月》。这是一首描写农事的诗篇。②于：朱熹《集注》："往取也。"茅：茅草，用来盖屋顶。古代的茅草屋，一般每年必须加盖一层茅草，以防渗漏。③宵：晚上。索绹：绞绳索。④亟其乘屋：郑笺云："亟，急；乘，治也。"亦有人释乘为"升"，即爬上屋顶，亦通。⑤百谷：泛指各种粮食作物。⑥阳虎：鲁国执政大夫季孙氏的家臣，曾挟持季桓子，操纵国政。鲁定公八年（前502），他因废除三桓势力失败而逃奔他国。⑦五十而贡：此处所提到的夏、商、周三代所行的贡、助、彻，历来聚讼纷纭，问题的关键在于这几种征收赋税的方法各自代表了一种什么样的"取民"方式。按赵俪生《中国土地制度史》的说法，贡就是贡纳的意思，它"是原始公社末期公社社员向公社集体或其代表人物——酋长所缴纳的那份'贡纳'在阶级社会的转化物"。其方式，据下文龙子的话来看，似乎是定额制。至于五十、七十、百亩的差异，体味孟子的意思，应该是反映了不同时代生产力的发展。⑧助：《诗经·小雅·甫田》孔颖达疏："助者，九夫而税一夫之田；贡者，什一而贡一夫之谷。"据赵俪生的见解，它"是劳役地租的剥削形式，意思是劳动者每人有一小块份地，作为支付对这一小块份地的报酬，劳动者必须到贵族的大田块上去进行无偿的劳动"。⑨彻：前人训此字为通、取。从下文"虽周亦助也"来看，似乎孟子认为周的"彻"法并没有明确的方法界限，现在的研究者一般认为，

"彻"是一种双轨制，即在有的地区实行缴纳实物的贡法，有的地区实行出劳力的助法，但其缴纳比例都是什一（十分取一）。⑩藉：赵岐注："借也，犹人相借力助之也。"⑪龙子：古代贤人。《尚书大传》《孔丛子·说书》篇中均提到"子龙子"，据文义推测，他可能是与孔子同时代或之前的人。有人认为，此人就是孟子此处所说的"龙子"。⑫校：比较，核定。在有的本子中，此字作"挍"，是明代因避熹宗讳而改。⑬粒米：犹言米粒。狼戾：朱熹《集注》："犹狼藉，言多也。"⑭粪：施肥。焦循《正义》谓"粪其田"是将杂草翻入土中，使之腐烂而肥田。⑮盼盼：赵岐释为"勤苦不休息之貌"，朱熹《集注》则释为"恨视也"。⑯称贷：朱熹《集注》："称，举也；贷，借也。"⑰世禄：世袭。赵岐注："古者诸侯、卿大夫，士有功德，则世禄赐族者也；官有世功者，其子虽未任居官，得世食其父禄。"⑱《诗》云：此处诗句引自《诗经·小雅·大田》，这是一首农事诗。⑲庠、序、学、校：除"学"外，一般都认为是古代乡校的名目。此处说它们是不同时代的乡校，据《礼记·学记》称"古之教者，家有塾，党有庠，术有序"，则它们也可能是不同等级的地方学校。⑳养、教、射：赵岐、朱熹均认为是教育内容。朱熹《集注》："庠以养老为义，校以教民为义，序以习射为义。"王念孙《广雅疏证》则认为它们"皆是教导之名"。㉑为王者师：意为被称王天下的人所效法。朱熹《集注》："滕国褊小，虽行仁政，未必能兴王业，然为王者师，则虽不有天下，而其泽亦足以及天下矣。"㉒《诗》云：此处诗句引自《诗经·大雅·文王》。㉓毕战：朱熹《集注》："滕臣。文公因孟子之言而使毕战主为井地之事，故又使来问其详也。"井地：即井田，传说中殷周时代的一种土地制度，因其地亩为沟洫所界限而呈"井"字形，故名。孟子此处回答毕战的一段话，历来是研究井田制的重要文献资料。㉔经界：赵岐注："经，亦界也。"以此词为同义复词。朱熹则以经为动词，《集注》："经界谓治地分田，经画其沟涂封植之界也。此法不修则田无定分，而豪强得以兼并。"㉕钧：同"均"。㉖谷禄：俸禄。古代官员的俸禄以谷物计算，故称。㉗慢其经界：焦循《正义》云："必轻慢之，不以先王所定为制。"㉘圭田：用于祭祀的田，赵岐注："古者卿以下至于士皆受圭田五十亩，所以共祭祀。"焦循《正义》引用了两种不同于赵注的说法，一说"圭"同"畦"，据《说文解字》，是指五十亩地的意思；一说《九章算术·方田》有"圭田"，乃是指等腰三角形地，此处意为井田之外的不规则地块。译文从赵说。㉙余夫：赵岐注："余夫者，一家一人受田，其余老小尚有余力者受二十五亩，半于圭田，谓之余夫也。"朱熹《集注》引程颐说云："一夫上父母、下妻子，以五口、八口为率，受田百亩，如有弟，是余夫也。年十六，别受田二十五亩，俟其壮而有室，然后更受百亩之田。"两说虽不同，但都以"余夫"为"丁男"之外的人口，译文从此。㉚守望：朱熹《集注》："防寇盗也。"㉛润泽：朱熹《集注》："谓因时制宜，使合于人情、宜于大俗而不失乎先王之意也。"

译文

滕文公询问怎样治理国家。孟子说："与百姓有关的事务不能迟缓。《诗经》上说："白天取茅草，晚上把绳绞，房屋赶快修整好，来年庄稼种得早。'百姓的一般规律，有了固定的产业，才会有固定不变的善心。如果没有固定的产业，就没有固定不变的善心。假如没有固定的善心，那么放荡、越轨、邪道、妄为的事情，就没有什么不做的了。等到他们犯了罪，然后再去惩办他们，这是陷害他们呀。哪里有仁慈的人在位执政，却去陷害百姓的呢？因此，贤明的君主必定谦恭俭朴，对待臣仆有礼，向百姓征税有定规。阳虎说：'致力于发财就不会仁爱，致力于仁爱就不会发财。'

"夏朝以五十亩为单位贡，商朝以七十亩为单位助，周朝以一百亩为单位彻，其实质都是十分取一。彻是抽取的意思，助是借助的意思。龙子说：'管理土地没有比助更好的，没有比贡更不好的。'贡是核定了几年收成的平均数作为常度。丰收之年谷物充溢，多收取些不算暴虐，却少收取；歉收之年给田上了肥料还收不上庄稼，却必定要取满定数。作为百姓的父母官，却使子民忧怨勤苦，即使终年辛劳也不足以赡养自己的父母，还要靠借贷来凑满租税，致使老人小孩辗转饿死在山沟里，他们作为老百姓的父母的作用在哪里呢？世代承袭俸禄的制度，滕国原本已经实行。《诗经》上说：'雨水浇灌我们的公田，然后泽及我的私田。'只有助法才会有公田。由此看来，即使周代也施行助法。

"设置庠、序、学、校来教育百姓。庠是教养的意思，校是教导的意思，序是训导的意思。夏代称校，商代称序，周代称庠，学是三代都有的，都是用来使人们懂得人与人之间的伦常关系。在上者懂得了人与人之间的伦常关系，普通百姓就会在下面拥护亲附。若有称王天下的人兴起，必定会来仿效取法，这样就成为称王天下者的老师了。《诗经》上说：'姬周虽旧国，国运新气象。'说的就是周文王。你努力实行它吧，也使你的国家气象一新。"

滕文公派毕战来询问井田制度。孟子说："你的国君要施行仁政，经过挑选才派你来。你一定要努力啊！施行仁政，必定要从田地的分界开始。田地的分界不规整，井田块就不均衡，作为俸禄所分的谷物就不公平，因此，暴君和贪官污吏必定不会重视他们的田地分界。田地的分界规整了，分配田地、制定俸禄就能毫不费力地确定。

"滕国的疆土虽然狭小，一样要有执政的君子，要有耕田的农民。没有执政的君子，就无法管理耕田的农民；没有耕田的农民，就无法供养执政的君子。希望滕君在郊野施行九分取一的助法，在都城中十分取一，而让国民自行交纳赋税。国卿以下的官员必定要有用于祭祀的圭田，圭田是五十亩。每户的多余人口给田二十五亩。丧葬、迁居都不出乡里，每个乡里同耕一块井田，出入劳作时相互伴随，抵御寇盗时相互帮助，有病痛意外相互照顾，这样百姓就友爱和睦了。一里见方作为一块井田，一块井田有九百亩，中央的一百亩是公田，八家各以一百亩为私田，共同料理公田。公田上的事情做完了，才可以做私田上的事情，是为了使耕田的农民有所区分。这是井田制的大概，至于调整完善，就靠国君和你了。"

有为神农之言者许行①，自楚之滕，踵②门而告文公曰："远方之人，闻君行仁政，愿受一廛而为氓③。"

文公与之处。其徒数十人，皆衣褐，捆屦（jù）④、织席以为食。

陈良之徒陈相与其弟辛⑤，负耒耜而自宋之滕，曰："闻君行圣人之政，是亦圣人也，愿为圣人氓。"

陈相见许行而大悦，尽弃其学而学焉。

陈相见孟子，道许行之言曰："滕君，则诚贤君也；虽然，未闻道也。贤者与民并耕而食，饔（yōng）飧（sūn）⑥而治。今也滕有仓廪府库，则是厉⑦民而以自养也，恶（wū）得贤？"

孟子曰："许子必种粟而后食乎？"

曰："然。"

“许子必织布而后衣乎？”

曰：“否，许子衣褐。”

“许子冠乎？”

曰：“冠。”

曰：“奚冠？”

曰：“冠素。”

曰：“自织之与？”

曰：“否，以粟易之。”

曰：“许子奚为不自织？”

曰：“害于耕。”

曰：“许子以釜甑爨（cuàn）⑧，以铁⑨耕乎？”

曰：“然。”

“自为之与？”

曰：“否，以粟易之。”

“以粟易械器者，不为厉陶冶；陶冶亦以其械器易粟者，岂为厉农夫哉？且许子何不为陶冶，舍皆取诸其宫中⑩而用之？何为纷纷然与百工交易？何许子之不惮烦？”

曰：“百工之事，固不可耕且为也。”

“然则治天下独可耕且为与？有大人⑪之事，有小人之事。且一人之身，而百工之所为备，如必自为而后用之，是率天下而路⑫也。故曰：或劳心，或劳力；劳心者治人，劳力者治于人；治于人者食人，治人者食于人。天下之通义也。

“当尧之时，天下犹未平，洪水横流，泛滥于天下，草木畅茂，禽兽繁殖，五谷不登，禽兽偪（bī）人，兽蹄鸟迹之道，交于中国。尧独忧之，举舜而敷⑬治焉。舜使益掌火，益烈山泽而焚之，禽兽逃匿。禹疏九河，瀹（yuè）济漯（tà）⑭

而注诸海，决汝汉、排淮泗而注之江，然后中国得而食也。当是时也，禹八年于外，三过其门而不入，虽欲耕，得乎？

"后稷教民稼穑⑮，树艺⑯五谷，五谷熟而民人育。人之有道也，饱食、暖衣、逸居而无教，则近于禽兽。圣人有忧之，使契（xiè）为司徒⑰，教以人伦：父子有亲，君臣有义，夫妇有别，长幼有叙，朋友有信。放勋⑱曰：'劳之来之⑲，匡之直之，辅之翼之，使自得之，又从而振德之。'圣人之忧民如此，而暇耕乎？

"尧以不得舜为己忧，舜以不得禹、皋陶（gāo yáo）⑳为己忧。夫以百亩之不易㉑为己忧者，农夫也。分人以财谓之惠，教人以善谓之忠，为天下得人者谓之仁。是故以天下与人易，为天下得人难。孔子曰：'大哉尧之为君！惟天为大，惟尧则㉒之，荡荡乎民无能名㉓焉！君哉舜也！巍巍乎，有天下而不与焉！'尧舜之治天下，岂无所用其心哉？亦不用于耕耳。

"吾闻用夏变夷者，未闻变于夷者也。陈良，楚产也，悦周公、仲尼之道，北学于中国。北方之学者，未能或之先也。彼所谓豪杰之士也。子之兄弟，事之数十年，师死而遂倍㉔之！昔者孔子没（mò），三年之外，门人治任㉕将归，入揖于子贡，相向而哭，皆失声，然后归。子贡反，筑室于场，独居三年，然后归。他日，子夏、子张、子游以有若似圣人，欲以所事孔子事之，强曾子。曾子曰：'不可。江汉以濯之，秋阳以暴（pù）之㉖，皓皓乎不可尚已㉗。'今也南蛮𬴂（jué）舌㉘之人，非先王之道，子倍子之师而学之，亦异于曾子矣。吾闻出于幽谷，迁于乔木者，未闻下乔木而入于幽谷者。《鲁颂》曰：'戎狄是膺，荆舒是惩㉙。'周公方且膺之，子是之学，亦为不善变矣。"

"从许子之道，则市贾（jià）不贰㉚，国中无伪，虽使五尺之童适市㉛，莫之或欺。布帛长短同，则贾相若；麻缕丝絮轻重同，则贾相若；五谷多寡同，则贾相若；屦大小同，则贾相若。"

曰："夫物之不齐，物之情也，或相倍蓰（xǐ）㉜，或相什百，或相千万。子比而同之，是乱天下也。巨屦小屦㉝同贾，人岂为之哉？从许子之道，相率而为伪者也，恶能治国家？"

注释

①为：学习，研究。神农之言：神农氏的学说。此指农家学派。神农是上古传说中的人物，常与伏羲氏、燧人氏一道被称为"三皇"。神农氏主要的功绩是教人从事农业生产，所以叫"神农"。春秋战国时期诸子百家多托古圣贤之名而标榜自己的学说。农家就假托为"神农之言"。许行：农家代表人物之一，生平不详。②踵：脚跟。此用作动词，至，到。③廛：住房。氓：外地来的移民。④捆屦：编草鞋。屦：草鞋。⑤陈良：楚国的儒士。陈相、陈辛：都是陈良的学生。⑥饔飧：早餐和晚餐。此用作动词，指煮饭。⑦厉：病。此处是损害、剥削的意思。⑧釜：金属制的锅。甑：用瓦做的蒸饭器皿。爨：烧火做饭。⑨铁：指用铁做的农具。⑩舍：相当于方言"啥"，即什么东西、一切东西的意思。宫中：家中。古代住宅无论贵贱都可以叫"宫"，秦汉以后才专指帝王所居为宫。⑪大人：这里指有地位的人，与下文"小人"相对。⑫路：动词，奔波、劳累。⑬敷：遍。⑭瀹：疏导，疏通。济漯：济水和漯水，在今河南、山东境内。⑮后稷：相传为周族的始祖，名弃。尧帝时为农师，善于种植各种农业作物，教民耕种。稼穑：播种和收获。泛指一般农事。⑯树艺：种

植。⑰契：人名，相传是殷族的祖先，姓子，尧帝时任司徒。司徒：掌管民事的官。⑱放勋：尧的称号。放是大，勋是功劳，原本是史官的赞誉之辞，后来成为尧的称号。⑲劳之来之：劝勉，慰劳。劳、来都读为去声。⑳皋陶：人名，相传为虞舜时的司法官。㉑易：治。㉒则：取法，效法。引文见《论语·泰伯》。㉓荡荡乎：广博的样子。无能名：无法形容。㉔倍：同"背"，背弃。㉕治任：准备行李。治：整治。任：负担。㉖秋阳：《孟子》中的时令都是用的周历。周历七八月相当于夏历五六月，所以这里所说的秋阳实际相当于夏历的夏阳。暴：同"曝"，晒。㉗皓皓：光明洁白的样子。尚：赶上，超越。㉘鴃舌：形容说话如鸟叫一般难懂。鴃：伯劳鸟。㉙戎狄是膺，荆舒是惩：引诗见《诗经·鲁颂·鴃宫》。膺：击退。惩：抵御。戎狄：古代北方的少数民族。荆、舒：古代南方的少数民族。㉚贾：通"价"。不贰：没有两样。㉛五尺之童：古代尺寸短，五尺约相当于现在三尺多一点。适：去，到。㉜倍：一倍。蓰：五倍。后文的什、百、千、万都是指倍数。㉝巨屦小屦：粗糙的草鞋与精致的草鞋。

译文

有一个研究神农氏学说的人叫许行，从楚国来到滕国，登门告诉滕文公说："远方来的人听说您施行仁政，希望得到一处住所，成为您的百姓。"

滕文公给了他一个住所。他的门徒有几十个人，都穿着粗麻衣服，靠打草鞋织席子谋生。

陈良的门徒陈相和他弟弟陈辛，背着农具从宋国来到滕国，对文公说："听说您施行圣人的政治，这也是圣人了，我愿意做圣人的百姓。"

陈相见到许行后非常高兴，全部抛弃了自己以前所学的理论而改学许行的学说。

陈相去拜访孟子，转述许行的话说："滕国国君呢，的确是个贤明的君主了；可即便这样，他还是不懂圣人的大道。贤德的君主应该和老百姓一道耕种才吃饭，早晚亲自做饭并管理国事。现在滕国有粮仓财库，这是损害老百姓来奉养自己了，怎么能够叫作贤君呢？"

孟子说："许先生一定要自己种粮食才吃饭吗？"

陈相回答说："是的。"

"许先生一定要自己织布然后才穿衣服吗？"

回答说："不，许先生只穿粗麻衣服。"

"许先生戴帽子吗？"

回答说："戴啊。"

孟子问："戴什么帽子？"

回答说："戴白色生绢帽子。"

孟子问："是他自己织的吗？"

回答说："不是，用粮食换来的。"

孟子问："许先生为什么不自己织呢？"

回答说："那耽误农活。"

孟子问："许先生用锅和甑子做饭，用铁犁耕地吗？"

回答说："是的。"

"是他自己做的吗？"

回答说："不是，是用粮食换来的。"

孟子说："农民用粮食换取锅、甑和农具，不是损害了瓦匠铁匠；瓦匠和铁匠用锅、甑和农具换取粮食，难道就是损害了农民吗？而且许先生为什么不自己烧窑冶铁做成锅、甑和各种农具，什么东西都放在家里随时取用呢？为什么要一件一件地去和各种工匠交换呢？为什么许先生这样不怕麻烦呢？"

陈相回答说："各种工匠的事情，本来就不是可以一边耕地一边同时干得了的啊。"

"那么治理国家偏偏就可以一边耕地一边兼做吗？（社会的分工）有官吏的事情，有农工的事情。况且每一个人所需要的生活资料，都要靠各种工匠的产品才能齐备，如果都一定要自己亲手做成才能使用，那就是率领天下的人疲于奔命了。所以说：有的人从事脑力劳动，有的人从事体力劳动；脑力劳动者统治人，体力劳动者被人统治；被统治者供养别人，统治者靠别人供养。这是天下通行的道理啊。

"在尧的时候，天下还没有太平，洪水四处奔流，在天下泛滥成灾，草木长得又长又茂盛，禽兽大量繁殖，五谷不能成熟，飞禽走兽危害人类，留下兽蹄鸟迹的道路，交织在中原地区的土地上。尧为此而独自担忧，选拔舜来全面治理。舜派益充任火官，益在山野沼泽放火来烧掉它，飞禽走兽于是四散而逃。大禹疏通九条河道，治理济水、漯水，把它们引入大海；挖掘汝水、汉水的河床，疏通淮水、泗水，把它们引入长江。这样中原地区才可以吃上粮食。在这个时候，禹八年在外，三次经过自己的家门都不进去，即便他想亲自耕地，可能吗？

"后稷教导百姓耕种收获，栽培五谷，五谷成熟了才能够养育百姓。人的一般规律，吃饱了，穿暖了，住得安逸了，如果没有教养，那就和禽兽差不多。圣人又为此而担忧，派契做司徒，用人伦大道来教育大家：父子之间有相亲的感情，君臣之间有相敬的礼义，夫妻之间有内外的分别，老少之间有尊卑的次序，朋友之间有诚信的道德。尧说：'慰劳他们，安抚他们，扶助他们，纠正他们，辅佐他们，保护他们，使他们自己领悟做的人道理，再进一步提高他们的品德。'圣人为老百姓忧虑得这样，还有空闲时间耕种吗？

"尧把得不到舜作为自己的忧虑，舜把得不到禹和皋陶作为自己的忧虑。那些把耕种不好田地作为自己忧虑的人，是农民。把钱财分给别人叫作惠，把好的道理教给别人叫作忠，为天下找到人才叫作仁。所以把天下让给人容易，为天下找到人才困难。孔子说：'尧做天子真伟大啊！只有天最高大，只有尧能够效法天。他的圣德广大无边啊，老百姓找不到恰当的词语来赞美他！舜真是了不得的君主啊！他的圣德高大无比啊，虽然有了天下却并不享受它！'尧和舜治理天下，难道不用他们的心思吗？只是不用在耕种上罢了。

　　"我听说过用中原各国的文化来改变边远落后民族的，没有听说过反被边远落后民族改变的。陈良，是楚国生长的人，喜爱周公、孔子的学说，跑到北方来向中原各国学习。北方的学者，还没有谁能够超过他啊，他可以称得上是豪杰之士了。你们兄弟跟随他学习几十年，老师一死，你们就背叛了他！以前孔子死了，（门徒们都为他守孝三年，）三年以后，学生们收拾行李准备回家，（临走的时候）都去向子贡行礼告辞，相对而哭，大家都泣不成声，然后才回家。子贡回到孔子的墓地，在墓前场地修一间屋子，独自守墓三年，然后才回去。另一天，子夏、子张、子游认为有若像孔子，想用侍奉孔子的礼节来侍奉他，强迫曾子同意。曾子说：'不可以。就像用长江汉水的水清洗过，在夏天的太阳下曝晒过，孔子的德行洁白无瑕啊，没有谁能超过他的。'现在南方来的这个说话像鸟叫的人，违背古代圣王的法则，你们却背弃自己的老师而学习他的学说，这和曾子的态度相反呢。我听说过（鸟儿）从幽深的山沟飞出来迁往高大的树木的，没听说过从高大的树木飞下去迁往幽深的山沟的。《鲁颂》里说：'攻打北方的戎狄，惩罚南方的荆舒。'周公尚且要攻打楚国人，你们却去学习他的学说，这是不善于变通了呢。"

（陈相说：）"如果听从许先生的学说，那么市场的价格就不会两样，一国里面没有弄虚作假的，就是打发一个五尺高的小孩子去市场，也没有谁欺骗他。布匹丝绸的长短一样，价格也就一样；麻线丝绵的轻重一样，价格也就一样；五谷的多少一样，价格也就一样；鞋子的大小一样，价格也就一样。"

孟子说："货物的品种质量不同，是货物的实际情况，有的相差一倍五倍，有的相差十倍百倍，有的相差千倍万倍。您要把它们混在一起等同起来，这是扰乱天下啊。粗糙的鞋子和精致的鞋子价格一样，做鞋子的人难道还会做精细的鞋子吗？听从许先生的学说，是率领大家去弄虚作假，怎么能够治理好国家呢？"

滕文公下

陈代①曰："不见诸侯，宜若小然。今一见之，大则以王，小则以霸。且《志》曰：'枉尺而直寻②'，宜若可为也。"

孟子曰："昔齐景公田③，招虞人以旌④，不至。将杀之。'志士不忘在沟壑⑤，勇士不忘丧其元⑥'。孔子奚取焉？取非其招不往也。如不待其招而往，何哉？且夫'枉尺而直寻'者，以利言也。如以利，则枉寻直尺而利，亦可为与？昔者赵简子使王良与嬖（bì）奚⑦乘，终日而不获一禽。嬖奚反命⑧曰：'天下之贱工也。'或以告王良。良曰：'请复之。'强而后可，一朝而获十禽。嬖奚反命曰：'天下之良工也。'简子曰：'我使掌与女乘。'谓王良。良不可，曰：'吾为之范我驰驱⑨，终日不获一；为之诡遇⑩，一朝而获十。《诗》云："不失其驰，舍矢如破⑪。"我不贯⑫与小人乘，请辞。'御者且羞与射者比⑬，比而得禽兽，虽若丘陵，弗为也。如枉道而从彼，何也？且子过矣：枉己者，未有能直人者也。"

注释

①陈代：孟子的学生。②枉：屈。寻：古代长度单位，八尺为一寻。③田：也写作"畋"，打猎。④虞人：守猎场的小官。旌：用牦牛尾和彩色鸟羽作竿饰的旗。按：古代君王对臣属有所召唤，一定要有相应的标志。旌旗是召唤大夫的，弓是召唤士的。若是召唤虞人，只能用皮冠。所以这个虞人不理睬齐景公用旌旗

的召唤。《左传·昭公二十年》曾经记载过这一件事，孔子并对这个虞人有所称赞，所以下文孟子说到"孔子奚取焉"。⑤志士不忘在沟壑：朱熹《集注》："志士固穷，常念死无棺椁，弃沟壑而不恨。"忘：《说文》："忘，逃也。"下句"勇士不忘丧其元"句法类此。⑥元：头，脑袋。⑦赵简子：名鞅，春秋末年晋国大夫。曾击败范氏、中行氏，扩大了自己的势力范围，为后来分晋建立赵国打下了基础。王良：春秋末年著名的车夫。嬖奚：名奚，赵简子的宠臣。嬖：宠爱，宠幸。⑧反命：复命。反：同"返"。⑨范我驰驱：使我的驱驰规范。范：这里作动词，使规范。⑩诡遇：不按规范驾车。⑪不失其驰，舍矢如破：这是《诗经·小雅·车攻》中的诗句。意为按规范驾车，箭放出去就能射中目标。⑫贯：同"惯"。习惯。⑬比：合作。

译文

陈代说："不去谒见诸侯，似乎气量太小的样子。如今一去谒见诸侯，大呢，就可以称王；小，就可以称霸。况且《志》书上说：'弯屈一尺就可以伸直八尺。'似乎可以这样做一做啊。"

孟子说："从前齐景公打猎，用旌旗召唤猎场的管理员，那人不来。齐景公想杀了他。'有志气的人不避弃尸山沟，有勇气的人不避丢掉脑袋。'孔子取他哪一点呢？就是取他因召唤不当就不去的精神啊。如果不等诸侯的召唤就自己上门去，那算什么呢？况且，所谓'弯屈一尺就可以伸直八尺'的话，是从利益的角度来说的。如果从利益的角度来考虑，那么弯曲八尺只伸直一尺而有利的事，也可以干吗？从前赵简子派王良给他宠爱的小臣奚驾车去打猎，整整一天没有打着一只鸟。宠臣奚回去后向赵简子报告说：'王良是天下最蹩脚的车夫啊！'有人把这话告诉了王良。王良便对奚说：'请让我再替你驾一次车。'奚勉强同意了，一个早晨就打了十只鸟。奚回去后又向赵简子报告说：'王良是天下最高明的车夫啊。'赵简子说：'我叫他专门给你驾车。'便对王良说。王良不肯干，说：'我按规范为他驾车，他一整天都打不到一只鸟；我违反常规为他驾车，他一个早晨就打了十只鸟。《诗经》上说："按照规范驾车去，箭一放出就中的。"我不习惯为他这样的小人驾车，请让我辞去这个差事。'驾车的人尚且羞于与不好的射手合作，即便合作可以打到堆积如山的猎物，也不干。如果枉屈正道去追随诸侯，那算什么呢？而且你错啦，自己不行正道的人，没有能使别人正直的啊。"

景春①曰："公孙衍、张仪②岂不诚大丈夫哉？一怒而诸侯惧，安居而天下熄③。"

孟子曰："是焉得为大丈夫乎？子未学礼乎？丈夫之冠也，父命之④；女子之嫁也，母命之，往送之门，戒之曰：'往之女家⑤，必敬必戒，无违夫子！'以顺为正者，妾妇之道也。居天下之广居⑥，立天下之正位，行天下之大道。得志，与民由之；不得志，独行其道。富贵不能淫⑦，贫贱不能移⑧，威武不能屈⑨，此之谓大丈夫。"

注释

①景春：人名，纵横家的信徒。②公孙衍：魏国人，也叫犀首，战国中期著名的说客。张仪：魏国人，与苏秦同为纵横家的代表，致力于游说六国"连横"以服从秦国，与苏秦"合纵"之谋相对。③熄：战火熄灭，天下太平。④丈夫之冠也，父命之：古代男子到二十岁时，要举行加冠礼，以示成年，由父亲教导他。⑤之：到。女：同"汝"。你。女家：夫家。⑥广居：朱熹《集注》："广居，仁也。"下二句之"正位""大道"，朱熹也分别解

释为"礼也""义也"。其实对孟子这几句话不必这样拘泥地理解。⑦淫：赵岐注："乱其心也。"⑧移：朱熹《集注》："变其节也。"⑨屈：赵岐注："挫其志也。"

译文

景春说："公孙衍和张仪难道不是真正的大丈夫吗？他们一旦发怒，诸侯们都害怕；安静地待在家里，天下就会平安无事。"

孟子说："这样的人怎么能够叫大丈夫呢？你没有学过礼吗？男子举行加冠礼的时候，父亲训导他；女子出嫁的时候，母亲训导她，送她到门口，告诫她说：'到你丈夫家里，一定要恭敬，一定要谨慎，不要违背丈夫！'把顺从当做标准的，是妾妇的原则。住在天下最宽广的住宅里，站在天下最正确的位置上，走着天下最光明的大道。得志的时候，与老百姓一道前行；不得志的时候，独自坚持自己的原则。富贵不能使我的心意放荡，贫贱不能使我的节操改变，威武不能使我的志气屈服。这才叫作大丈夫。"

周霄①问曰："古之君子仕乎？"

孟子曰："仕。传曰：'孔子三月无君，则皇皇如②也，出疆必载质③。'公明仪曰：'古之人三月无君，则吊④。'"

"三月无君则吊，不以⑤急乎？"

曰："士之失位也，犹诸侯之失国家也。《礼》曰：'诸侯耕助以供粢盛（zī chéng）⑥，夫人蚕缫（sāo）⑦以为衣服。牺牲不成⑧，粢盛不洁，衣服不备，不敢以祭。惟士无田⑨，则亦不祭。'牺杀、器皿、衣服不备，不敢以祭，则不敢以宴，亦不足吊乎？"

"出疆必载质，何也？"

曰："士之仕也，犹农夫之耕也，农夫岂为出疆舍其耒耜哉？"

曰："晋国亦仕国也，未尝闻仕如此其急。仕如此其急也，君子之难仕，何也？"

曰："丈夫生而愿为之有室，女子生而愿为之有家。父母之心，人皆有之。不待父母之命、媒妁（shuò）之言，钻穴隙相窥，逾墙相从，则父母国人皆贱之。古之人未尝不欲仕也，又恶不由其道。不由其道而往者，与钻穴隙之类也⑩。"

注释

①周霄：战国中期魏国人。《战国策·魏策二》中曾提到他。②皇皇如：心神不安的样子。③质：同"贽"，见面礼。④吊：哀伤。⑤以：程度副词。甚，太。⑥粢盛：祭祀时所用的米粮。朱熹《集注》："黍稷曰粢，在器曰盛。"⑦蚕：养蚕。缫：剥茧抽丝。⑧牺牲：祭祀时所用的猪羊。成：这里是肥壮的意思。⑨田：即圭田，古代卿大夫的祭田。⑩与钻穴隙之类也：此句不合句法，孔广森认为"与"同"欤"，应属上句（见其《经学卮言》）。王引之则认为"与"是语助词，"无意义也"（见其《经传释词》）。焦循认为"之"字是衍文（多余的字），应作"与钻穴隙类也"。今按：与，通"举"，皆也。例见杨树达《词铨》卷四。

译文

周霄问道："古代的君子做官吗？"

孟子说："做官。古书上说：'孔子三个月不事奉国君，心中就会惶惶不安，离开国境一定要带上礼物（准备去谒见别国国君）。'公明仪说：'古代的人三个月不事奉国君，就会感到悲伤。'"

"三个月不事奉国君就感到悲伤，不是太性急了吗?"

孟子说:"士人失去了职位，就好像失去了国家。《礼经》上说:'诸侯亲自耕种公田以供给祭祀用的粮食，夫人亲自养蚕缫丝来做祭祀穿的衣服。祭祀的猪羊不肥壮，谷物不洁净，祭服不完备，不敢来祭祀。士人没有祭祀用的圭田，那么也不能祭祀。'牲畜、祭器、祭服不完备，不敢来祭祀，就不敢来宴客了，那不也值得悲伤吗?"

"离开国境一定要带着见面礼，又是什么缘故呢?"

孟子说:"士人做官，好像农民耕田，农民难道因为离开国境就抛弃他的农具吗?"

周霄说:"晋国也是个可以做官的国家，我却未曾听说过想做官像这样急切的。想做官这样急切，君子却不肯轻易做官，这是为什么?"

孟子说:"男子一生下来，父母就希望给他找到妻室;女孩子一生下来，父母就希望给她找到婆家。父母的这种心情，人人都有。如果不等待父母的决定，媒人的介绍，就自己凿墙洞从缝隙里互相偷看，或者翻过墙去相会，那么他的父母和全国的人都会瞧不起他们。古代的人未尝不想做官，但又厌恶不经过正当的途径。不经过正当的途径去做官的，都是凿墙洞从缝隙里偷看那一类啊。"

彭更①问曰:"后车数十乘，从者数百人，以传(zhuàn)食②于诸侯，不以泰③乎?"

孟子曰:"非其道，则一箪食不可受于人;如其道，则舜受尧之天下，不以为泰。——子以为泰乎?"

曰:"否。士无事而食，不可也。"

曰:"子不通功易事④，以羡⑤补不足，则农有余粟，女有余布。子如通之，则梓匠轮舆⑥皆得食于子。于此有人焉，入则孝，出则悌，守先王之道，以待⑦后之学者，而不得食于子。子何尊梓匠轮舆而轻为仁义者哉？"

曰："梓匠轮舆，其志将以求食也。君子之为道也，其志亦将以求食与？"

曰："子何以其志为哉？其有功于子，可食而食之矣。且子食志乎？食功乎？"

曰："食志。"

曰："有人于此，毁瓦画墁（màn）⑧，其志将以求食也，则子食之乎？"

曰："否。"

曰："然则子非食志也，食功也。"

彭更说："不是这个意思。士人不劳动而白吃别人的饭，不可以啊。"

孟子说："你如果不互通有无交换物品，用多余的补充不足的，那么农民就有多余的粮食，妇女有多余的布匹。你如果互通有无，那么木匠车工都可以从你那里得到吃的。比如这里有一个人，在家孝顺父母，出门尊敬长辈，谨守古代圣王的法则，来扶持后代的学者，却不能从你这里得到吃的。你怎么可以尊重木匠车工却轻视奉行仁道的人呢？"

彭更说："木匠车工，他们的动机就是靠做工来谋求食物啊。君子研究学问，他们的动机也是靠它来谋求食物吗？"

孟子说："你为什么认为他们的动机是为了谋求食物呢？他们对你有功，可以给他们吃的就给他们吃的好了。况且你是根据他的动机给他们吃的呢？还是根据他们的功绩给他们吃的呢？"

彭更说："根据动机。"

孟子说："假定有一个人在这里，毁坏屋瓦，涂污墙壁，他的动机是靠它来弄到吃的，你给他吃的吗？"

彭更说："不给。"

孟子说："既然这样，你不是根据动机给他吃的，而是根据功绩给他吃的了。"

孟子谓戴不胜①曰："子欲子之王之善②与？我明告子。有楚大夫于此，欲其子之齐语也，则使齐人傅诸？使楚人傅诸？"

曰："使齐人傅之。"

曰："一齐人傅之，众楚人咻（xiū）③之，虽日挞而求其齐也，不可得矣；引而置之庄岳④之间数年，虽日挞而求其楚，亦不可得矣。子谓薛居州⑤，善士也，使之居于王所。在

328

于王所者，长幼卑尊皆薛居州也，王谁与为不善？在王所者，长幼卑尊皆非薛居州也，王谁与为善？一薛居州，独⑥如宋王何？"

注释

①戴不胜：宋国大夫。②之善：向善，学好。之：动词。向，往。③咻：喧哗干扰。④庄岳：齐国的街里名。⑤薛居州：宋国的善士。⑥独：将。

译文

孟子对戴不胜说："你想要你的君王向善吗？我明白告诉你吧。有一位楚国的大夫在这里，想要他的儿子学会说齐国话，是找齐国的人来教他呢？还是找楚国的人来教他呢？"

戴不胜说："找齐国人来教他。"

孟子说："一个齐国人教他，许多楚国人来干扰他，即使你每天鞭打他要求他说齐国话，不可能了。如果带领他到齐国的街巷中住上几年，即使你每天鞭打他要求他说楚国话，也不可能了。你说薛居州是个好人，让他住在王宫中。如果在王宫中的人无论年龄大小地位高低都是像薛居州那样的好人，那君王和谁去做坏事呢？如果在王宫中的人无论年龄大小地位高低都不是像薛居州那样的好人，那君王又和谁去做好事呢？一个薛居州，将把宋王怎么样呢？"

公孙丑问曰："不见诸侯何义？"

孟子曰："古者不为臣不见。段干木逾垣（yuán）①而辟之，泄柳闭门而不内②，是皆已③甚，迫，斯可以见矣。阳货欲见（xiàn）孔子而恶④（wù）无礼，大夫有赐于士，不得受于其家，则往拜其门。阳货瞰（kàn）孔子之亡⑤也，而馈孔子蒸豚（tún）；孔子亦瞰其亡也而往拜之。当是时，阳货先，岂得不见？曾子曰：'胁肩谄笑⑥，病于夏畦⑦。'子路曰：'未同而言，观其色赧赧（nǎn）然⑧，非由之所知也。'由是观之，则君子之所养，可知已矣。"

注释

①段干木：姓段干，名木，战国初晋国高士，曾拜子夏为师，清高而不屑为官。魏文侯去拜访他，他却翻墙逃走不见。垣：墙。辟：同"避"。②泄柳：战国中期鲁穆公时人。内：同"纳"。③已：太。④阳货欲见孔子：事见《论语·阳货》。见：使动用法，是阳货想让孔子来拜见他的意思。恶：担心。⑤瞰：窥视。亡：外出。⑥胁肩谄笑：形容逢迎谄媚的丑态。胁肩：耸起肩头，故作恭敬的样子。谄笑：强装笑容。⑦病：劳累。夏畦：夏天在菜地里劳动。畦：田间划分的小区。这里用作动词，指灌园、浇水。⑧赧赧然：因羞愧而面红耳赤的样子。

译文

公孙丑问道："不主动去拜见诸侯是什么道理？"

孟子说："古时候的人不是臣属就不去拜见。段干木跳墙躲避魏文侯，泄柳闭门不接待鲁穆公，这些都做得太过分了。如果求见迫切，就可以见他了。从前阳货想要孔子去拜见他，又害怕没有礼貌，（当时有这样一种礼节，）大夫如果有礼物赏赐给士人，士人不能在自己家里接受，就得上大夫家去拜谢。于是阳货探听到孔子外出的时候，给孔子送去一只蒸乳猪。孔子也打听到阳货外出的时候前去拜谢。在那个时候，要是阳货先去见孔子，孔子难道不去拜见他吗？曾子说：'耸起肩头假装笑脸，这比夏天在菜地里干活还要累。'子路说:'意见不相同却勉强和他交谈,看他的神色显得羞惭脸红的样子,这不是我所能够理解的。'由此看来,君子修养品德的方法,就可以知道了。"

戴盈之①曰:"什一②,去关市③之征,今兹④未能,请轻之,以待来年,然后已,何如?"

孟子曰:"今有人日攘⑤其邻之鸡者,或告之曰:'是非君子之道。'曰:'请损⑥之,月攘一鸡,以待来年,然后已。'——如知其非义,斯速已矣,何待来年?"

注释

①戴盈之:宋国大夫。②什一:十分取一的税率。什:同"十"。③去:免除,废除。关市:关卡、市场。④今兹:今年。⑤攘:盗窃。⑥损:减少。

译文

戴盈之说:"税率十分抽一,免除关卡和市场的征税,今年内还办不到,请让我们先减轻一些税额,等到明年再彻底废止(现在的税率),怎么样?"

孟子说:"现在有一个每天偷他邻居家一只鸡的人,有人告诉他说:'这种行为不符合君子做人的原则!'他便说:'请让我先减少一些,每月偷一只,等到明年再停止(偷鸡)。'— 如果知道这种行为不合乎道义,就应该赶快停止,为什么要等到明年呢?"

公都子①曰:"外人皆称夫子好辩,敢问何也?"

孟子曰:"予岂好辩哉?予不得已也!天下之生久矣,一治一乱。当尧之时，水逆行，泛滥于中国，蛇龙居之，民无所定，下者为巢，上者为营窟②。《书》曰③：'洚（jiàng）水警余。'洚水者，洪水也。使禹治之。禹掘地而注之海，驱蛇龙而放之菹（jù）④。水由地中⑤行，江、淮、河、汉是也。险阻既远，鸟兽之害人者消，然后人得平土而居之。

"尧舜既没（mò），圣人之道衰，暴君代作⑥，坏宫室以为汙池⑦，民无所安息；弃田以为园囿，使民不得衣食。邪说暴行又作，园囿、汙池、沛泽⑧多而禽兽至。及纣之身，天下又大乱。周公相武王诛纣、伐奄⑨，三年讨其君，驱飞廉⑩于海隅而戮之，灭国者五十，驱虎、豹、犀、象而远之，天下大悦。《书》曰⑪：'丕显⑫哉，文王谟⑬！丕承者，武王烈！佑启⑭我后人，咸以正无缺。'

"世衰道微，邪说暴行有⑮作，臣弑其君者有之，子弑其父者有之。孔子惧，作《春秋》。《春秋》，天子之事也。是故孔子曰：'知我者其惟《春秋》乎！罪我者其惟《春秋》乎！'

"圣王不作，诸侯放恣⑯，处士⑰横议，杨朱、墨翟之言盈⑱天下。天下之言不归杨，则归墨。杨氏为我，是无君也；墨氏兼爱⑲，是无父也。无父无君，是禽兽也。公明仪曰：'庖有肥肉，厩有肥马；民有饥色，野有饿莩，此率兽而食人也。'杨、墨之道不息，孔子之道不著，是⑳邪说诬民，充塞㉑仁义也。仁义充塞，则率兽食人，人将相食。吾为此惧，闲㉒先圣之道，距㉓杨墨，放㉔淫辞，邪说者不得作。作于其心，害于其事；作于其事，害于其政。圣人复起，不易吾言矣。

"昔者禹抑洪水而天下平，周公兼夷狄、驱猛兽而百姓宁，孔子成《春秋》而乱臣贼子惧。《诗》云㉕：'戎狄是膺，荆舒是惩，则莫我敢承㉖．'无父无君，是周公所膺也。我亦欲正人心，息邪说，距诐（bì）行㉗，放淫辞，以承三圣㉘者。岂好辩哉？予不得已也！能言距杨墨者，圣人之徒也。"

注释

①公都子：孟子弟子。②营窟：相连的窟穴。③《书》曰：赵岐注："《尚书》逸篇也。"伪古文《尚书》将其采入《大禹谟》，此篇相传是禹和他的大臣讨论政务的记录。④菹：多水草的沼泽地。⑤地中：朱熹《集注》："两涯之间也。"⑥代作：代有所出，言频繁。作：兴起。⑦宫室：此指民居。汙池：深池。⑧沛泽：花草茂盛的沼泽地。⑨相：辅佐。奄：商朝的盟国，故地在今山东曲阜东。周成王初年，随同武庚和东方的夷族起兵反周，被周公诛灭。⑩飞廉：也写作"蜚廉"，商纣王的佞臣。⑪《书》曰：引文为《尚书》逸篇文。伪古文《尚书》将其采入《君牙》篇，相传是周穆王任命君牙的册书。⑫丕：大。显：明。⑬谟：谋略。⑭佑：帮助。启：开导。⑮有：同"又"。⑯放恣：放纵，肆无忌惮。⑰处士：不在朝廷做官而居家的士人。⑱杨朱：战国初年著名思想家，魏国人。相传他反对儒、墨，主张贵生、重己。墨翟：春秋末年著名思想家，墨家学派的创始人，有《墨子》一书传世。盈：充斥。⑲兼爱：墨家的基本观点之一，认为应该不加区别地爱一切人。朱熹《集注》："墨子爱无差等，而视其至亲无异众人，故无父。"⑳是：于是。㉑充塞：堵塞，妨碍。㉒闲：捍卫。㉓距：同"拒"。㉔放：这里是驳斥的意思。㉕《诗》云：引诗见《诗经·鲁颂·閟宫》。㉖莫我敢承：朱熹训"承"为"当"，即抵御的意思。㉗诐行：偏邪不正当的行为。㉘三圣：即上文所提到的大禹、周公、孔子。

公都子说："外面的人都说老师喜欢辩论，请问是为什么呢？"

孟子说："我难道喜欢辩论吗？我是不得已啊！人类社会的产生很久了，时而太平，时而动乱。在尧的时候，洪水横流，在中原大地泛滥，龙蛇盘踞其间，百姓无处安身，低处的人在树上筑巢，高处的人挖成相连的洞穴。《尚书》上说：'洚水警告我们。'洚水，就是洪水。于是派大禹去治理。大禹掘地引水注入大海，把龙蛇驱赶到泽地，水沿着地上的沟河流淌，这就是长江、淮水、黄河、汉水。洪水的危险既已远去，鸟兽不再危害人们，然后人们才得以在平原上居住。

"尧、舜去世以后，圣人的大道逐渐衰微，暴虐的国君相继出现，（他们）毁坏民居来做深池，使民众无处安息；废弃农田来做园苑，使民众得不到衣食。荒谬学说、暴虐行径又兴起了，园林、深池、草泽增多，又招来了飞禽走兽。到了商纣王时，天下又大乱了。周公辅佐武王诛杀纣王、讨伐奄国，征战三年杀了那些国君，把飞廉驱逐到海边将其处死，灭掉的国家有五十个，将虎、豹、犀、象驱赶得远远的，天下的百姓都非常喜悦。《尚书》上说：'多么英明伟大啊，文王的谋略！大大地继承发扬啊，武王的功业！帮助、启发我们后辈人，都依照正道而行没有缺失。'

"（东周以后）世运衰落正道荒废，荒谬学说暴虐行径又兴起了，臣子杀死君主的事出现了，儿子杀死父亲的事出现了，孔子为此而忧惧，作了《春秋》。《春秋》所记述的，是天子的事情，所以孔子说：'了解我的，恐怕只有《春秋》吧！责怪我的，恐怕也只有《春秋》吧！'

"圣王没有出现，诸侯肆无忌惮，在野人士乱发议论，杨朱、墨翟的言论充斥天下，世上的言论不属于杨朱一派便属于墨翟一派。杨家主张为我，这是无视君王；墨家主张兼爱，这是无视父母。无视父母无视君王的人，这是禽兽了。公明仪说：'厨房里有肥肉，马厩里有肥马，而百姓却脸带饥色，野外有饿死的尸体，这是率领野兽去吃人啊。'杨朱、墨翟的学说不消灭，孔子的学说不彰显，于是荒谬的学说欺骗了民众，阻塞了仁义的道路。仁义之路被阻塞，就等于率领野兽去吃人，人与人也将互相吞食。我为此感到忧惧，要捍卫先圣的思想学说，抵制杨墨的邪说，驱除惑乱人心的言论，让主张邪说的人不能兴起。如果这种邪说在人们的心中滋生，就会危害他们的事业；在他们所做的事业上表现出来，就会危害国家的政务。即使圣人再度兴起，也不会改变我的这些话。

"过去大禹制服了洪水而使天下太平，周公兼并夷狄、驱赶猛兽而使百姓安定，孔子写成《春秋》而使弑君弑父的乱臣贼子害怕。《诗经》上说：'攻打北方的戎狄，惩罚南方的荆舒，就没有谁敢阻挡我们。'无视父母无视国君的人，这是周公所要攻击的。我也想端正人心，消灭邪说，抵制偏颇的行为，驱除惑乱人心的言论，来继承三位圣人（的事业）。我难道是喜欢辩论吗？我是不得已啊！能够倡言抵制杨墨学说的人，是圣人的门徒啊。"

匡章①曰："陈仲子②岂不诚廉士哉？居於（wū）陵③，三日不食，耳无闻，目无见也。井上有李，螬④食实者过半矣，匍匐往，将⑤食之，三咽，然后耳有闻，目有见。"

孟子曰："于齐国之士，吾必以仲子为巨擘（bò）⑥焉。虽然，仲子恶能廉？充仲子之操⑦，则蚓而后可者也。夫蚓，上食槁壤，下饮黄泉⑧。仲子所居之室，伯夷⑨之所筑与？抑亦盗跖（zhí）⑩之所筑与？所食之粟，伯夷之所树与？抑亦盗跖之所树与？是未可知也。"

曰："是何伤哉？彼身织屦（jù），妻辟纑（lú）⑪，以易之也。"

曰："仲子，齐之世家也，兄戴，盖（gě）禄万钟⑫。以兄之禄为不义之禄而不食也，以兄之室为不义之室而不居也，辟⑬兄离母，处于於陵。他日归，则有馈其兄生鹅者，己频顣（cù）⑭曰：'恶用是鶂鶂（yì）⑮者为哉？'他日，其母杀是鹅也，与之食之。其兄自外至，曰：'是鶂鶂之肉也！'出而哇⑯之。以母则不食，以妻则食之；以兄之室则弗居，以於陵则居之。是尚为能充其类⑰也乎？若仲子者，蚓而后充其操者也。"

注释

①匡章：齐国名将，据本书《离娄下》，他是孟子的友人。其言行见于《战国策》《吕氏春秋》等书。②陈仲子：齐国人，又称田仲、陈仲、於陵仲子等。③於陵：齐国地名，在今山东长山县南，距临淄约二百里。④螬：即蛴螬，俗称地蚕、大蚕，是金龟子的幼虫。⑤将：拿，取。⑥巨擘：大拇指，引申为在某一方面杰出的人或事物。⑦充：朱熹《集注》："推而满之也。"即完全做到之意。操：操守。⑧黄泉：混浊的地下水。⑨伯夷：商朝末年孤竹君的长子。父亲死后，与其弟叔齐互相辞让君位，后都逃到首阳山隐居，最终饿死在首阳山。是古代高义之士的典范。⑩盗跖：传说是春秋时有名的大盗，柳下惠的兄弟。⑪辟纑：绩麻练麻。⑫盖：齐国地名，是陈戴的封邑。其地约在今山东沂水县西北。钟：古代量器名，一钟为六斛四斗。⑬辟：同"避"。⑭频顣：即颦蹙，形容不愉快锁眉皱额的样子。⑮鶂鶂：鹅叫声。⑯哇：吐。⑰其类：指陈仲所主张的"廉"。

匡章说："陈仲子难道不是一个真正廉洁的人吗？住在於陵这个地方，三天没有吃东西，耳朵没有了听觉，眼睛没有了视觉。井上有个李子，金龟子的幼虫已经吃掉一大半了，他爬过去，拿过来吃，吞了三口，然后耳朵才恢复了听觉，眼睛才恢复了视觉。"

孟子说："在齐国的士人中，我一定把仲子看成大拇指。虽然如此，仲子怎么能称得上廉洁？要完全符合仲子的操守，就只有把人变成蚯蚓之后才能办到。那些蚯蚓，在地面上吃些干土，在地面下喝些黄水。仲子所住的房子，是伯夷那样的高士所建筑的呢？还是盗跖那样的强盗所建筑的呢？他所吃的粮食，是伯夷那样的高士所种植的呢？还是盗跖那样的强盗所种植的呢？这些都不能知道。"

匡章说："这有什么关系呢？他亲自编草鞋，他妻子纺麻练麻，用这些去交换住房和食品。"

孟子说："仲子是齐国的世家大族，他的哥哥陈戴，在盖邑一年的俸禄有一万钟粮食。他认为他哥哥的俸禄是不义之财而不去吃，认为他哥哥的住房是不义之产而不去住，避开哥哥，离开母亲，住在於陵这个地方。有一天他回家里去，恰巧有人送给他哥哥一只活鹅，他皱着眉头说：'要这种呃呃叫的东西做什么呀？'另一天，他母亲把那只鹅杀了给他吃。他的哥哥恰好从外面回来，说：'这是那呃呃叫的东西的肉呀！'他跑出门去'哇'地一声吐了出来。母亲的食物不吃，却吃妻子的；哥哥的房屋不住，却住在於陵，这还算能够推广自己的操守吗？像仲子这样的人，只有像蚯蚓一样才能推广他的操守。"

离娄上

孟子曰："离娄之明、公输子①之巧，不以规矩，不能成方圆；师旷之聪②，不以六律③，不能正五音④；尧舜之道，不以仁政，不能平治天下。今有仁心仁闻而民不被其泽⑤，不可法于后世者，不行先王之道也。故曰，徒善不足以为政，徒法不能以自行。《诗》云⑥：'不愆不忘，率由旧章⑦。'遵先王之法而过者，未之有也。圣人既竭目力焉，继之以规矩准绳，以为方员⑧平直，不可胜用也；既竭耳力焉，继之以六律正五音，不可胜用也；既竭心思焉，继之以不忍人之政，而仁覆天下矣。故曰，为高必因丘陵，为下必因川泽。为政不因先王之道，可谓智乎？是以惟仁者宜在高位。不仁而在高位，是播其恶于众也。上无道揆⑨也，下无法守也，朝不信道，工不信度，君子犯义，小人犯刑，国之所存者，幸也。故曰，城郭不完，兵甲不多，非国之灾也；田野不辟，货财不聚，非国之害也。上无礼，下无学，贼民兴，丧无日矣。《诗》曰⑩：'天之方蹶⑪，无然泄泄（yì）⑫。'泄泄，犹沓沓⑬也。事君无义，进退无礼，言则非先王之道者，犹沓沓也。故曰，责难于君谓之恭，陈善闭⑭邪谓之敬，吾君不能谓之贼。"

①离娄：相传为黄帝时人，视力极强，能于百步之外看清秋毫之末。公输子：即公输班（"班"也写作"般""盘"），鲁国人，所以又叫鲁班，春秋末年著名的巧匠。约生活于鲁定公或者哀公的时代，年岁比孔子小，比墨子大。事迹见于《礼记·檀弓》《战国策》《墨子》等书。②师旷：春秋时晋国的乐师，古代著名的音乐家。事迹见于《左传》《礼记》《国语》等。聪：听力，听觉。③六律：中国古代将音律分为阴吕、阳律两部分，各有六种音高，六律即阳律的六音，分别是太簇、姑洗、蕤宾、夷则、无射、黄钟。这里的六律是指定音律管。④五音：中国古代音阶名称，即宫、商、角、徵、羽，相当于简谱中的1、2、3、5、6五个音阶。⑤闻：声誉，名声。被：受。泽：恩泽。⑥《诗》云：引诗出自《诗经·大雅·假乐》。这是一首赞美周成王的诗。⑦率：遵循。旧章：旧有的规则法度。⑧员：同"圆"。⑨揆：度量。⑩《诗》曰：引诗见《诗经·大雅·板》。旧说这是一首讽刺周厉王的诗。⑪天之方蹶：朱熹《集注》："言天欲颠覆周室。"蹶：动，扰乱。⑫泄泄：话多的样子。⑬沓沓：语多的样子。⑭闼：同"辟"，抵制、排斥。

孟子说："有离娄的视力、公输子的灵巧，如果不用圆规和曲尺，也不能做出方形和圆形的器物；有师旷的聪耳，如果不用六律，也不能校正五音；有尧舜的思想，如果不实施仁政，也不能治理好天下。现在有些诸侯有仁爱的心思和仁爱的名声，但老百姓却受不到他的恩泽，不能成为后世效法的楷模，是因为他没有实施前代圣王的仁政啊。所以说，空有善心，不足以治理政治；空有法度，不能够自己实行。《诗经》上说：'不要有偏差啊不要遗忘，一切遵循原来的规章。'遵循前代圣王的法度而犯错误的，不曾有过这种事。圣人已经竭尽了目力，又用圆规、曲尺、水准、绳墨等来制作方的、圆的、平的、直的器物，那些东西便用之不尽了；圣人已经用尽了听力，又用六律来校正五音，各种音阶也就运用无穷了；圣人已经用尽了心思，又施行不忍伤人的仁政，他的仁爱之德便覆盖于天下了。所以说，筑高台一定要依靠山陵，挖深池一定要依靠河流泽地，执政如果不凭借前代圣王的法则，能够说是明智吗？所以只有仁德的人应该居于高位。如果没有仁德的人占据了高位，这是把他的恶行败德传播到百姓之中啊。在上者没有道德规范，在下者没有法规制度，朝廷不信道义，工匠不信尺度，官吏触犯义理，百姓触犯刑律，如此而国家还能存在的，真是侥幸啊。所以说，城郭不完好，武器不充足，不是国家的灾难；田野没开辟，货财不积聚，不是国家的祸害；在上位的人没有礼义，在下位的人没有教养，违法乱纪的人大量涌现，国家的灭亡也就没有多少天了。《诗经》上说：'上天正在降骚乱，不要多嘴又多言。'多嘴多言就是拖沓啰唆。事奉君主没有忠义，行为进退没有礼仪，说话就诋毁前代圣王之道的人，就等于沓沓多言。所以说，用高标准来要求君王叫作'恭'，陈述善道抵制邪说叫作'敬'，认为我的君王不能行善叫作'贼'。"

孟子曰："规矩，方员之至也[①]；圣人，人伦[②]之至也。欲为君，尽君道；欲为臣，尽臣道。二者皆法尧舜而已矣。不以舜之所以事尧事君，不敬其君者也；不以尧之所以治民治民，贼其民者也。孔子曰：'道二，仁与不仁而已矣。'暴其民甚，则身弑国亡；不甚，则身危国削。名之曰'幽''厉'[③]，虽孝子慈孙，百世不能改也。《诗》云[④]：'殷鉴[⑤]不远，在夏后⑥之世。'此之谓也。"

注释

①员：同"圆"。至：极点，极致，最高境界。②人伦：为人之道。③名：这里作"谥"讲，用作动词，给予谥号。幽、厉：是古代谥号中两个评价不好行为的"恶谥"。周代有厉王、幽王，都是后人依其生前事迹给予的恶谥。④《诗》云：引诗见《诗经·大雅·荡》。这是一首哀伤周朝统治衰落的诗。⑤殷鉴：殷朝人的一面镜子。引申指可以借鉴的往事，前人失败的教训。鉴，镜子。⑥夏后：即夏朝，又称"夏后氏"或"夏氏"。

译文

孟子说："圆规和曲尺，是方形圆形的最高境界；圣人，是做人的最高境界。想做国君，就要尽到国君的职责；想做臣子，就要尽到做臣子的职责。这两者都是效法尧舜罢了。不用舜事奉尧的做法事奉国君，就是不尊敬他的国君的人；不用尧治理百姓的做法治理百姓，就是残害他的百姓的人。孔子说：'（治国的）准则就两个，行仁政和不行仁政罢了。'虐待他的百姓太厉害的，就会导致自己被杀、国家灭亡；不太厉害的，也会导致自身危险、国家削弱。死后被称为'幽''厉'，即使孝子慈孙，经历一百代也更改不了。《诗经》上说：'殷商的镜子并不远，就在夏朝的一代。'说的就是这个意思。"

孟子曰："三代之得天下也以仁，其失天下也以不仁。国之所以废兴存亡者亦然。天子不仁，不保四海；诸侯不仁，不保社稷①；卿大夫不仁，不保宗庙②；士庶人③不仁，不保四体。今恶死亡而乐不仁，是犹恶醉而强④酒。"

①社稷：土神和谷神。在农耕社会，土神和谷神是立国之本，所以也借指国家、政权。②宗庙：卿大夫的家祠。这里指采邑（封地），因为卿大夫先有采邑然后才有宗庙。③庶人：普通百姓。④强：勉强。

译文.

孟子说："夏商周三代获得天下是由于施行仁政，他们失去天下是由于不施行仁政。诸侯国家的兴衰存亡也是由于同样的原因。天子不仁，就不能保住天下；诸侯不仁，就不能保住国家；卿大夫不仁，不能保住祖庙；士人和老百姓不仁，就不能保住自己的身家性命。现在的人既害怕死亡却乐于做不仁的事，这就好像害怕喝醉却偏要喝酒一样。"

孟子曰："爱人不亲，反其仁；治人不治，反其智；礼人不答，反其敬。行有不得者，皆反求诸己，其身正而天下归之。《诗》云①：'永言配命，自求多福。'"

注释.

①《诗》云：引诗见《诗经·大雅·文王》。

译文.

孟子说："我爱人家，人家却不亲近我，应该反省自己的仁爱；我管理别人，别人却不受我的管理，应该反省自己的智能；我礼貌待人，别人却不以礼相答，应该反省自己的敬意。行为得不到预期的效果，都应该反过来检查自己，自身行为端正了，天下的人自然就会归服他。《诗经》上说：'永远配合着天命，自然

342

求得幸福多。'"

孟子曰："人有恒①言，皆曰'天下国家②'。天下之本在国，国之本在家，家之本在身。"

注释

①恒：常。②国家：国：指诸侯国；家：这里即指一般家庭，不是专指卿大夫的家。

译文

孟子说："人们有句常说的话，都说'天下国家'。天下的根本是国，国的根本是家，家的根本是自身。"

孟子曰："为政不难，不得罪于巨室①。巨室之所慕，一国慕之；一国之所慕，天下慕之；故沛然德教溢乎四海。"

注释

①巨室：赵岐注："大家也，谓贤卿大夫之家。"

译文

孟子说："治理政事并不难，不要得罪世家大族。世家大族所思慕的，一国的人都会思慕它；一国的人所思慕的，天下的人都会思慕它。所以道德教化就会浩浩荡荡地充满于天下。"

孟子曰："天下有道，小德役大德①，小贤役大贤；天下无道，小役大，弱役强。斯二者，天也。顺天者存，逆天者亡。齐景公曰：'既不能令，又不受命，是绝物②也。'涕出而女③于吴。今也小国师大国，而耻受命焉，是犹弟子而耻受命于先师也。如耻之，莫若师文王。师文王，大国五年，小国七年，必为政于天下矣。《诗》云④：'商之孙子，其丽不亿⑤。上帝既命，侯⑥于周服。侯服于周，天命靡常。殷士肤敏⑦，裸（guàn）将于京⑧。'孔子曰：'仁不可为众也。夫国君好仁，天下无敌。'今也欲无敌于天下而不以仁，是犹执热而不以濯也。《诗》云⑨：'谁能执热，逝不以濯？'"

注释

①小德役大德：即"小德役于大德"之意，"于"字省略。下句"小贤役大贤"句式与此同。②绝物：赵岐注："物，事也。大国不与之通朝聘之事也。"即没有国家与之来往。③女：动词，嫁女给。④《诗》云：引诗见《诗经·大雅·文王》。⑤丽：数，数目。不亿：不下亿万（古人以十万为亿）。⑥侯：句首语助词，无义。⑦肤敏：美丽聪明。肤：赵岐注："美也。"⑧裸：祭祀时酹酒迎神。将：助祭。京：周朝的都城镐京，在今陕西省西安市。⑨《诗》云：引诗见《诗经·大雅·桑柔》，旧说这是一首讽刺周厉王的诗。

译文

孟子说："天下政治清明的时候，小德的人被大德的人所役使，小贤的人被大贤的人所役使；天下政治黑暗的时候，小的被大的所役使，弱的被强的所役使。这两种情况，都是天意啊。顺从天意的就能生存，违背天意的就会灭亡。齐景公说：'既不能命令别人，又不接受别人的命令，这真是走投无路了。'眼泪直流把女儿嫁给吴国。现在小国效法大国，却以接受命令为耻辱，这好比学生却以听命于老师为耻一样。如果以此为耻，不如效法周文王。效法文王，大国五年，小国七年，一定能施政于天下了。《诗经》上说：'殷商的后裔啊，何止千亿万亿。上帝已授予天命，都向周室把头低。都向周室把头低啊，天命并非不变易。健美聪明的殷裔，都到周都来助祭。'孔子说：'仁德是不能用人数多少来衡量的。如果国君喜好仁德，天下没有谁能抵敌。'现在（有些诸侯）想要无敌于天下，却不施行仁政，这就好比苦热的人却不肯用凉水冲澡一样啊。《诗经》上说：'谁能解热求凉爽，不用水来洗一场？'"

孟子曰："不仁者可与言哉？安其危而利其灾，乐①其所以亡者。不仁而可与言，则何亡国败家之有？有孺（rú）子②歌曰：'沧浪之水清兮，可以濯（zhuó）我缨；沧浪之水浊兮，可以濯我足③。'孔子曰：'小子听之！清斯濯缨，浊斯濯足矣，自取之也。'夫人必自侮然后人侮之，家必自毁而后人毁之，国必自伐而后人伐之。《太甲》曰：'天作孽犹可违，自作孽不可活。'此之谓也。"

注释

①乐：乐于，沉湎。②孺子：小孩子。③"沧浪之水"四句：喻指世道清明，则可以出仕；世道昏暗，则应该退隐。沧浪：水名。汉水支流，在今湖北境内。濯：洗涤。缨：古人系帽的带子。按渔父所唱的《沧浪歌》为当时楚地广泛流传的民歌，又见《楚辞·渔父》及《文子》。

译文

孟子说："不仁的人可以与他谈论吗？他们以自身的危险为安全，以自身的灾祸为便利，以那些亡国亡家的荒淫暴虐之事为快乐。不仁的人如果可以与之谈论，那怎么会有亡国败家的事呢？有个小孩子唱歌道：'沧浪之水清澈啊，可以洗我的冠缨；沧浪之水浑浊啊，可以洗我的双脚。'孔子说：'后生们听着！清澈的水洗冠缨，污浊的水洗双脚，都是水自身招致的。'人一定是自己侮辱了自己，然后别人才侮辱他；家一定自己毁坏了，然后才有他人来毁坏它；国一定是自己攻打了自己，然后才有他人来攻打它。《太甲》上说：'上天降灾还可躲，自己作孽无法逃。'说的就是这个意思。"

孟子曰："桀、纣之失天下也，失其民也；失其民者，失其心也。得天下有道，得其民，斯得天下矣；得其民有道，得其心，斯得民矣；得其心有道，所欲与之聚之①，所恶勿施，尔也②。民之归仁也，犹水之就下、兽之走圹③也。故为渊殴④鱼者，獭(tǎ)⑤也；为丛殴爵⑥者，鹯(zhān)⑦也；为汤、武殴民者，桀、纣也。今天下之君有好仁者，则诸侯皆为之殴矣，虽欲无王，不可得已。今之欲王者，犹七年之病求三年之艾⑧也，苟为不畜⑨，终身不得。苟不志于仁，终身忧辱，以陷于死亡。《诗》云⑩：'其何能淑⑪，载胥及溺⑫。'此之谓也。"

也称"晨风"，一种似鹞的猛禽。⑧三年之艾：赵岐注："艾可以为灸人病，干久益善，故以为喻。"⑨畜：同"蓄"。储备。⑩《诗》云：引诗见《诗经·大雅·桑柔》。⑪淑：善。⑫载胥及溺：朱熹《集注》："载，则也。胥，相也。言今之所为其何能善，则相引以陷于乱亡而已。"

译文

孟子说："夏桀、殷纣的丧失天下，是由于失去了他的民众的支持；之所以失去了民众的支持，是因为失去了他们的心。取得天下是有方法的，得到了天下的民众就取得了天下；得到天下的民众是有方法的，获得了他们的心就得到了天下的民众；获得民众的心是有方法的，他们想要的替他们积蓄起来，他们憎恶的不强加给他们，如此而已。民众归附仁政，犹如水往低处流、兽往旷野跑一样。所以，替深潭把鱼儿驱赶来的是水獭，替丛林把鸟雀驱赶来的是鹯鹰，替成汤、武王把民众驱赶来的是夏桀和殷纣。现今天下如果有喜好仁政的国君，那么各国诸侯都会替他把民众赶来，即使不想称王，也不可能了。现今那些要称王天下的人，好比患了七年的病要寻求三年的陈艾来医治，假如平时不储备，终身都不能得到。如果不立志于仁政，终身都会忧患受辱，以至陷入死亡的境地。《诗经》上说：'这样怎能好起来？大家落水遭灭亡。'说的就是这件事啊。"

孟子曰："自暴者不可与有言①也，自弃者不可与有为也。言非②礼义，谓之自暴也；吾身不能居仁由义，谓之自弃也。仁，人之安宅也；义，人之正路也。旷③安宅而弗居，舍正路而不由④，哀哉！"

①暴：朱熹《集注》："暴，犹害也。"有言：杨伯峻《孟子译注》云："应是'有善言'之意。"译文从之。②非：朱熹《集注》："非，犹毁也。"③旷：此作动词用，意为空出。④由：遵循，行走。

译文

孟子说："残害自己的人不能和他谈论有价值的言语，抛弃自己的人不能和他有什么作为。言谈诋毁礼义叫作残害自己，认为自己不能处仁行义叫作抛弃自己。仁，是人们安适的住宅；义，是人们正当的道路。空着安适的住宅不去居住，丢开正当的道路不去行走，可悲啊！"

孟子曰："道在迩（ěr）而求诸①远，事在易而求诸难。人人亲其亲，长其长，而天下平。"

注释

①迩：近。诸：介词。于。

译文

孟子说："大道在近处却到远处去寻求，事属容易却往难处去下手。只要人人都亲爱自己的父母，敬重自己的长辈，天下就太平了。"

孟子曰："居下位而不获于上①，民不可得而治也。获于上有道，不信于友，弗获于上矣。信于友有道，事亲弗悦，弗信于友矣。悦亲有道，反身不诚②，不悦于亲矣。诚身有道，不明乎善，不诚其身矣。是故诚者，天之道也；思诚者，人之道也。至诚而不动者，未之有也；不诚，未有能动者也。"

注释

①获于上：朱熹《集注》："得其上之信任也。"②反身不诚：朱熹《集注》："反求诸身而其所以为善之心有不实也。"

译文

孟子说："处于下位的人如果不能得到上级的信任，百姓就不可能治理好。得到上级的信任有方法，不取信于朋友，就不能得到上级的信任了。取信于朋友有方法，侍奉父母不能使父母高兴，就不能取信于朋友了。让父母高兴有方法，反身自省不诚心诚意，就不能让父母高兴了。使自己诚心诚意有方法，不明白什么是善，就不能使自己诚心诚意了。所以说，诚心，是自然的准则；追求诚心，是做人的准则。极端诚心却不能感动人的，不曾有这种事；不诚心，没有能感动别人的。"

孟子曰："求也为季氏宰①，无能改于其德，而赋粟②倍他日。孔子曰：'求非我徒也，小子鸣鼓而攻之可也③。'由此观之，君不行仁政而富之，皆弃于孔子者也，况于为之强战？争地以战，杀人盈野；争城以战，杀人盈城，此所谓率④土地而食人肉，罪不容于死。故善战者服上刑⑤，连诸侯⑥者次之，辟草莱、任土地⑦者次之。"

注释

①求：孔子的弟子冉求，字子有。他是孔门政事科的高才生。季

氏：指当时执掌鲁国大权的季孙氏。宰：大夫的家臣。②赋粟：朱熹《集注》："赋，犹取也，取民之粟倍于他日也。"③"孔子曰"几句：这两句话见于《论语·先进》篇。④率：由于。《尔雅·释诂》："率，自也。"郝懿邢疏："自训从也，由也。"⑤上刑：赵岐注："重刑也。"⑥连诸侯：朱熹《集注》："连结诸侯，如苏秦、张仪之类。"⑦辟：开垦。草莱：荒地。任土地：为土地而役使百姓。

译文

孟子说："冉求做季氏的家臣，没有能改变季氏的德行，而征收的钱粮却比过去增加了一倍。孔子说：'冉求不是我的门徒，后生们大张旗鼓地去声讨他好了。'由此看来，国君不施行仁政而使他聚敛财富，都是被孔子所唾弃的人，何况为他们使用强力去征战呢？为争夺土地而战，杀死的人充满原野；为争夺城池而战，杀死的人充满城池，这就是所谓的由于土地之故而吃人肉，其罪行连处死都不足以宽恕。所以，好战的人应受最重的刑罚，连结诸侯的人次一等，开垦荒地、为土地役使百姓的人再次一等。"

孟子曰："存①乎人者，莫良于眸子②，眸子不能掩其恶。胸中正，则眸子瞭③焉；胸中不正，则眸子眊（mào）④焉。听其言也，观其眸子，人焉廋（sōu）⑤哉？"

注释

①存：《尔雅·释诂》："存，察也。"②眸子：瞳子。③瞭：明亮。④眊：眼睛昏暗不明。⑤廋：藏匿。赵岐注："听言察目，言正视端，人情可见，安可匿哉？"

孟子说:"观察一个人,没有比瞳子更好的了,瞳子不能掩盖他的丑恶。心胸端正,瞳子就明亮;心胸不正,瞳子就昏花。听他说话,观察他的瞳子,这个人的善恶能藏匿到哪里去呢?"

孟子曰:"恭者不侮人,俭者不夺人。侮夺人之君,惟恐不顺焉,恶得为恭俭?恭俭岂可以声音笑貌为哉?"

孟子说:"恭敬的人不侮辱别人,节俭的人不掠夺别人。想欺侮、掠夺别人的国君,只怕别人不顺从他,怎么能做到恭敬、节俭?恭敬和节俭难道可以仅凭好听的声音和笑脸做得出来的吗?"

淳于髡(kūn)①曰:"男女授受不亲②,礼与?"

孟子曰:"礼也。"

曰:"嫂溺,则援③之以手乎?"

曰:"嫂溺不援,是豺狼也。男女授受不亲,礼也;嫂溺援之以手者,权④也。"

曰:"今天下溺矣,夫子之不援,何也?"

曰:"天下溺,援之以道;嫂溺,援之以手。子欲手援天下乎?"

①淳于髡:复姓淳于,名髡,齐国人。为人滑稽善辩。《史记·孟子荀卿列传》说他"博闻强记,学无所主。其谏说,慕晏婴之为人也,然而承意观色为务"。②授受不亲:不亲手传递东西。朱熹《集注》:"授,与也;受,取也。古礼,男女不亲授受,以

远别也。"③援：伸手拉。焦循《正义》："谓牵持之也。"④权：变通。

译文

淳于髡说："男女间不亲手传递东西，是礼制规定吗？"

孟子说："是礼制规定。"

淳于髡说："嫂嫂淹入水中，要伸手去拉她吗？"

孟子说："嫂嫂淹入水中不去拉她，这是豺狼啊。男女间不亲手传递东西，是礼制规定；嫂嫂淹入水中伸手去拉，是权宜变通啊。"

淳于髡说："现在天下的百姓都淹入水中了，先生不去救援，为什么呢？"

孟子说："天下百姓都淹入水中，要用道去救他们；嫂嫂淹入水中，用手去救她。你想用手去救援天下百姓吗？"

公孙丑曰："君子之不教子，何也？"

孟子曰："势不行也。教者必以正①，以正不行，继之以怒。继之以怒，则反夷②矣，'夫子教我以正，夫子未出于正也。'则是父子相夷也。父子相夷，则恶矣。古者易子而教之，父子之间不责善③。责善则离，离则不祥莫大焉。"

注释

①正：正道。②夷：赵岐注："伤也。"③责善：以善相责备。朱熹《集注》："责善，朋友之道也。"

译文

公孙丑说："君子不亲自教育儿子，为什么呢？"

孟子说："在情势上行不通啊。教育者必定要用正道去教育，用正道教育没有成效，接着就会发怒。接着发怒，就反而伤感情了。(儿子会问:)'您老人家用正道教育我，可自己却没有按正道来做啊。'这样就是父子间相互伤害了。父子间相互伤害，关系就恶化了。古时候交换儿子来进行教育，父子之间不以善相责备。以善相责备，就会产生隔阂，父子之间有隔阂，那么不好的事情没有比这更大的了。"

孟子曰："有不虞①之誉，有求全之毁。"

①不虞：不料，意想之外。朱熹《集注》引吕氏云："行不足以被誉而偶得誉，是谓不虞之誉。"

孟子说："有意想不到的赞誉，有苛求完美的毁谤。"

孟子曰："人之患在好为人师。"

孟子说："人们的毛病在于喜欢做别人的老师。"

孟子曰："不孝有三①，无后为大。舜不告而娶，为无后也，君子以为犹告也。"

①不孝有三：赵岐注："于礼有不孝者三事，谓阿意屈从，陷亲

不义，一不孝也；家贫亲老，不为仕禄，二不孝也；不娶无子，绝先祖祀，三不孝也。"

　　孟子说："不孝顺的行为有三种，没有后代最为重大。舜不禀告父母就娶妻，就因为没有后代，君子认为这如同禀告了父母一样。"

　　孟子曰："仁之实，事亲是也；义之实，从兄是也；智之实，知斯二者弗去是也；礼之实，节文①斯二者是也；乐之实，乐斯二者，乐则生矣。生则恶（wū）可已②也？恶可已，则不知足之蹈之、手之舞之。"

注释

①文：修饰。②恶：疑问代词，何。已：停止。

译文

　　孟子说："仁的实际内容，就是事奉父母；义的实际内容，就是顺从兄长；智的实际内容，就是明白这两件事的道理而不抛弃；礼的实际内容，就是调节、修饰这两件事；乐的实际内容，就是乐于这两件事，快乐就产生了。快乐产生了怎么能遏止呢？不能遏止，就会情不自禁地手舞足蹈起来。"

离娄下

孟子告齐宣王曰："君之视臣如手足，则臣视君如腹心；君之视臣如犬马，则臣视君如国人①；君之视臣如土芥，则臣视君如寇雠（chóu）②。"

王曰："礼，为旧君有服③，何如斯可为服矣？"

曰："谏行言听，膏泽④下于民；有故而去，则君使人导之出疆，又先于其所往；去三年不反，然后收其田里⑤：此之谓三有礼焉。如此，则为之服矣。今也为臣，谏则不行，言则不听，膏泽不下于民；有故而去，则君搏执⑥之，又极⑦之于其所往；去之日，遂收其田里：此之谓寇雠。寇雠，何服之有？"

注释

①国人：朱熹《集注》引孔氏说："国人，犹言路人，言无怨无德也。"②雠：同"仇"。③为旧君有服：服指丧服。赵岐注："旧臣为旧君服丧服。"《仪礼·丧服》："以道去君而未绝者，服齐衰三月。"④膏泽：恩惠。⑤田里：禄田和仕宅。朱熹《集注》："三年而后收其田禄里居，前此犹望其归也。"⑥搏执：搜索拘捕。赵岐注："搏执其亲族也。"⑦极：困穷。朱熹《集注》："极，穷也，穷之于其所往之国。"

　　孟子告诉齐宣王说："君主看待臣属如同手足，那么臣属看待君主就如同腹心；君主看待臣属如同犬马，那么臣属看待君主就如同路人；君主看待臣属如同尘土草芥，那么臣属看待君主也就如同仇敌。"

　　宣王说："礼制规定，臣子要为以往事奉过的君主服丧，君主怎样做才能使人为之服丧呢？"

　　孟子说："对臣子的劝谏要接纳、进言要听从，恩惠下及百姓；因故要离开的，那么君主派人引导他离开国境，并派人先期前往他所要去的地方；离去了三年不回来，才收回他的禄田和住宅：这叫作三有礼。这样，臣子就会为之服丧了。现今做臣子的呢，劝谏不被接纳，进言不被听从，恩惠不能下施于百姓；因故要离去，君主就拘捕他的亲人，又派人到他所要去的地方为难他；离去的当天，就收掉他的禄田和住宅：这叫作仇敌。对仇敌一样的国君，有什么丧可服呢？"

　　孟子曰："无罪而杀士，则大夫可以去；无罪而戮民，则士可以徙（xǐ）。"

　　孟子说："没有罪名就诛杀士人，那么大夫可以离去；没有罪名就杀戮百姓，那么士人可以迁徙。"

　　孟子曰："君仁莫不仁，君义莫不义。"

　　孟子说："国君仁没有人不仁，国君义没有人不义。"

孟子曰："非礼之礼①，非义之义，大人②弗为。"

注释

①非礼之礼：赵岐注："若礼而非礼。"即似是而非的礼。下句"非义之义"句意与类此。②大人：这里指有德之人。

译文

孟子说："不是礼的礼，不是义的义，有道德的人是不去做的。"

孟子曰："人有不为也，而后可以有为。"

译文

孟子说："人要有所不为，然后才能有所为。"

孟子曰："言人之不善，当如后患何？"

译文

孟子说："谈论别人的不好，对由此带来的后患该怎么办呢？"

孟子曰："仲尼不为已①甚者。"

注释

①已：程度副词。太。

译文

孟子说："孔子不做太过分的事。"

孟子曰："大人者，言不必信①，行不必果，惟义所在。"

注释

①言不必信：《论语·子路》篇中孔子与子贡的一段对话可与此章参看："子贡问曰：'何如斯可谓之士矣？'子曰：'行己有耻，使于四方，不辱君命，可谓士矣。'曰：'敢问其次。'曰：'宗族称孝焉，乡党称弟焉。'曰：'敢问其次。'曰：'言必信，行必果，硁硁然小人哉！抑亦可以为次矣。'"

译文

孟子说："有德行的人，说话不一定守信，做事不一定果决，只依据义的所在指导言行。"

孟子曰："大人者，不失其赤子之心①者也。"

注释

①不失其赤子之心：赵岐注："大人谓君。国君视民当如赤子，不失其民心之谓也。一说曰，赤子，婴儿也。少小之心，专一未变比，人能不失其赤子时心，则为贞正大人也。"译文从后一说。

译文

孟子说："所谓君子，就是不丧失那种婴儿般天真淳朴之心的人。"

孟子曰："君子深造①之以道，欲其自得之也。自得之，则居之安；居之安，则资②之深；资之深，则取之左右逢其原③。故君子欲其自得之也。"

①深造：朱熹《集注》："深造之者，进而不已之意。"②资：朱熹《集注》："犹藉也。"③原：同"源"。

译文

　　孟子说："君子按照正确的方法来加深造诣，是要求自己自觉地获得大道。自己把握了大道，就能处之安然；处之安然，就能深入地依靠它；能深入地依靠它，取用起来就能左右逢源。所以君子要求自己自觉地把握大道。"

　　孟子曰："以善服人者，未有能服人者也；以善养①人，然后能服天下。天下不心服而王②者，未之有也。"

注释

①养：这里是熏陶、教育之意。②王：动词，称王。

译文

　　孟子说："用善来压服他人，没有能够使人心服的；用善来影响、教育他人，才能使天下的人心服。天下的人不心服却能称王天下的，不曾有过这种事啊。"

　　孟子曰："人之所以异于禽兽者几希①，庶民去之，君子存之。舜明于庶物②，察于人伦，由仁义行，非行仁义③也。"

注释

①几希：稀少。希：同"稀"。②庶物：与庶民的涵义相近，指万物。庶：众也。③非行仁义：赵岐注："非强力行仁义也。"

孟子说："人之所以不同于禽兽的地方很少，普通人把它丢弃了，君子把它保留下来。舜懂得万事万物的原理，明白做人的道理，依从仁义行事，而不是勉强去推行仁义。"

孟子曰："王者之迹熄①而《诗》亡，《诗》亡然后《春秋》作。晋之《乘》（shèng）、楚之《梼杌（táo wù）》、鲁之《春秋》②，一也。其事则齐桓、晋文，其文则史。孔子曰：'其义则丘窃取之矣。'"

注释

①王者之迹熄：传统的采诗制度不再坚持了。西周时，朝廷设有采诗之官，负责采集民间诗歌并配乐演唱。平王东迁后，历史进入东周，政令不行，采诗之官废，故《诗经》之诗至春秋中期止。②晋之《乘》、楚之《梼杌》、鲁之《春秋》：朱熹《集注》："《乘》义未详，赵氏以为'兴于田赋乘马之事'，或曰'取记载当时行事而名之也'。梼杌，恶兽名，古者因以为凶人之号，取记恶垂戒之意也。《春秋》者，记事者必表年以首事。年有四时，故错举以为所记之名也。古者列国皆有史官，掌记时事，此三者皆其所记册书之名也。"

译文

孟子说："王者的事迹泯没了，《诗》也就没有了，《诗》没有了，然后孔子才作了《春秋》。晋国的《乘》、楚国的《梼杌》、鲁国的《春秋》，涵义是一样的。它们所记载的是齐桓公、晋文公的事业，它们的文字就是历史。孔子说：'它们的大义被我私下取用了。'"

孟子曰："君子之泽五世而斩①，小人之泽五世而斩。予未得为孔子徒也，予私淑诸人②也。"

注释

①泽：流风余韵。世：父子相继为一世，又三十年亦为一世。斩：断绝。②私淑诸人：赵岐注："私善之于贤人。"朱熹《集注》："人，谓子思之徒也。"又说："孟子言予虽未得亲受业于孔子之门，然圣人之泽尚存，犹有能传其学者，故我得闻孔子之道于人，而私窃以善其身，盖推尊孔子而自谦之辞也。"杨伯峻《孟子译注》："淑，借为'叔'。《说文》：'叔，取也。'"译文从之。

译文

孟子说："君子的流风余韵五代才断绝，小人的流风余韵味也要五代才断绝。我没有能成为孔子的门徒，（然而孔子的流风余韵还未断绝，）我是私下向人学习来的。"

孟子曰："可以取，可以无取，取伤廉；可以与，可以无与，与伤惠；可以死，可以无死，死伤勇①。"

注释

①伤廉、伤惠、伤勇：朱熹《集注》："过取固害于廉，然过与亦反害其惠，过死亦反害其勇。盖过犹不及之意也。"

译文

孟子说："可以拿，可以不拿的，拿了会损害廉洁；可以给，可以不给的，给了反而会损害恩惠；可以死，可以不死的，死了反而会损害勇敢。"

逄（péng）蒙学射于羿①，尽羿之道，思天下惟羿为愈②己，于是杀羿。

孟子曰："是亦羿有罪焉。"

公明仪曰："宜若无罪焉。"

曰："薄乎云尔③，恶（wū）得无罪？郑人使子濯孺子侵卫④，卫使庾公之斯⑤追之。子濯孺子曰：'今日我疾作，不可以执弓，吾死矣夫！'问其仆⑥曰：'追我者谁也？'其仆曰：'庾公之斯也。'曰：'吾生矣。'其仆曰：'庾公之斯，卫之善射者也，夫子曰吾生，何谓也？'曰：'庾公之斯学射于尹公之他⑦，尹公之他学射于我。夫尹公之他，端人⑧也，其取友必端矣。'庾公之斯至，曰：'夫子何为不执弓？'曰：'今日我疾作，不可以执弓。'曰：'小人学射于尹公之他，尹公之他学射于夫子，我不忍以夫子之道反害夫子。虽然，今日之事，君事也，我不敢废。'抽矢，扣轮去其金⑨，发乘（shèng）矢⑩而后反。"

注释

①逄蒙：传说中羿的弟子，射技高超。羿：神话中射日的英雄，与篡夺夏朝政权的有穷国国君后羿不是一个人。②愈：同"逾"，胜过，超过。③云尔：语气词连用，相当于"罢了"。④子濯孺子：郑国大夫。卫：周初所封诸侯国名，始封国君是周武王的弟弟康叔，其疆土在今河南境内，前254年为魏所灭，后一度复国，前209年复灭于秦。⑤庾公之斯：卫国大夫。庾公之斯、尹公之他等人名中的"之"字是称呼时所加的虚祠，并非是固定的成分。⑥仆：驾车的车手。⑦尹公之他：朱熹《集注》云："尹公他亦卫人也。"⑧端人：耿直、正派人。⑨金：箭头。⑩乘矢：

四支箭。古称四马所拉的车为一乘，故乘又可借作数词"四"用。

逢蒙向羿学习射箭，完全学到了羿的技艺，心想天下只有羿胜过自己，于是杀死了羿。

孟子说："这件事羿也有过错。"

公明仪说："似乎没有过错吧。"

孟子说："不过轻一点罢了，怎么会没有过错呢？郑人派子濯孺子侵犯卫国，卫国派庚公之斯追击他。子濯孺子说：'今天我病发了，不能拿弓，我要死了吧！'询问他的车手说：'追赶我的是谁？'他的车手说：'是庚公之斯。'子濯孺子说：'我可以活命了。'他的车手说：'庚公之斯是卫国最优秀的射手，先生说我能活命，是什么道理呢？'子濯孺子说：'庚公之斯向尹公之他学习射箭，尹公之他向我学习射箭。尹公之他是个耿直的人，他选取的朋友必定正派。'庚公之斯追上来了。说：'先生为什么不拿弓？'子濯孺子说：'今天我生病了，不能拿弓。'庚公之斯说：'在下向尹公之他学习射箭，尹公之他向先生学习射箭，我不忍心用先生的技艺反过来伤害先生。虽然如此，今天的事情，是国君的事情，我不敢放弃。'就抽出箭来，在车轮上磕去箭头，射了四箭之后回去了。"

孟子曰："西子蒙^①不洁，则人皆掩鼻而过之。虽有恶人^②，齐（zhāi）戒^③沐浴，则可以祀上帝。"

①西子：即春秋末年越国美女西施。蒙：受，沾染。②恶人：此

指面貌丑陋之人。③齐戒：即斋戒。齐：同"斋"。

译文

孟子说："西施如果沾染了污秽之物，那么人们都会捂着鼻子走过去。即使是相貌丑陋的人，只要他斋戒沐浴，就能祭祀上帝。"

公行子①有子之丧，右师②往吊。入门，有进而与右师言者，有就右师之位而与右师言者。孟子不与右师言。右师不悦，曰："诸君子皆与驩言，孟子独不与驩言，是简③驩也。"

孟子闻之，曰："礼，朝廷不历位④而相与言，不逾阶而相揖也。我欲行礼，子敖以我为简，不亦异乎？"

注释

①公行子：齐国大夫。②右师：赵岐注："齐贵臣王驩，字子敖。"即本书《公孙丑下》中提到的齐王宠臣王驩。③简：简慢，怠慢。④历位：越过位次。

译文

公行子给儿子办丧事，右师子敖前往吊唁。走进大门，有走上前来与右师说话的人，有走近右师的席位与右师说话的人。孟子不与右师说话。右师不高兴了，说："各位君子都与我说话，唯独孟子不与我说话，这是简慢我啊。"

孟子听了这些话后，说："礼仪规定，在朝堂上不跨过位次相互交谈，不越过阶梯相互作揖。我要依礼而行，子敖却认为我简慢，不也很奇怪吗？"

孟子曰："君子所以异于人者，以其存心也。君子以仁存心，以礼存心。仁者爱人，有礼者敬人。爱人者，人恒爱之；敬人者，人恒敬之。有人于此，其待我以横逆①，则君子必自反也：我必不仁也，必无礼也，此物奚宜至哉？其自反而仁矣，自反而有礼矣，其横逆由是②也，君子必自反也：我必不忠。自反而忠矣，其横逆由是也。君子曰：'此亦妄人也已矣。如此，则与禽兽奚择③哉？于禽兽又何难④焉？'是故君子有终身之忧，无一朝之患也。乃若所忧则有之：舜人也，我亦人也，舜为法于天下，可传于后世，我由未免为乡人⑤也。是则可忧也。忧之如何？如舜而已矣。若夫君子所患，则亡矣。非仁无为也，非礼无行也。如有一朝之患，则君子不患矣。"

注释

①横逆：朱熹《集注》："谓强暴不顺礼也。"②由是：依然如此。由，同"犹"。③奚择：有何区别。④难：责难、计较。⑤乡人：朱熹《集注》："乡里之常人也。"

译文

孟子说："君子不同于常人的原因，是由于他们所存的心不同。君子把仁存于心，把礼存于心。仁德的人关爱他人，知礼的人尊敬他人。关爱他人的人，别人经常关爱他；尊敬他人的人，别人经常尊敬他。有个人在这里，他用蛮横的态度对待我，君子必定会反躬自省：一定是我不仁，一定是我无礼，否则怎么会遭到这样的事呢？反躬自省而有仁了，反躬自省而有礼了，那人蛮横的态度依然如故，君子必定会反躬自省：一定是我不忠。反躬自省而忠了，那人蛮横的态度依然如故，君子会说：'这不过是个狂妄的人罢了。像这样，与禽兽有什么不同呢？对于禽兽又有什么可责备的呢？'所以君子有终身的忧虑，没有一时的担心。至于忧愁的事倒是有的：舜是人，我也是人，舜成为天下人的楷模，名声传至后世，我仍不免是个乡里的普通人。这才是值得忧愁的。忧愁这些怎么办呢？要像舜那样罢了。至于君子所担心的事，就没有了。不合乎仁德的事不干，不合乎礼义的事不做。即使有一时的祸患，君子也就不担心了。"

公都子曰："匡章①，通国皆称不孝焉，夫子与之游，又从而礼貌之，敢问何也？"

孟子曰："世俗所谓不孝者五：惰其四支②，不顾父母之养，一不孝也；博弈好饮酒，不顾父母之养，二不孝也；好货财，私妻子，不顾父母之养，三不孝也；从③耳目之欲，以为父母戮④，四不孝也；好勇斗很⑤，以危父母，五不孝也。章子有一于是乎？夫章子，子父责善而不相遇也⑥。责善，朋友之道也；父子责善，贼⑦恩之大者。夫章子岂不欲有夫妻子母之属哉？为得罪于父，不得近，出妻屏⑧子，终身不养焉。其设心以为不若是，是则罪之大者。是则章子而已矣。"

注释

①匡章：齐国名将。②支：同"肢"。③从：同"纵"。④戮：朱熹《集注》："羞辱也。"⑤很：同"狠"。⑥责善而不相遇：朱熹《集注》云："遇，合也。相责以善而不相合，故为父所逐也。"按，匡章"不相遇"之事，在《战国策·齐策一》秦假道韩魏以攻齐章有记载。⑦贼：害也。⑧屏：摒退、疏远。

公都子说:"匡章这个人,全国上下都说他不孝,先生和他来往,又因此而礼待他,请问这是为什么呢?"

孟子说:"世人所说的不孝有五种:懒惰自己的四肢,不顾及父母的赡养,是一不孝;下棋赌钱、喜欢饮酒,不顾及父母的赡养,是二不孝;喜好钱财,偏爱妻子儿女,不顾及父母的赡养,是三不孝;放纵声色的欲望,因而给父母带来耻辱,是四不孝;逞强好斗,因而危及父母,是五不孝。章子有一种这样的行为吗?章子是儿子、父亲之间拿善相责备因而意见不合。拿善互相责备,是朋友的准则,父亲、儿子之间拿善相责备,是最伤害感情的事。章子难道不想有丈夫妻子、儿子母亲的亲属关系吗?因为得罪了父亲,不能亲近,就休弃了妻子、疏远了子女,终身不要他们奉养。他的用心认为不这样做,那么罪过更大。这就是章子的为人了。"

储子①曰:"王使人瞷(jiàn)②夫子,果有以异于人乎?"

孟子曰:"何以异于人哉?尧舜与人同耳。"

①储子:赵岐注:"齐人也。"据本书《告子下》篇,他还担任过齐国的相。据《战国策·燕策一》记载,他曾劝说齐宣王伐燕。
②瞷:窥视,观察。

储子说:"齐王派人窥视先生,果真有什么不同于他人的地方吗?"

孟子说:"哪有什么不同于他人的地方呢?尧、舜也与常人一样啊。"

　　齐人有一妻一妾而处室①者，其良人②出，则必餍（yàn）酒肉而后反③。其妻问与饮食者，则尽富贵也。其妻告其妾曰："良人出，则必餍酒肉而后反；问其与饮食者，尽富贵也，而未尝有显者来，吾将瞷良人之所之④也。"

　　蚤⑤起，施（yí）⑥从良人之所之，遍国中⑦无与立谈者。卒之东郭墦（fán）⑧间，之祭者，乞其余；不足，又顾而之他。——此其为餍足之道也。

　　其妻归，告其妾曰："良人者，所仰望而终身⑨也，今若此……"与其妾讪（shàn）⑩其良人，而相泣于中庭⑪。而良人未之知也，施施（yí）⑫从外来，骄其妻妾。

　　由君子观之，则人之所以求富贵利达者，其妻妾不羞也，而不相泣者，几希矣⑬。

　　注释

①处室：犹居家度日。处：居。室：家。②良人：丈夫。《仪礼·士婚礼》郑玄注："妇人称夫曰良。"王念孙《广雅疏证》："'良'与'郎'声之侈弇也，犹古者妇称夫曰良，而今谓之郎也。"③餍：饱足。反：同"返"。④所之：所往，所去的地方。之：动词。去，到。⑤蚤：同"早"。⑥施：同"迤"，斜行。赵岐注："施者斜施而行，不欲使良人觉也。"⑦国中：城中。国：国都，都城。此指齐国都城临淄。⑧卒：终，最后。郭：外城。墦：坟墓。⑨仰望：依靠。终身：用作动词，度过终身。⑩讪：讥议，怨骂。⑪中庭：即庭中，堂阶前。⑫施施：喜悦自得的样子。⑬"则人"四句：这四句实际上是一个单句，主语是"则人之所以……而不相泣者"，谓语是"几希"，"者""也"均为表停

顿的音节助词。希：同"稀"。

　　齐国人中有户一妻一妾同住在一起的人家，那丈夫每天出去，就必定吃饱了酒肉才回来。他妻子询问他一同吃喝的人，则说都是有钱有势的人。他妻子告诉他的妾说："丈夫出去，就必定吃饱了酒肉才回来；询问他一同吃喝的人，都是有钱有势的，但从没有显赫的人来过我们家，我要从暗中去看看丈夫所到的地方。"

　　早上起来，她从旁边跟在丈夫后面走到他所去的地方，满城中没有站下来和他交谈的。最后他去了东郊的坟地，向上坟祭奠的人乞讨剩余的供品；不够，又张望着走向其他祭奠的人。——这就是他吃饱喝足的办法啊。

　　他妻子回来告诉他的妾说："丈夫是我们依靠着过一辈子的人，现在却像这个样子……"便同他的妾咒骂他们的丈夫，在庭院中相对哭泣。而他们的丈夫还不知道呢，洋洋自得地从外面回来，向自己的妻妾炫耀。

　　由君子看来，人们用来求取富贵腾达的手段，能使他们的妻妾不感到羞耻、不相对哭泣的，是很少的啊。

万章上

万章问曰:"舜往于田,号泣于旻(mín)天①。何为其号泣也?"

孟子曰:"怨慕②也。"

万章曰:"'父母爱之,喜而不忘;父母恶之,劳而不怨③。'然则舜怨乎?"

曰:"长息问于公明高④曰:'舜往于田,则吾既得闻命矣;号泣于旻天,于父母,则吾不知也。'公明高曰:'是非尔所知也。'夫公明高以孝子之心,为不若是恝(jiā)⑤:我竭力耕田,共⑥为子职而已矣,父母之不我爱,于我何哉?帝使其子⑦九男二女,百官、牛羊、仓廪备,以事舜于畎(quǎn)亩⑧之中,天下之士多就之⑨者,帝将胥天下而迁之⑩焉。为不顺于父母,如穷人无所归。天下之士悦之,人之所欲也,而不足以解忧;好色,人之所欲,妻帝之二女而不足以解忧;富,人之所欲,富有天下而不足以解忧;贵,人之所欲,贵为天子而不足以解忧。人悦之、好色、富贵,无足以解忧者,惟顺于父母可以解忧。人少则慕父母,知好色则慕少艾⑪,有妻子则慕妻子,仕则慕君,不得于君则热中⑫。大孝终身慕父母,五十⑬而慕者,予于大舜见之矣。"

①号泣：古称哀哭，有言为号，无声为泣，故所谓号泣即边哭边言。旻天：苍天。②怨慕：朱熹《集注》："怨己之不得其亲而思慕也。"③"父母爱之"四句：见于《礼记·祭义》《大戴礼记·曾子大孝》等篇，是曾子的话。④长息问于公明高：赵岐注："长息，公明高弟子。公明高，曾子弟子。"⑤恝：无忧无愁的样子。⑥共：同"供"，与供职之"供"同义。⑦子：对子女的统称。⑧畎亩：田地。⑨天下之士多就之：《史记·五帝本纪》云：舜在历山耕田时，许多人都来归附他，"一年而所居成聚，二年成邑，三年成都"。⑩胥天下：整个天下。胥：皆。迁之：移交给舜。⑪少艾：年轻美貌之人。艾：美好。⑫热中：即"热衷"。朱熹《集注》："躁急心热也。"⑬五十：朱熹《集注》："舜摄政时年五十也。"

万章问道："舜到农田去，向着苍天哭诉。他为什么要哭诉呢？"

孟子说："因为怨恨、思慕啊。"

万章说："（曾子说）'父母喜爱儿子，儿子高兴而且不会忘记；父母嫌弃儿子，儿子忧愁而不怨恨。'那么舜会怨恨父母吗？"

孟子说："长息问他的老师公明高说：'舜到农田去，我已经聆听了你的教诲了；向着苍天、向着父母哭诉，我就不明白了。'公明高说：'这不是你所能明白的。'公明高认为，孝子之心是不会像这样无忧无愁的：我竭尽全力耕田，只是尽到做儿子的职责罢了，父母不喜爱我，跟我有什么关系呢？帝尧派他的九个儿子、两个女儿，百官、牛羊、粮仓都齐备，到农田里去事奉舜，天下的士人有许多去归附他，帝尧就要把整个天下交付给他了。可是舜因为没能得到父母的欢心，就如同贫困的人找不到归宿一般。天下的士人喜爱他，是人人所追求的，却不足以解除他的忧愁；美貌的女子，是人人所追求的，娶了帝尧的两个女儿却不足以解除他的忧愁；富有，是人人所追求的，拥有整个天下的财富却不足以解除他的忧愁；显贵，是人人所追求的，身为天子那样的尊贵却不足以解除他的忧愁。人人喜爱他、美貌的女子、富有显贵，没有一项能解除忧愁，唯有得到父母的欢心才能解除忧愁。人们年幼时就思慕父母，懂得喜爱女色就思慕年轻貌美的少女，有了妻室、子女就思慕妻室、子女，担任了官职就思慕君主，得不到君主信任就很急切地盼望。大孝的人终身都思慕父母，到了五十岁仍在思慕的，我在大舜身上见到了。"

万章问曰："《诗》云①：'娶妻如之何？必告父母。'信斯言也，宜莫如舜。舜之不告而娶，何也？"

孟子曰："告则不得娶。男女居室，人之大伦也。如告，则废人之大伦，以怼（duì）②父母，是以不告也。"

万章曰："舜之不告而娶，则吾既得闻命矣。帝之妻舜而不告③，何也？"

曰："帝亦知告则不得妻也。"

万章曰："父母使舜完廪④，捐阶⑤，瞽瞍焚廪；使浚井⑥，出⑦，从而揜（yǎn）⑧之。象⑨曰：'谟盖都君咸我绩⑩。牛羊父母，仓廪父母，干戈朕，琴朕，弤（dǐ）⑪朕，二嫂使治朕栖⑫。'象往入舜宫，舜在床琴⑬。象曰：'郁陶⑭思君尔！'忸怩⑮。舜曰：'惟兹⑯臣庶，汝其于予治⑰。'不识舜不知象之将杀己与？"

372

曰："奚而⑱不知也？象忧亦忧，象喜亦喜。"

曰："然则舜伪喜者与？"

曰："否。昔者有馈生鱼于郑子产，子产使校人⑲畜之池。校人烹之，反命曰："始舍之，圉圉（yǔ）⑳焉，少则洋洋㉑焉，攸然而逝㉒。'子产曰：'得其所哉，得其所哉！'校人出，曰：'孰谓子产智？予既烹而食之，曰得其所哉，得其所哉。'故君子可欺以其方㉓，难罔㉔以非其道。彼以爱兄之道来，故诚信而喜之，奚伪焉？"

注释

①《诗》云：引诗见《诗经·齐风·南山》，旧说这是一首讥刺齐襄公的诗。②怼：怨恨。这里是使动用法。③帝之妻舜而不告：按古代礼仪，确定子女的婚姻关系必须有双方的"父母之言"。④完：修治也。廪：仓库。⑤捐阶：朱熹《集注》："捐，去也；阶，梯也。"⑥浚井：淘井。按，井用久了，井底会积淀淤泥，所以要定期淘洗。⑦出：赵岐注："使舜浚井，舜入而即出，瞽瞍不知其已出，从而盖其井。"一说，此"出"是指瞽瞍等人出来。⑧掩：同"掩"，掩盖。⑨象：舜的同父异母弟。⑩谟盖都君咸我绩：朱熹《集注》："谟，谋也。盖，盖井也。舜所居三年成都，故谓之都君。咸，皆也。绩，功也。"⑪弤：雕弓。⑫栖：朱熹《集注》："床也，象欲使为己妻也。"⑬在床琴：坐在床上弹琴。古代的床是多功能家具，日常亦作为坐具，后来才专用为卧具。⑭郁陶：朱熹《集注》："思之甚而气不得伸也。"即烦闷得很的意思。⑮忸怩：惭愧的样子。⑯惟：《说文》："惟，凡思也。"段玉裁注："凡思，谓浮泛之思。"兹：此。⑰于予治：此处的"于"作"为"解。《经传释词》卷一："于，为也。为，助也。"⑱奚而：犹言如何、怎么。⑲校人：赵岐注："主池沼小

吏也。"⑳圉圉：朱熹《集注》："困而未舒之貌。"㉑洋洋：赵岐注："舒缓摇尾之貌。"㉒攸然而逝：朱熹《集注》："自得而远去也。"㉓欺以其方：朱熹《集注》："谓诳之以理之所有。"㉔罔：与"欺"同义。

译文

万章问道："《诗经》上说：'娶妻该怎么办？必先禀告父母。'相信这话的人，应该没人比得上舜了。可舜不禀告父母就娶妻，是什么道理呢？"

孟子说："禀告就不能娶妻了。男女结合成家，是人的大事。如果禀告，就可能废止这一大事，以至使父母怨恨，所以就不禀告了。"

万章说："舜不禀告父母就娶妻，我已经聆听了你的教诲了。帝尧嫁女儿给舜却不告诉他父母，又是什么道理呢？"

孟子说："帝尧也知道告诉了父母就不能把女儿嫁给舜了。"

万章说："父母叫舜去整修谷仓，（等舜上了屋顶）就抽去梯子，父亲瞽瞍放火焚烧谷仓；又叫他去淘井，跟着就堵塞了井口。弟弟象说：'设法除掉都君舜，都是我的功劳。牛羊给父母，粮仓给父母，盾和戈归我，琴归我，雕漆的弓归我，两个嫂嫂让她们伺候我睡觉。'象走进舜的屋子，舜坐在床上弹琴。象说：'我想得你好苦啊！'神色羞愧。舜说：'我想着那些臣子和百姓，你替我来管理吧。'我不明白，舜难道不知道象要杀害自己吗？"

孟子说："怎么会不知道呢？象忧愁他也忧愁，象高兴他也高兴。"

万章说："那么，舜是假装高兴吗？"

孟子说："不。过去有人送了条活鱼给子产，子产叫主管池塘的校人把它养在水池里。校人把鱼烹煮了，回来报告说：'开

374

始放掉它时还有些疲倦而不灵活的样子，过了一会，就舒缓地甩着尾巴，自由自在地游走了。'子产说：'得到它合适的去处了，得到它合适的去处了！'校人退了出来，说：'谁说子产聪明呢？我已经把鱼烹煮着吃了，他却说得到它合适的去处了，得到它合适的去处了。'因此，君子可以用合乎情理的方法欺骗他，却难以用违背常规的手段蒙蔽他。象用敬爱兄长的做法来表示，所以舜真诚地相信而感到高兴，怎么会假装呢？"

咸丘蒙①问曰："语②云：'盛德之士，君不得而臣，父不得而子。'舜南面③而立，尧帅诸侯北面而朝之，瞽瞍亦北面而朝之。舜见瞽瞍，其容有蹙（cù）④。孔子曰：'于斯时也，天下殆哉，岌岌⑤乎！'不识此语诚然乎哉？"

孟子曰："否。此非君子之言，齐东野人⑥之语也。尧老而舜摄⑦也，《尧典》曰：'二十有八载，放勋乃徂（cú）落⑧，百姓如丧考妣⑨，三年，四海遏密八音⑩。'孔子曰：'天无二日，民无二王。'舜既为天子矣，又帅天下诸侯以为尧三年丧，是二天子矣。"

咸丘蒙曰："舜之不臣尧，则吾既得闻命矣。《诗》云⑪：'普天之下，莫非王土；率土之滨⑫，莫非王臣。'而舜既为天子矣，敢问瞽瞍之非臣，如何？"

曰："是诗也，非是之谓也，劳于王事而不得养父母也。曰'此莫非王事，我独贤劳⑬也'。故说诗者，不以文害辞⑭，不以辞害志，以意逆⑮志，是为得之。如以辞而已矣，《云汉》⑯之诗曰：'周余黎民，靡有孑（jié）遗⑰。'信斯言也，是周无遗民也。孝子之至，莫大乎尊亲；尊亲之至，莫大乎以天下养。为天子父，尊之至也；以天下养，养之至也。

《诗》曰⑱：'永⑲言孝思，孝思维则。'此之谓也。《书》曰⑳：'祗载㉑见瞽瞍，夔夔齐栗㉒，瞽瞍亦允若㉓。'是为'父不得而子'也㉔？"

注释

①咸丘蒙：孟子弟子。②语：俗语。金良年《孟子译注》认为这里的"语"是指"古代的一种著作体裁"，"故此处的'语云'不是俗语，而是指类似的语书"。这种解释似与下文孟子说此语是"齐东野人之语"不合。③南面：古代君主的位子坐北朝南，而臣下的位子则坐南面北，故前者称"南面"、后者称"北面"。④蹙：朱熹《集注》："蹙蹙不自安也。"⑤岌岌：不安的样子。⑥齐东野人：朱熹《集注》："齐东，齐国之东鄙（边境）也。"野人：乡野之人，即农夫。赵岐注以"东野"为释，说"东野人"是"东作田野之人"。可供参考。⑦摄：代理。⑧放勋：尧的称号。徂落：死亡。朱熹《集注》："徂，升也；落，降也。人死则魂升而魄降，故古者谓死为徂落。"⑨百姓：此指各姓的贵族。考妣：父母。后世特指去世的父母。⑩遏密：停止。赵岐注："遏，止也。密，无声也。"八音：指一切音乐。朱熹《集注》："八音，金、石、丝、竹、匏、土、革、木，乐器之音也。"⑪《诗》云：引诗见《诗经·小雅·北山》，旧说这是一首讥刺周幽王的诗。⑫率土之滨：犹今言四海之内。赵岐注："率，循也，遍天下循土之滨。"⑬贤劳：以贤才而劳苦。⑭以文害辞：朱熹《集注》："文，字也；辞，语也。"⑮逆：推求、揣测。⑯《云汉》：《诗经·大雅》篇名，相传这是一首赞美周宣王的诗。⑰靡：无。孑遗：经过变故以后遗留下来的人。孑：孤独。⑱《诗》曰：引诗见《诗经·大雅·下武》，这是一首赞美周武王的诗。⑲永：长。朱熹《集注》："言人能长言孝思不忘，则可以为

天下法则也。"⑳《书》曰：引文出自《尚书》逸篇。伪古文《尚书》将其辑入《大禹谟》。㉑祗载：赵岐注："祗，敬。载，事也。"㉒夔夔齐栗：敬谨恐惧之貌。㉓允若：朱熹《集注》："允，信也。若，顺也。"㉔也：同"耶"，表反诘语气（用俞樾说）。

译文

咸丘蒙问道："俗话说：'道德高尚的人，君主不能把他作为臣属，父亲不能把他作为儿子。'舜面向南方就天子之位，尧带领诸侯面向北方朝见他，他的父亲瞽瞍也面向北方朝见他。舜见到瞽瞍，神情局促不安。孔子说：'在那时，天下危险呀，舜心中很不安啊！'不知道这话真是这样的吗？"

孟子说："不。这不是君子的话，是齐国东郊乡野之人的话。尧年老了，舜代理政事，《尧典》上说：'过了二十八年，尧才去世，诸侯们如同死去了父母一样，整整三年，四海之内停止一切音乐。'孔子说：'上天没有两个太阳，百姓没有两位帝王。'如果舜在尧死之前已经做了天子，又带领天下的诸侯为尧服丧三年，这就是同时有两位天子了。"

咸丘蒙说："舜不以尧为臣，我已经聆听您的教诲了。《诗经》上说：'普天之下呀，哪块地不是属王家；四海之内呀，哪个人不归王管辖。'舜已经做了天子，请问瞽瞍却不是臣民，这事该怎么看？"

孟子说："这首诗不是这样解说的，而是说勤劳于王事而不能奉养父母，意思是说，'这些没有一件不是天子的事务，只有我最操劳'。所以，解说《诗经》的人，不可因为文字而误解词句，不因为词句而误解诗意，要用自己的心去推求诗意，这才对了。如果只看词句，《云汉》的诗篇说：'周室余下的百姓，没有一个存留下来。'相信这句诗说的，这就是周朝就没有一个存留下来的人了。孝子的极致，没有比尊敬父母更重大的；尊敬父母的极致，没有比以整个天下来奉养更重大的。成为天子的父亲，是尊敬的极致；以整个天下来奉养，是奉养的极致。《诗经》上说：'永远尽孝道，孝道是法则。'说的就是这个意思。《尚书》上说：'舜恭敬地去见瞽瞍，谨慎小心，瞽瞍也诚心诚意地顺从了。'这难道是父亲不能把天子作为儿子吗？"

　　万章曰："尧以天下与舜，有诸？"

　　孟子曰："否。天子不能以天下与人。"

　　"然则舜有天下也，孰与之？"

　　曰："天与之。"

　　"天与之者，谆谆①然命之乎？"

　　曰："否。天不言②，以行与事示之而已矣。"

　　曰："以行与事示之者，如之何？"

　　曰："天子能荐人于天，不能使天与之天下；诸侯能荐人于天子，不能使天子与之诸侯；大夫能荐人于诸侯，不能使诸侯与之大夫。昔者尧荐舜于天而天受之，暴③之于民而民受之，故曰天不言，以行与事示之而已矣。"

　　曰："敢问荐之于天而天受之，暴之于民而民受之，如何？"

　　曰："使之主祭而百神享之，是天受之；使之主事而事治，百姓安之，是民受之也。天与之，人与之，故曰天子不能以天下与人。舜相（xiàng）④尧二十有八载，非人之所能为也，天也。尧崩，三年之丧毕，舜避尧之子于南河⑤之南，天下诸侯朝觐者，不之尧之子而之舜；讼狱者，不之尧之子而之舜；讴歌者，不讴歌尧之子而讴歌舜。故曰天也。夫然后之中国⑥，践天子位焉。而居尧之宫，逼尧之子，是篡也，非天与也。《太誓》曰：'天视自我民视⑦，天听自我民听。'此之谓也。"

注释

①谆谆：诚恳教诲的样子。②天不言：参阅《论语·阳货》："天何言哉？四时行焉，百物生焉，天何言哉？"③暴：暴露，显露。④相：辅佐。⑤南河：古称黄河自潼关以下西东流向一段为南河。⑥中国：此指国都。《史记正义》引刘熙说："帝王所都为中，故曰中国。"⑦自我民视：赵岐注："自，从也。言天之视听从人所欲也。"

译文

万章说："尧把天下授予舜，有这回事吗？"

孟子说："不。天子不能把天下授予他人。"

万章说："那么舜拥有天下，是谁授予他的呢？"

孟子说："上天授予他的。"

（万章又问：）"上天授予他，是诚恳而不知疲倦地告诫他的吗？"

孟子说，"不。上天不说话，只是用行为和事情来示意罢了。"

万章说："用行为和事情来示意，是怎么回事呢？"

孟子说："天子能向上天推荐人，不能要上天把天下授予他；诸侯能向天子推荐人，不能要天子授予他诸侯的爵位；大夫能向诸侯推荐人，不能要诸侯授予他大夫的职务。过去尧向上天推荐舜，上天接受他；向百姓宣扬他，百姓也接受他，所以说，上天不说话，只是用行为和事情来示意罢了。"

万章说："请问，向上天推荐舜，上天接受了他；向百姓宣扬舜，百姓也接受了他，是怎么样的呢？"

孟子说："尧让舜去主持祭祀，神明们享用了，这就是上天接受了他；让舜去主持政事，政事治理得好，百姓满意，这就是百姓接受了他啊。上天把天下授予了舜，百姓把天下授予了舜，所以说，天子不能把天下授予他人。舜辅佐尧二十八年，不是人力所能做到的，是天意啊。尧去世了，三年服丧结束，舜到南河以南回避尧的儿子，天下的诸侯前来朝见的，不去见尧的儿子而去见舜；打官司的人，也不到尧的儿子那里去而到舜这里来；歌功颂德的人，不歌颂尧的儿子而歌颂舜。所以说是天意啊。这样，舜才来到国都，登上了天子的座位。如果住在尧的宫室，逼迫尧的儿子，就是篡夺，不是上天给的了。《太誓》上说：'上天所见，依从我百姓所见；上天所听，依从我百姓所听。'说的正是这个意思了。"

万章问曰："人有言：'至于禹而德衰，不传于贤而传于子。'有诸？"

孟子曰："否，不然也。天与贤则与贤，天与子则与子。昔者舜荐禹于天，十有七年，舜崩，三年之丧毕，禹避舜之子于阳城①，天下之民从之，若尧崩之后不从尧之子而从舜也。禹荐益②于天，七年，禹崩，三年之丧毕，益避禹之子于箕山之阴③，朝觐、讼狱者不之益而之启④，曰：'吾君之子也。'讴歌者不讴歌益而讴歌启，曰：'吾君之子也。'丹朱⑤之不肖，舜之子亦不肖，舜之相尧、禹之相舜也历年多，施泽于民久；启贤，能敬承继禹之道。益之相禹也历年少，施泽于民未久。舜、禹、益相去久远⑥，其子之贤、不肖，皆天也，非人之所能为也。莫之为而为者天也，莫之致而至者命也。匹夫而有天下者，德必若舜、禹，而又有天子荐之者，故仲尼不有天下。继世以有天下，天之所废，必若桀纣者也，故益、伊尹、周公不有天下。伊尹相汤以王于天下，汤崩，太丁未立，外丙二年，仲壬四年。太甲颠覆汤之典刑⑦，伊尹放之于桐⑧，三年，太甲悔过，自怨自艾（yì）⑨，于桐处仁迁义三年，以听伊尹之训己也，复归于亳（bó）。周公之不有天下，犹益之于夏、伊尹之于殷也。孔子曰：'唐、虞禅，夏后⑩、殷、周继，其义一也。'"

注释

①阳城：山名，在今河南登封以北。②益：人名，舜的臣子。③箕山：在今河南登封县东南。阴：《史记·夏本纪》作"阳"，古称山南为阳、山北为阴。④启：禹的儿子。古本《竹书纪年》称"益干启位，启杀之"，与孟子此处所述不同。⑤丹朱：尧的儿子。⑥久远：犹今言长短。⑦颠覆：朱熹《集注》云："坏乱也。"典刑：朱熹《集注》："常法也。"⑧桐：在今河南商丘以西，位处当时商朝国都的西南方。旧说桐是汤的葬地，伊尹将太甲流放于此，是要让他对照先王而反省。⑨自怨自艾：朱熹《集注》："斩绝自新之意。"艾：惩戒，惩治。⑩后：古称君王为后。《尔雅·释诂》："后，君也。"

译文

万章问道："有人说：'到了禹的时候道德就衰败了，帝位不传给贤人而传给儿子。'有这回事吗？"

孟子说："不是，不是这样的。上天要授给贤人就授给贤人，上天要授给儿子就给儿子。过去舜向上天推荐禹，辅政十七年，舜去世了，三年服丧完毕，禹为避让舜的儿子住到阳城，天下的百姓跟着他，如同尧去世后不跟随尧的儿子而跟随舜一样。禹向上天推荐益，辅政七年，禹去世了，三年服丧完毕，益为避让禹的儿子，住到箕山的北面，朝见天子和打官司的人不去见益而去见启，说：'这是我们国君的儿子。'歌功颂德的人不歌颂益而歌颂启，说：'这是我们国君的儿子啊。'尧的儿子丹朱品行不好，舜的儿子也品行不好，舜辅佐尧、禹辅佐舜经历的年岁多，给予百姓恩惠很长久；启很贤明，能虔诚地继承禹的德行。益辅佐禹经历的年岁少，给予百姓的恩惠不长久。舜、禹、益相隔年岁的长短、他们儿子的品行好或不好，都是天意，不是人力所能做到的了。没有人叫他们做的却做到了，是天意；没有人给予他们的却得到了，是命运。一介平民却能享有天下的，德行必定如舜、禹一样，而且又有天子推荐他，所以孔子没能拥有天下。继承祖先而拥有天下的，上天所废弃的，必定是如同桀、纣那样的人，所以益、伊尹、周公没能拥有天下。伊尹辅佐成汤称王天下，成汤去世了，太丁还没继位就死了，外丙在位二年，仲壬在位四年。太甲破坏了成汤的基本法度，伊尹把他放逐到桐邑。三年之后，太甲悔悟了过错，自己怨恨，自己改正，在桐邑的三年，他安心于仁、以义来改变行为，听从伊尹训导自己，终于重新回到了亳都。周公没能拥有天下，犹如益在夏代、伊尹在商代一样。孔子说：'陶唐氏、有虞氏禅让，夏、商、周三代承继，他们的道理是一样的。'"

万章下

孟子曰："伯夷，目不视恶色，耳不听恶声，非其君不事，非其民不使，治则进，乱则退。横（hèng）政①之所出，横（hèng）民之所止，不忍居也。思与乡人处，如以朝衣朝冠坐于涂炭也。当纣之时，居北海②之滨，以待天下之清也。故闻伯夷之风者，顽夫③廉，懦夫有立志。

"伊尹曰：'何事非君？何使非民？'治亦进，乱亦进。曰：'天之生斯民也，使先知觉后知，使先觉觉后觉。予，天民之先觉者也，予将以此道觉此民也。'思天下之民匹夫匹妇有不与被尧舜之泽者，若己推而内之沟中，其自任以天下之重也。

"柳下惠不羞汙君，不辞小官；进不隐贤，必以其道；遗佚而不怨，厄穷而不悯。与乡人处，由由然不忍去也，'尔为尔，我为我，虽袒裼（xī）裸裎于我侧，尔焉能浼（měi）④我哉？'故闻柳下惠之风者，鄙夫⑤宽，薄⑥夫敦。

"孔子之去齐，接淅而行⑦；去鲁，曰：'迟迟吾行也。'去父母国之道也。可以速而速，可以久而久，可以处而处，可以仕而仕，孔子也。"

孟子曰："伯夷，圣之清者也；伊尹，圣之任者⑧也；柳下惠，圣之和者也；孔子，圣之时者也。孔子之谓集大成⑨。集大成也者，金声而玉振之⑩也。金声也者，始条理⑪也；玉振之也者，终条理也。始条理者，智之事也；终条理者，圣之事也。智譬则巧也，圣譬则力也。由射于百步之外也，其至尔力也，其中非尔力也。"

①横政：犹暴政。朱熹《集注》："横，谓不循法度。"下文"乡民"，亦指不循法度的"横民"。横：凶暴，强横。②北海：渤海。③顽夫：贪婪之人。顽：贪婪。④浼：污染。⑤鄙夫：心胸狭窄的人。朱熹《集注》云："狭陋也。"⑥薄：与"敦"对文，犹今言刻薄。⑦接淅而行：形容行色匆忙。朱熹《集注》："接，犹承也。淅，渍米水也。渍米将炊，而欲去之速，故以手承水取米而行，不及炊也。"⑧任者：指以天下为己任的人。⑨集大成：古称乐曲一终为一成。朱熹《集注》"此言孔子集三圣之事而为一大圣之事，犹作乐者集众音之小成而为一大成也。成者，乐之一终，《书》所谓'箫韶九成'是也。"⑩金声而玉振之：指奏乐时以钟声起音而以磬声收尾。⑪条理：众乐合奏的节奏。

孟子说："伯夷，眼睛不看不好的事物，耳朵不听不好的声音，不是他理想的君主不去事奉，不是他理想的民众不去役使，世道太平就进朝做官，世道昏乱就退隐田园。暴政产生的国家，强人聚集的地方，他不忍心居留。他认为，和横暴的人在一起，就好比穿戴着上朝的衣冠坐在污泥炭灰中一样。当殷纣的时候，他居住在北海之滨来等待天下的清平。所以，听说过伯夷之风范的人，贪鄙的人也廉洁起来，懦弱的人也有自立的志向。

"伊尹说：'事奉何人不是国君？役使何人不是百姓？'世道太平也进朝做官，世道昏乱也进朝做官。他说：'上天生育这些

384

百姓，让先明理的人启发后明理的人，让先觉悟的人启发后觉悟的人。我，就是上天所生民众中先觉悟的人，我要用上天的大道来启发上天所生的民众。'他想，天下百姓中的男男女女，如果有没受到过尧舜之恩惠的，就好像自己把他们推入到水沟里一样，他自己把天下的责任承担得如此之重啊。

"柳下惠不以事奉滥恶的君主为羞辱，也不推辞卑微的官职；进身做官不隐藏自己的才干，一定要按照自己的原则办事；遭到抛弃而不怨恨，困于贫穷而不忧愁。他和乡里平民在一起，悠然自得而不忍心离去，说：'你是你，我是我，纵然赤身裸体站在我旁边，你怎么能沾染我呢？'所以，听说过柳下惠之风范的人，胸襟狭隘的人变得宽广，刻薄的人变得敦厚。

"孔子离开齐国，捞起下锅的米漉着水上路；离开鲁国，说：'慢慢地走我的路。'这是离开祖国的做法。能快走就快走，能久留就久留，能退处就退处，能做官就做官，这就是孔子。"

孟子说："伯夷，是圣贤当中清高的人；伊尹，是圣贤当中尽职尽责的人；柳下惠，是圣贤当中随和的人；孔子，是圣贤当中识时务的人。孔子被称为集大成。所谓集大成，好比是奏乐时敲镈钟起音、击特磬收尾。敲镈钟起音，是井然有序地发端；击特磬收尾，是井然有序地终结。井然有序地发端是智的做法，井然有序地终结是圣的做法。智就好比技艺，圣就好比臂力。犹如在百步之外射箭，射得到靠你的臂力，射得中就不是靠你的臂力了。"

万章问曰："敢问友。"

孟子曰："不挟长、不挟贵、不挟兄弟①而友。友也者，友其德也，不可以有挟也。孟献子②，百乘（shèng）之家③也，有友五人焉，乐正裘、牧仲，其三人则予忘之矣。献子之与此五人者友也，无献子之家者也。此五人者亦有献子之家，则不与之友矣。非惟百乘之家为然也，虽小国之君亦有之。费（bì）惠公④曰：'吾于子思则师之矣，吾于颜般则友之矣，王顺、长息则事我者也。'非惟小国之君为然也，虽大国之君亦有之。晋平公之于亥唐⑤也，入云则入，坐云则坐，食云则食，虽蔬食⑥菜羹，未尝不饱，盖不敢不饱也。然终于此而已矣。弗与共天位⑦也，弗与治天职也，弗与食天禄也，士之尊贤者也，非王公之尊贤也。舜尚⑧见帝，帝馆甥于贰室⑨，亦飨舜，迭为宾主，是天子而友匹夫也。用⑩下敬上，谓之贵贵；用上敬下，谓之尊贤。贵贵尊贤，其义一也。"

注释

①挟：倚仗，仗恃。兄弟：指有钱有势的兄弟。赵岐注："兄弟有富贵者。"②孟献子：即鲁国大夫仲孙蔑，献是他死后的谥号。③百乘之家：有一百辆兵车的卿大夫。家：大夫之家。④费惠公：朱熹《集注》："费邑之君也。"费：春秋初小国名，故地约在今山东费县以北。它在春秋中叶已成为鲁国的一个邑（孔子的弟子子羔曾担任过费邑长官，见《论语·先进》）。⑤晋平公：春秋时晋国国君，名彪，前557年至前532年在位。亥唐：赵岐注："晋贤人也，隐居陋巷者。平公尝往造之，亥唐言入，平公乃入，言坐乃坐，言食乃食也。"⑥蔬食：糙米饭。蔬：同"疏"。⑦天位：上天授予的职位。朱熹《集注》引范氏说："位曰天位，职曰天职，禄曰天禄，言天所以待贤人，使治天民，非人君所得专者也。"⑧尚：同"上"。据下文"天子而友匹夫"，则当时舜还是平民，所以他见尧帝称"上"。⑨甥：女婿。《尔雅·释亲》郭璞注："谓我舅者，吾谓之甥，然则亦宜呼婿为甥。"贰室：副官也。⑩用：以。

万章问道："请问交友之道。"

孟子说："不倚仗自己年长、不倚仗自己显贵、不倚仗兄弟的富贵去交朋友。交朋友，是结交他的道德，不能有所倚仗啊。孟献子，是拥有一百辆马车的卿大夫，他有五个朋友，乐正裘、牧仲，另外三位我忘记名字了。孟献子与这五个人相交，是因为他们并不看重献子的家世。这五个人如果也看重献子的家世，就不和献子结交了。不仅拥有百辆马车的世家如此，即使是小国的国君也有交友的。费惠公说：'我对于子思是待之以师礼，我对于颜般则是把他当朋友相待，而王顺、长息则是事奉我的人。'不仅小国的国君如此，即使是大国的国君也有交友的。晋平公到亥唐那儿去，亥唐说进去就进去，说坐下就坐下，说吃饭就吃饭，即使是糙米饭、蔬菜汤也没有不吃饱的，因为不敢不吃饱啊。不过也仅此而已。他们不与他共有官位，不与他治理政务，不与他享受爵禄，这是士人的尊敬贤人，不是王公贵族的尊敬贤人。舜上朝去进见帝尧，帝尧让女婿住在自己备用的房间里，也接受舜的宴请，互为宾主，这是天子结交平民。以在下者敬重在上者，叫作敬重贵人；以在上者敬重在下者，叫作尊重贤达。敬重贵人、尊重贤达，它们的意义是相同的。"

孟子曰："仕非为贫也，而有时乎为贫；娶妻非以为养也，而有时乎为养。为贫者，辞尊居卑①，辞富居贫。辞尊居卑，辞富居贫，恶乎宜乎？抱关击柝（tuò）②。孔子尝为委吏③矣，曰：'会计当而已矣。'尝为乘（shèng）田④矣，曰：'牛羊茁壮长而已矣。'位卑而言高，罪也；立乎人之本朝⑤而道不行，耻也。"

①辞尊居卑：尊卑指官位的高低。下句"贫富"，指俸禄的多少。
②抱关：守门的吏卒。击柝：巡夜者。赵岐注："柝，行夜所击木也。"③委吏：仓库管理员。④乘田：主管畜牧的官。⑤人之本朝：他人的朝堂。本朝：朝廷。

译文

孟子说："做官不是因为贫穷，但有时是因为贫穷；娶妻不是为了奉养父母，但有时是为了奉养父母。因为贫穷而做官的，应该辞去高位担任低职，辞去厚薪接受薄俸。辞去高位担任低职，辞去厚薪接受薄俸，什么职位适宜呢？当守门打更的小吏。孔子曾当过管仓库的小吏，说：'只要计算得当罢了。'又曾当过管畜牧的小吏，说：'牛羊长得肥硕壮大罢了。'职位卑下而谈论高位的事务，那是罪过；在他人的朝堂上任职而自己的政治主张得不到施行，那是耻辱。"

万章曰："士之不托①诸侯，何也？"

孟子曰："不敢也。诸侯失国，而后托于诸侯②，礼也；士也托于诸侯，非礼也。"

万章曰："君馈之粟，则受之乎？"

曰："受之。"

"受之何义也？"

曰："君之于氓③也，固周④之。"

曰："周之则受，赐之则不受，何也？"

曰："不敢也。"

曰："敢问其不敢何也？"

曰："抱关击柝者，皆有常职以食于上。无常职而赐于上⑤者，以为不恭也。"

曰："君馈之则受之，不识可常继乎？"

曰："缪公之于子思也，亟问亟馈鼎肉⑥，子思不悦。于卒⑦也，摽（biāo）⑧使者出诸大门之外，北面稽（qǐ）首再拜⑨而不受，曰：'今而后知君之犬马畜伋⑩。'盖自是台⑪无馈也。悦贤不能举，又不能养也，可谓悦贤乎？"

曰："敢问国君欲养君子，如何斯可谓养矣？"

曰："以君命将⑫之，再拜稽首而受。其后廪人继⑬粟，庖人⑭继肉，不以君命将之。子思以为鼎肉使己仆仆⑮尔亟拜，非养君子之道也。尧之于舜也，使其子九男事之，二女女焉，百官、牛羊、仓廪备，以养舜于畎亩之中，后举而加诸上位。故曰王公之尊贤者也。"

注释

①托：依附。朱熹《集注》："寄也，谓不仕而食其禄也。"②托于诸侯：朱熹《集注》："古者诸侯出奔他国，食其廪饩（官府供给的粮食），谓之寄公。"③氓：焦循《正义》："不言'君之于民，而言'氓'者，氓是自他国至此国之民，与寄之义合。"④周：周济。⑤赐于上：朱熹《集注》："赐谓予之禄，有常数，君所以待臣之礼也。"⑥鼎肉：熟肉也。⑦卒：最后。⑧摽：挥之使离去，即下逐客令。⑨稽首：古代礼仪，跪下，拱手至地，头也至地。再拜：拜两拜。古代跪坐，相见行礼时，以双手交叠前揖至地，头触手，谓之拜。既稽首而再拜，是非常尊重的礼节。⑩犬马畜：当作犬马畜养，即"不以人礼待己也"（朱熹《集注》）。伋：子思的名。⑪台：始也。⑫将：送。⑬廪人：仓库管理员。继：朱熹《集注》："继续所无。"⑭庖人：供应国君饮食的官员。⑮仆仆：劳顿的样子。

　　万章说："士人不寄食于诸侯，为什么呢？"

　　孟子说："不敢这样。诸侯失去了国家，然后寄食于其他的诸侯，这是合乎礼仪的；士人寄食于诸侯，这不合乎礼仪。"

　　万章说："如果国君馈赠粟米，接受它吗？"

　　孟子说："接受它。"

　　万章说："接受它是什么道理呢？"

　　孟子说："国君对于外来的人，原本就该周济。"

　　万章说："周济的就接受，赐与的就不接受，是什么道理呢？"

　　孟子说："不敢接受啊。"

　　万章说："请问不敢接受是为什么呢？"

　　孟子说："守门、打更的人，都有一定的职务而受到在上者的供养，没有一定的职务而受到在上者的赐与，被认为是不恭敬的。"

　　万章说："国君馈赠就接受，不知道能经常连续不断吗？"

　　孟子说："鲁缪公对待子思，屡次问候屡次馈赠煮熟的肉食，子思很不高兴。在最后一次，他把来人赶出大门之外，向北磕头连作两揖而不再接受，说：'现在我才知道国君把我当狗马那样蓄养。'从此缪公便不再馈赠肉食了。喜爱贤达却不能重用，又不能奉养，能说是喜爱贤达吗？"

　　万章说："请问，国君要奉养君子，怎样才能称得上是奉养呢？"

　　孟子说："（第一次）以国君的名义送礼，拜两拜磕头接受。以后廪人不断地送粟米来，庖人不断地送肉食来，就不再以国君的名义送礼了。子思认为，馈赠煮熟的肉食使自己不胜烦琐地屡次行礼，不是奉养君子的做法。尧对待舜，派自己的九个儿子去事奉他，把两个女儿嫁给他为妻，百官、牛羊、粮仓都齐备，到农田中去奉养舜，后来举用他并提拔到高位。所以叫作王公尊重贤者啊。"

孟子谓万章曰："一乡之善士，斯友一乡之善士；一国之善士，斯友一国之善士；天下之善士，斯友天下之善士。以友天下之善士为未足，又尚①论古之人。颂②其诗，读其书，不知其人，可乎？是以论其世也。是尚友也。"

注释

①尚：同"上"。②颂：同"诵"，吟诵。

译文

孟子对万章说："一个乡村的优秀士人，就结交一个乡村的优秀士人；一个国家的优秀士人，就结交一个国家的优秀士人；天下的优秀士人，就结交天下的优秀士人。如果认为结交天下的优秀士人还不够，又进而讨论研究古时候的人。吟诵他的诗歌，研读他的著作，不了解他的为人，能行吗？所以要讨论研究他们所处的时代。这就是进而与古人交朋友。"

齐宣王问卿。孟子曰："王何卿之问也？"

王曰："卿不同乎？"

曰："不同。有贵戚之卿①，有异姓之卿。"

王曰："请问贵戚之卿。"

曰："君有大过②则谏，反复之而不听则易位③。"

王勃然乎变色。

曰："王勿疑也。王问臣，臣不敢不以正对④。"

王色定，然后问异姓之卿。

曰："君有过则谏，反复之而不听则去。"

注释

①贵戚之卿：与国君同姓之卿。②大过：朱熹《集注》："谓足以亡其国者。"③易位：赵岐注："易君之位，更立亲戚之贤者。"④正对：直言相告。

译文

齐宣王询问关于公卿的事情。孟子说："大王询问哪一种卿呢？"

宣王说："卿不一样吗？"

孟子说："不一样。有属于王室宗族的卿，有与王族不同姓的卿。"

宣王说："请问属于王室宗族的卿。"

孟子说："国君有重大过错就劝谏，反复劝谏而不听从就另立国君。"

宣王一下子变了脸色。

孟子说："大王不要诧异。大王问我，我不敢不直言相告。"

宣王的神色安定了，然后询问与王族不同姓的卿。

孟子说："国君有重大过错就劝谏，反复劝谏而不听从就离去。"

告子上

告子曰："性，犹杞（qǐ）柳①也；义，犹桮（bēi）棬（quān）②也。以人性为仁义，犹以杞柳为桮棬。"

孟子曰："子能顺杞柳之性而以为桮棬乎？将戕（qiāng）贼③杞柳而后以为桮棬也？如将戕贼杞柳而以为桮棬，则亦将戕贼人以为仁义与？率天下之人而祸仁义者，必子之言夫！"

译文
告子说："人的本性，犹如柔软的杞柳；义理，犹如杯盘。把人的本性当做仁义，犹如用杞柳树制作杯盘。"

孟子说："你是顺着杞柳的本性来制作杯盘呢？还是要伤害杞柳的本性来制作杯盘？如果要伤害杞柳的本性来制作杯盘，那也要伤害人的本性来成就仁义吗？率领天下的人来损害仁义的，一定是你这种言论吧！"

告子曰："性犹湍①水也，决诸东方则东流，决诸西方则西流。人性之无分于善不善也，犹水之无分于东西也。"

孟子曰："水信无分于东西，无分于上下乎？人性之善也，犹水之就下也。人无有不善，水无有不下。今夫水，搏②而跃之，可使过颡（sǎng）③；激④而行之，可使在山。是岂水之性哉？其势则然也。人之可使为不善，其性亦犹是也。"

注释

①湍：水势急。《说文》云："急濑也。"②搏：拍击。③颡：额头。④激：阻遏水势。

译文

告子说："人的本性犹如湍急的水流，决开东面它就向东流，决开西面它就向西流。人性的对于善和不善不能区分，好比水对于东方西方不能区分一样。"

孟子说："水性诚然不能区分东方西方，对于向上和向下也没有区分吗？人性的善良，就好比水的流向低处。人没有不善的，水没有不流向低处的。那水，拍击着使它跳起来，可以使它高过额头；阻遏着让它倒流，它能流上山冈。这难道是水的本性吗？乃是情势逼使它如此啊。人之所以能使他做出不善的事，其本性的改变也犹如水这样受到了逼迫啊。"

告子曰："生之谓性①。"

孟子曰："生之谓性也，犹白之谓白与？"

曰："然。"

"白羽之白也，犹白雪之白；白雪之白，犹白玉之白与？"

曰："然。"

"然则犬之性犹牛之性，牛之性犹人之性与？"

394

①生之谓性：《白虎通·性情》："性者，生也。"《荀子·正名》："生之所以然者谓之性。""性"字从"心"，"生"声。以"生"释"性"，属音训。朱熹《集注》："生，指人物之所以知觉、运动者而言。"

译文

告子说："天生的叫作本性。"

孟子说："天生的叫作本性，犹如白的叫作白吗?"

告子说："是的。"

孟子说："白羽毛的白，如同白雪的白；白雪的白，如同白玉的白吗?"

告子说："是的。"

孟子说："那么，狗的本性如同牛的本性，牛的本性如同人的本性吗?"

告子曰："食色，性也。仁，内也，非外也；义，外也，非内也①。"

孟子曰："何以谓仁内义外也?"

曰："彼长（zhǎng）而我长之②，非有长于我也，犹彼白而我白之，从其白于外也。故谓之外也。"

曰："异于白，[白]马之白也无以异于白人之白也③，不识长马之长也无以异于长人之长与? 且谓长者义乎? 长之者义乎?"

曰："吾弟则爱之，秦人之弟则不爱也，是以我为悦者也，故谓之内；长楚人之长，亦长吾之长，是以长为悦者也，故谓之外也。"

曰："耆秦之炙，无以异于耆吾炙④。夫物则亦有然者也。然则耆炙亦有外与？"

注释

①仁内义外：《管子·戒篇》："仁从中出，义由外作。"在告子看来，仁由内出，为性中所本有，义外非内，则为性中所本无。②彼长而我长之：第一个"长"为形容词，是年长之意；第二个"长"为动词，以之为长，即尊敬之意。③"异于白"二句：俞樾《古书疑义举例·以一字作两读例》谓此句中第一个"白"字当重读，全句应读作"异于白，白马之白也无以异于白人之白也"，"如此则文义自明，亦不必疑其有阙文矣"。其说甚洽，译文均从之。④耆：同"嗜"。炙：烤肉。

译文

告子说："饮食男女，是人的本性。仁是内在的东西，不是外在的东西；义是外在的东西，不是内在的东西。"

孟子说："为什么说仁是内在的东西、义是外在的东西呢？"

告子说："他年长，我就尊敬他，不是先有尊敬思想在我内心，好比那样东西是白的我就把它作为白色，是根据它显露于外表的白。所以说义是外在的。"

孟子说："尊敬不同于白色，白马的白和白人的白没有什么不同，不知道对老马的爱护和对长者的尊敬也没有什么不同吗？而且你认为是长者有义呢，还是尊敬他的人有义呢？"

告子说："我的弟弟就爱护，秦人的弟弟就不爱护了，这是以我作为喜悦的标准，所以说仁是内在的；尊敬楚人的长辈，也尊敬我的长辈，这是以年长作为喜悦的标准，所以说义是外在的。"

孟子说："嗜好秦国人的烤肉和嗜好我的烤肉没有什么不同。事物也有这样的情形。那么嗜好烤肉的心理也是外在的吗？"

公都子曰："告子曰：'性无善无不善也。'或曰：'性可以为善，可以为不善。是故文、武兴则民好善，幽、厉兴则民好暴。'或曰：'有性善，有性不善。是故以尧为君而有象，以瞽瞍为父而有舜，以纣为兄之子且以为君而有微子启、王子比干。'今曰性善，然则彼皆非与？"

孟子曰："乃若其情①则可以为善矣，乃所谓善也。若夫为不善，非才②之罪也。恻隐之心，人皆有之；羞恶之心，人皆有之；恭敬之心，人皆有之；是非之心，人皆有之。恻隐之心，仁也；羞恶之心，义也；恭敬之心，礼也；是非之心，智也。仁、义、礼、智，非由外铄（shuò）③我也，我固有之也，弗思耳矣。故曰求则得之，舍则失之。或相倍蓰（xǐ）而无算④者，不能尽其才者也。《诗》曰：'天生蒸⑤民，有物有则⑥。民之秉夷⑦，好是懿⑧德。'孔子曰：'为此诗者，其知道乎！故有物必有则，民之秉彝也，故好是懿德。'"

注释

①乃若：犹若夫、至于。情：质性。戴震《孟子字义疏证》："情犹素也，实也。"②才：朱熹《集注》："犹材质，人之能也。"③铄：自外而加的美饰。④蓰：五倍。无算：无法计算。⑤《诗》曰：引诗见《诗经·大雅·烝民》，这是一首赞美周宣王的诗。蒸：《诗经》作"烝"，毛传释为"众"。⑥则：法则。⑦秉：执，持。夷：《诗经》作"彝"，毛传释为"常"，指常规。⑧懿：美好。

公都子说:"告子说:'人的本性没有善良也没有不善良。'有人说:'人的本性可以变为善良,也可以变为不善良。所以文王、武王兴起,百姓就崇尚善良;幽王、厉王出来,百姓就崇尚暴虐。'有人说:'有的人本性善良,有的人本性不善良。所以以尧这样的人为君主却有象这样不贤良的弟弟,以瞽瞍这样的人为父亲却有舜这样孝顺的儿子,以纣这样的人为侄儿、这样的人为君主却有微子启、王子比干这样的仁人。'如今老师认为人的本性是善良的,那么他们都错了吗?"

孟子说:"说到人们本来的质性,那是可以变为善良的,这就是我所说的人性本善。至于变为不善,不是资质的罪过。同情之心,人人都有;羞耻之心,人人都有;恭敬之心,人人都有;是非之心,人人都有。同情之心,属仁;羞耻之心,属义;恭敬之心,属礼;是非之心,属智。仁、义、礼、智不是从外面注入的,是我本来就有的,只是未曾去领悟罢了。所以说用心探求就能得到它,放弃就会失去它。到后来人与人之间有的相差一倍、五倍甚至无法计算的,这就是没能充分发挥他们资质的缘故。《诗经》上说:'上天生育万民,事物都有法则。民众把握常规,崇尚美好品德。'孔子说:'作这篇诗的人,恐怕懂得大道呀!所以有事物就一定有法则,百姓把握了这些不变的规律,所以崇尚这些美好的品德。'"

孟子曰:"富岁,子弟多赖①;凶岁,子弟多暴。非天之降才尔殊也,其所以陷溺其心者然也。今夫麰(móu)麦②,播种而耰(yōu)③之,其地同,树④之时又同,浡(bó)然⑤而生,至于日至⑥之时,皆熟矣。虽有不同,则地有肥硗(qiāo)⑦,雨露之养、人事之不齐也。故凡同类者举相似也,何独至于人而疑之？圣人与我同类者，故龙子⑧曰：'不知足而为屦（jù），我知其不为蒉（kuì）⑨也。'屦之相似，天下之足同也。口之于味，有同耆⑩也，易牙⑪先得我口之所耆者也。如使口之于味也，其性与人殊，若犬马之与我不同类也，则天下何耆皆从易牙之于味也？至于味，天下期于易牙，是天下之口相似也。惟耳亦然。至于声，天下期于师旷，是天下之耳相似也。惟目亦然。至于子都⑫，天下莫不知其姣⑬也，不知子都之姣者，无目者也。故曰：口之于味也，有同耆焉；耳之于声也，有同听焉；目之于色也，有同美焉。至于心，独无所同然乎？心之所同然者何也？谓理也，义也。圣人先得我心之所同然耳。故理义之悦我心，犹刍豢⑭之悦我口。"

注释

①赖：同"嬾"（懒），即懒惰。②麰麦：大麦。③耰：播种后耙土覆盖种子。④树：种植。⑤浡然：旺盛的样子。⑥日至：节气名，此指夏至。⑦硗：土地瘠薄。⑧龙子：赵岐注："古贤人也。"⑨蒉：草编的土筐。⑩耆：同"嗜"。⑪易牙：齐桓公的宠臣，相传他善于烹饪。⑫子都：春秋时郑国的美男子。⑬姣：美好。⑭刍豢：牲畜。朱熹《集注》云："草食曰刍，牛羊是也；谷食曰豢，犬豕是也。"

译文

孟子说："丰收年岁，少年子弟大多懒惰；灾荒年成，少年子弟大多横暴。不是天生的资质如此不同，而是那损害他们心灵的环境使他们这样。好比大麦，播下种子，又用泥土把它覆盖好，那土地相同，栽种的时节也相同，蓬勃地生长，到了夏至时节都成熟了。即使有所不同，就是土地有肥沃有贫瘠，雨露的滋养、人所下工夫的不一致罢了。所以，凡是同类的东西大体相同，为何唯独对于人就疑惑了呢？圣人与我辈是同类的，所以龙子说：'不知道脚的形状就去织草鞋，我知道不会编成筐子。'草鞋相似，因为普天之下的脚形状相同。口对于滋味，有相同的嗜好，易牙是先得知了我们口味嗜好的人。假使口对于滋味，其特性因人相异，就如同狗马与我们不同类一样，那么，何以天下的嗜好都随从易牙的口味呢？讲到滋味，天下就期望于易牙，可见天下的口味是相似的。耳朵也是如此。讲到声音，天下就期望于师旷，这表明天下人的听觉是相似的。眼睛也是如此。讲到子都，天下没有人不知道他美丽的，不知道子都美丽的，是没有眼睛的人。所以说：口对于滋味，有相同的嗜好；耳对于声音，有相同的听觉；眼对于容貌，有相同的美感。至于人心，唯独就没有相同之处吗？人心的相同之处是什么呢？是理，是义。圣人先掌握了我们内心的相同之处。所以理义使我们的内心愉悦，犹如牛羊猪狗的肉使我们的口味愉悦一样。"

孟子曰："牛山①之木尝美矣，以其郊于大国②也，斧斤伐之，可以为美乎？是其日夜之所息，雨露之所润，非无萌蘖（niè）③之生焉，牛羊又从而牧之，是以若彼濯濯④也。人见其濯濯也，以为未尝有材焉，此岂山之性也哉？虽⑤存乎人者，岂无仁义之心哉？其所以放其良心⑥者，亦犹斧斤之于木也，旦旦而伐之，可以为美乎？其日夜之所息，平旦之气⑦，其好恶与人相近也者几希。则其旦昼之所为，有梏⑧亡之矣。梏之反覆，则其夜气不足以存。夜气不足以存，则其违禽兽不远矣。人见其禽兽也，而以为未尝有才焉者，是岂人之情也哉？故苟得其养，无物不长；苟失其养，无物不消。孔子曰：'操⑨则存，舍则亡；出入无时，莫知其乡⑩。'惟心之谓与！"

注释

①牛山：山名，在今山东临淄市南。②郊：此作动词用，意为临近大都邑。国：国都，城邑。③萌蘖：树枝上生出的嫩芽。朱熹《集注》："萌，芽也。蘖，芽之旁出者也。"④濯濯：形容山上光秃秃的样子。⑤虽：同"唯"，句首助词，无义。⑥良心：朱熹《集注》："本然之善心，即所谓仁义之心也。"⑦平旦之气：朱熹《集注》："谓未与物接之时，清明之气也。"平旦，清晨。⑧有：同"又"。梏：搅乱。⑨操：拿起来。⑩乡：同"向"。

译文

孟子说："牛山的树木曾经很茂盛，因为它邻近大都市，被刀斧所砍伐，还能茂盛吗？它日夜呼吸生长，为雨露所滋润，并非没有新条嫩芽长出来，但牛羊又随之在上面放牧，所以变成那样光秃秃的了。人们见它光秃秃的，便以为山上不曾有过木材，这难道是山的本性吗？在人身上，难道没有仁义之心吗？他之所以丧失了自己的良心，也就好像刀斧对待树木一样，天天去砍伐它，它还能茂盛吗？他日夜呼吸生长，好比清晨的空气，他的好恶之心与一般人相接近的已经不远了。可是他白天的所作所为，又将良心搅乱而消失了。反复遭到搅扰，那么他夜晚滋长的清气不能存留。夜晚滋长的清气不能存留，就和禽兽相差不远了。人们见他如同禽兽，便以为不曾有过好的资质，这难道是人的本来情状吗？所以如果能得到适当的培养，没有东西不能生长；如果失去应有的培养，没有东西不会消亡。孔子说：'握住了它就存留，舍弃它就消亡；出入没有定时，无法知道它的去向。'这就是说的人心吧！"

孟子曰："无或①乎王之不智也，虽有天下易生之物也，一日暴（pù）②之，十日寒之，未有能生者也。吾见亦罕矣，吾退而寒之者至矣，吾如有萌焉何哉？今夫弈之为数③，小数也，不专心致志则不得也。弈秋④，通国之善弈者也。使弈秋诲二人弈，其一人专心致志，惟弈秋之为听。一人虽听之，一心以为有鸿鹄（hú）⑤将至，思援弓缴（zhuó）⑥而射之，虽与之俱学，弗若之矣。为是其智弗若与？曰：非然也。"

注释

①或：同"惑"。②暴：同"曝"。晒。③数：术数，技艺。④弈秋：朱熹《集注》："善弈者名秋也。"⑤鸿鹄：即天鹅。⑥缴：以绳系矢而射。

译文

孟子说："不要诧异齐王不聪明啊，即使有一种天下最容易生长的植物，如果一天让它曝晒，十天让它寒冻，没有能够生长成活的。我进见齐王的次数也很少，我一退出来，那些让他寒冻的人就到了，我对他善心的萌动又能怎样呢？下棋作为一种技艺，是小技，不专心致志却学不好。弈秋，是全国最擅长下棋的人。让弈秋教两个人下棋，一个人专心致志，只听弈秋的讲授。另一个虽然听他讲，却一心想着有天鹅就要飞来，想拿起弓箭去射它，虽然和前一个人一起学习，一定不如他了。是因为这人的智力不如别人吗？我说：不是这样的。"

孟子曰："鱼，我所欲也；熊掌，亦我所欲也。二者不可得兼，舍鱼而取熊掌者也。生，亦我所欲也；义，亦我所欲也。二者不可得兼，舍生而取义者也。生亦我所欲，所欲有甚于生者，故不为苟得也；死亦我所恶，所恶有甚于死者，故患有所不辟①也。如使人之所欲莫甚于生，则凡可以得生者何不用也？使人之所恶莫甚于死者，则凡可以辟患者何不为也？由是则生，而有不用也；由是则可以辟患，而有不为也。是故所欲有甚于生者，所恶有甚于死者。非独贤者有是心也，人皆有之，贤者能勿丧耳。一箪食、一豆②羹，得之则生，弗得则死。嘑尔③而与之，行道之人弗受；蹴（cù）④尔而与之，乞人不屑也。万钟则不辨礼义而受之，万钟于我何加焉？为宫室之美、妻妾之奉、所识穷乏者得我与⑤？乡⑥为身死而不受，今为宫室之美为之；乡为身死而不受，今为妻妾之奉为之；乡为身死而不受，今为所识穷乏者得我而为之，是亦不可以已乎？此之谓失其本心。"

注释

①辟：同"避"。②豆：古代一种盛食物的器具。③嘑尔：犹言呵叱、吆喝。④蹴：踩，践踏。⑤得：同"德"。焦循《正义》："此得我即德我。所知之人穷乏，而我施与之，则彼必以我为恩德而亲悦我也。"与：同"欤"。⑥乡：同"向"。以往。

译文

孟子说："鱼，是我所想要的；熊掌，也是我所想要的。如果两者不能兼有，就舍弃鱼而选取熊掌。生存，是我所想要的；大义，也是我所想要的。如果两者不能兼有，就舍弃生存而选取大义。生存是我所想要的，但所想要有胜过生存的，所以不去随便得到它；死亡是我所厌恶的，但所厌恶的有胜过死亡的，所以有时不躲避祸害。如果人们所想要的东西没有胜过生存的，那么凡是能得以生存的方式，为什么不去用呢？如果人们所厌恶的东西没有胜过死亡的，那么凡是能躲避祸害的事情，为什么不去做呢？由此就得以生存，却有不用的；由此就得以躲避祸害，却有不做的。所以说所想要的有胜过生存的，所厌恶的有胜过死亡的。不仅贤者有这样的心理，每个人都有，不过贤者能不失去它罢了。一筐米饭、一盆羹汤，得到它就能存活，得不到就会死去。呵叱着去给人，路上的行人都不接受；踩一脚之后再给人，乞丐都不屑要。然而对于万钟粟米，却不分清礼义就接受了，万钟粟米对我有什么好处呢？是为了住宅的华美、妻妾的侍奉、相识的穷苦人对我感恩吗？过去宁肯自己死都不接受的，现今却为了使住宅华美接受它；过去宁肯自己死都不接受的，现今却为了妻妾的侍奉接受它；过去宁肯自己死都不接受的，现今为了使相识的穷苦人对我感恩接受了，这种做法不也可以停止吗？这就叫作丧失了自己的本心。"

孟子曰："仁，人心也；义，人路也。舍其路而弗由，放其心而不知求，哀哉！人有鸡犬放，则知求之；有放心而不知求。学问之道无他，求其放心而已矣。"

译文

孟子说："仁，是人的本心；义，是人的道路。抛弃了那条道路不去走，丧失了自己的良心不去寻找，可悲啊！人们有鸡狗丢失了，就知道去寻找；丢失了良心却不知道去寻找。学问的方法没有别的，只是找回那丢失的良心罢了。"

孟子曰："今有无名之指屈而不信①，非疾痛害②事也。

如有能信之者，则不远秦、楚之路，为指之不若人也。指不若人则知恶之，心不若人则不知恶，此之谓不知类^③也。"

注释

①信：同"伸"。②害：妨碍，影响。③不知类：朱熹《集注》："言不知轻重之等也。"

译文

孟子说："现在有个人的无名指弯曲而不能伸直，并不痛苦也不妨碍做事，如果有能使它伸直的人，那么他不会以秦国、楚国的路程为远，因为手指不像他人一样啊。手指不如他人知道嫌恶，良心不如他人却不知道嫌恶，这叫作不知道轻重。"

孟子曰："拱把^①之桐梓，人苟欲生之，皆知所以养之者。至于身，而不知所以养之者，岂爱身不若桐梓哉？弗思甚也。"

注释

①拱把：言树尚细小。朱熹《集注》："拱，两手所围也。把，一手所握也。"

译文

孟子说："一两把粗细的桐梓树，人们如果想要它生长，都知道培养它的方法。对于自身的心性，却不知道培养的方法，难道爱护自身还不如桐梓树吗？真是太不知道思量了。"

公都子问曰："钧^①是人也，或为大人，或为小人，何也？"

孟子曰："从其大体②为大人，从其小体为小人。"

曰："钧是人也，或从其大体，或从其小体，何也？"

曰："耳目之官③不思，而蔽于物，物交物则引④之而已矣。心之官则思，思则得之⑤，不思则不得也。此天之所与我者。先立乎其大者⑥，则其小者弗能夺也。此为大人而已矣。"

注释

①钧：同"均"。同样。②大体：重要器官。下句"小体"，指次要器官。③官：五官之"官"。朱熹《集注》："官之为言司也。"④物交物：朱熹《集注》认为此处之两"物"，一指外物，一指"耳目之官"。后者之所以亦称"物"，是因其"既不能思而蔽于外物，则亦一物而已"。引：诱导。⑤思则得之：朱熹谓"之"指事物之理，译文从之。⑥大者：赵岐注："大者谓生而有善性也，小者情欲也，善胜恶则恶不能夺。"

译文

公都子问道："同样是人，有的成为君子，有的成为小人，为什么呢？"

孟子说："听从他心志大体的就成为君子，听从他耳目小体的就成为小人。"

公都子说："同样是人，有的听从他的大体，有的听从他的小体，为什么呢？"

孟子说："耳朵、眼睛这类器官不会思考，所以被外物所蒙蔽，它们与外物相接触就被外物引诱了。心的官能是思考，思考便能得到事物之理，不思考便无所得。这是上天赋予我们的。先树立自己的重要器官，那么次要的器官就不能被外物所夺了。这就叫作君子了。"

孟子曰："仁之胜不仁也，犹水胜火。今之为仁者，犹以一杯水救一车薪之火也，不熄，则谓之水不胜火，此又与于不仁之甚者也①，亦终必亡②而已矣。"

注释
①此又与于不仁之甚者也：焦循《正义》："与，犹兼也。《广雅·释诂》云：'兼，同也。'此又与于不仁之甚者也，即'此又同于不仁之甚者也'。"译文从之。②亡：消失。

译文
孟子说："仁胜过不仁，如同水胜过火一样。现今行仁的人，如同用一杯水去救一车柴草的大火，大火不熄灭，就说水不能胜过火，这又和不仁透顶的人相同了，最终连他们已行的这点点仁也必定会失去的。"

孟子曰："羿之教人射，必志于彀（gòu）①。学者亦必志于彀。大匠诲人，必以规矩，学者亦必以规矩。"

注释
①必志于彀：朱熹《集注》："志，犹期也；彀，弓满也。"

译文
孟子说："羿教人射箭，一定要求拉满弓。学射箭的人也一定致力于拉满弓。著名的工匠教诲人，一定遵循规矩，学习的人也一定要遵循规矩。"

告子下

任人有问屋庐子曰①："礼与食孰重?"

曰："礼重。"

"色与礼孰重?"

曰："礼重。"

曰："以礼食则饥而死,不以礼食则得食,必以礼乎?亲迎②则不得妻,不亲迎则得妻,必亲迎乎?"

屋庐子不能对,明日之邹③以告孟子。

孟子曰："于答是也何有④?不揣⑤其本而齐其末,方寸之木,可使高于岑楼⑥。金重于羽者,岂谓一钩⑦金与一舆羽之谓哉?取食之重者与礼之轻者而比之,奚翅⑧食重?取色之重者与礼之轻者而比之,奚翅色重?往应之曰:'紾(zhěn)⑨兄之臂而夺之食,则得食,不紾则不得食,则将紾之乎?逾东家墙而搂其处子⑩,则得妻,不搂则不得妻,则将搂之乎?'"

注释

①任:周初诸侯国名,太皞的后裔,国君姓风。故地在今山东济宁县境。屋庐子:名连,孟子弟子。②亲迎:古代婚礼仪式之一。此指正式的婚礼。③邹:国名。孟子的祖国。与任国相距约一百里,所以屋庐子可以前去向孟子请教。④何有:有何难。⑤揣:扬雄《方言》:"度高(估量高度)为揣。"⑥岑楼:朱熹

408

《集注》："楼之高锐似山者。"⑦钩：带钩，古人系在腰带上的小饰物。⑧翅：同"啻"，止。⑨紾：扭转。⑩处子：处女。子：古代对子女的通称。

译文

有个任国人问屋庐子说："礼仪与食物哪样重要？"

屋庐子说："礼仪重要。"

又问："女色与礼仪哪样重要？"

屋庐子说："礼仪重要。"

任国人说："如果按照礼仪去谋食就得饿死，不按照礼仪去谋食就能得到食物，一定要遵守礼仪吗？如果按照礼仪迎亲就不能娶到妻子，不按照礼仪迎亲则能娶到妻子，一定要按照礼仪迎亲吗？"

屋庐子不能回答，第二天去邹国把这事告诉了孟子。

孟子说："答复这个有什么难处呢？如果不度量它的根基就比较它的末梢，寸把厚的木块，可以使它比像山头一样的高楼还高。金子比羽毛重，难道是就一个带钩的金子去比一车子羽毛的意思吗？选取饮食的重要者与礼仪的轻微者相比较，何止是饮食重要？选取女色的重要者与礼仪的轻微者相比较，何止是女色重要？你去答复他说：'如果扭断兄长的胳膊去抢夺他的食物就能得到食物，不扭就得不到食物，那么他会去扭断兄长的胳膊吗？翻越东邻的墙头去搂抱他家的女孩就能得到妻子，不翻墙去搂抱就得不到妻子，那么他会去搂抱东邻家的女孩吗？'"

曹交①问曰："人皆可以为尧舜，有诸？"

孟子曰："然。"

"交闻文王十尺②，汤九尺，今交九尺四寸以长，食粟而已，如何则可？"

曰："奚有于是？亦为之而已矣。有人于此，力不能胜一匹雏③，则为无力人矣；今曰举百钧，则为有力人矣。然则举乌获④之任，是亦为乌获而已矣。夫人岂以不胜为患哉？弗为耳。徐行后长者谓之弟⑤，疾行先长者谓之不弟。夫徐行者，岂人所不能哉？所不为也。尧舜之道，孝弟而已矣。子服尧之服，诵尧之言，行尧之行，是尧而已矣；子服桀之服，诵桀之言，行桀之行，是桀而已矣。"

曰："交得见于邹君，可以假⑥馆，愿留而受业⑦于门。"

曰："夫道若大路然，岂难知哉？人病不求耳。子归而求之，有余师。"

注释

①曹交：赵岐说是曹国国君之弟。据《左传·哀公八年》记载，曹国于前487年为宋所灭，去孟子活动年代已久，孟子似不可能与曹君之弟相遇，赵说不知何据。②尺：战国时齐鲁一带的尺度，一尺约合今天的15.76厘米。③胜：承受。引申为"提起"。一匹雏：一只小鸡。雏：《说文》："鸡子也。"④乌获：赵岐注："古之有力人也，能移举千钧。"⑤弟：同"悌"，敬爱兄长，尽弟弟之礼。⑥假：借。⑦受业：从师学习。业：大板。古代无纸，用竹简、木板作为书写材料，因称传授知识为"受业"。

译文

曹交问道："人人都可以成为尧舜，有这种说法吗？"

孟子说："有的。"

曹交说："我听说周文王身高十尺，商汤王身高九尺，现在我有九尺四寸多高，只会吃饭罢了，怎样才能成为尧舜呢？"

孟子说："这有什么关系呢？只要去做就行了。假如这里有个人，力气不能提起一只小鸡，就是没有力气的人了；如今他说举得起三千斤，就是有力气的人了。那么，举得起乌获胜任的重量，这个人也就成为乌获了。这个人怎么会因为不能胜任而发愁呢？只是不做罢了。慢慢地走在长者之后叫作悌，飞快地抢在长者之前叫作不悌。慢慢地走，难道人们不能做到吗？是不去做啊。尧舜之道，只是孝顺父母敬爱兄长罢了。你穿尧的衣服，说尧的言语，做尧做的事，这就是尧了；你穿桀的衣服，说桀的言语，做桀做的事，这就是桀了。"

曹交说："我能见到邹君，可以借一所客馆，愿意留下来在您的门下学习。"

孟子说："道就像大路一样，难道难于了解吗？就怕人们不去寻求罢了。你回去自己寻求大道吧，随处都有很多老师。"

宋牼（kēng）①将之楚，孟子遇于石丘②，曰："先生将何之？"

曰："吾闻秦楚构兵③，我将见楚王说（shuì）而罢之。楚王不悦，我将见秦王说而罢之。二王我将有所遇焉。"

曰："轲也请无问其详，愿闻其指。说之将何如？"

曰："我将言其不利也。"

曰："先生之志则大矣，先生之号④则不可。先生以利说秦楚之王，秦楚之王悦于利以罢三军之师，是三军之士乐罢而悦于利也。为人臣者怀利以事其君，为人子者怀利以事其父，为人弟者怀利以事其兄，是君臣、父子、兄弟终⑤去仁义，怀利以相接，然而不亡者，未之有也。先生以仁义说秦楚之王，秦楚之王悦于仁义而罢三军之师，是三军之士乐罢而悦于仁义也。为人臣者怀仁义以事其君，为人子者怀仁义以事其父，为人弟者怀仁义以事其兄，是君臣、父子、兄弟去利，怀仁义以相接也，然而不王者，未之有也。何必曰利？"

注释

①宋牼：也写作宋钘，宋国人，战国时著名学者。《荀子·非十二子》篇将其与墨子归为一类，《庄子·天下》篇则将其与尹文列为一家。《汉书·艺文志》著录其所作的《宋子》十八篇，今已散佚。②石丘：今地未详。据钱穆考证，孟子与宋牼相遇约在前312年，时孟子七十一岁。③构兵：交战。焦循《正义》："交、结、连、构四字义同，构兵即交兵也。"④号：赵注释为"所称名号"，即提法、说法。⑤终：尽也。焦循《正义》："'终去仁义'，是尽去仁义。"

译文

宋牼要到楚国去，孟子在石丘遇到他，说："宋先生要到什么地方去？"

宋牼说："我听说秦楚交战，我要去进见楚王劝说他罢兵。如果楚王不高兴，我要去进见秦王劝说他罢兵。两个君王中我总会遇上听从的。"

孟子说："我呢不想询问你进说的详细内容，希望聆听你的大旨，你将怎样劝说他们呢？"

宋牼说："我将陈说交战是不利的。"

孟子说："先生的志向是弘大的，先生的说法却不可以。先生用利来劝说秦、楚的君王，秦、楚的君王因为喜欢利而停止了三军的行动，这样，三军官兵会由于乐于罢兵而喜欢利。做臣子的怀着谋利之心来事奉自己的国君，做儿子的怀着谋利之心来事奉自己的父亲，做弟弟的怀着谋利之心来事奉自己的兄长，这样，君臣、父子、兄弟之间完全抛弃了仁义，怀着谋利的意图相互对待，如此而不亡国的，不曾有过这种事。先生如果用仁义来劝说秦、楚的君王，秦、楚的君王因为喜欢仁义而停止了三军的行动，这样，三军的官兵会由于乐于罢兵而喜欢仁义。做臣子的怀着仁义之心来事奉自己的国君，做儿子的怀着仁义之心来事奉自己的父亲，做弟弟的怀着仁义之心来事奉自己的兄长，这样，君臣、父子、兄弟之间都摒弃了利益，怀着仁义之心来相互对待，如此而不称王天下的，不曾有过这种事。为什么一定要讲利呢？"

淳于髡（kūn）①曰："先名实②者为人也，后名实者自为也。夫子在三卿③之中，名实未加于上下而去之，仁者固如此乎？"

孟子曰："居下位，不以贤事不肖者，伯夷也；五就汤、五就桀者，伊尹也；不恶君、不辞小官者，柳下惠也。三子者不同道，其趋一也。一者何也？曰仁也。君子亦仁而已矣，何必同？"

曰："鲁缪公之时，公仪子④为政，子柳、子思⑤为臣，鲁之削也滋甚。若是乎，贤者之无益于国也！"

曰："虞不用百里奚而亡，秦穆公用之而霸。不用贤则亡，削何可得与？"

曰："昔者王豹处于淇而河西⑥善讴，绵驹处于高唐而齐右⑦善歌，华周、杞梁之妻⑧善哭其夫而变国俗。有诸内必形诸外，为其事而无其功者，髡未尝睹之也。是故无贤者也，有则髡必识之。"

曰："孔子为鲁司寇，不用，从而祭，燔（fán）肉⑨不至，不税（tuō）冕⑩而行。不知者以为为肉也，其知者以为为无礼也。乃孔子则欲以微罪行⑪，不欲为苟去。君子之所为，众人固不识也。"

注释

①淳于髡：战国时齐国辩士。②名实：赵岐注："名者，有道德之名也；实者，治国惠民之功实也。"③三卿：焦循《正义》引全祖望《经史问答》云："孟子之世，七官官制犹草草。大抵三卿者，指上卿、亚卿、下卿是也。乐毅初入燕乃亚卿，是其证也。或曰一卿是相，一卿是将，其一为客卿，而上下本无定员。亦通。"④公仪子：即公仪休。《史记·循吏列传》："公仪休者，鲁博士也，以高第为鲁相。奉法循理，无所变更，百官自正。"⑤子柳：即本书《公孙丑下》篇中提到的泄柳。子思：孔子的孙子，名伋。⑥王豹：当时卫国的歌唱家。淇：水名。在今河南北部，古为黄河支流，南流至今汲县东北入黄河。河西：即邻近淇水的西河地区，相当今河南浚县、滑县及迤南、迤北一带。⑦绵驹：齐国的歌唱家。高唐：在今山东禹城西南。齐右：高唐在齐国的西部，古称西方为右，故云。⑧华周、杞梁之妻：朱熹《集注》："华周、杞梁二人皆齐臣，战死于莒，其妻哭之哀，国俗化之，皆善哭。"按，华周、杞梁二人战死于莒之事，见载于《左传·襄公二十三年》。后世盛传之孟姜女故事，即由此衍生发展而来。⑨燔肉：祭肉。按礼仪，祭祀结束后，应将祭肉分送参加祭祀的有关人员。⑩税：同"脱"。冕：祭祀时所戴的礼冠。⑪以微罪行：找一点小的借口离去。朱熹《集注》："孟子言以为为肉者，固不足道；以为为无礼，则亦未为深知孔子者。盖圣人于父母之国，不欲显其君相之失，又不欲为无故而苟去，故不以女

414

乐去而以燔肉行，其见几明决而用意忠厚，固非众人所能识也。"

译文

淳于髡说："把声誉功业放在首位的人是为了众人，把声誉功业放在其次的人是为了自己。先生身处齐国三卿之中，上没有辅佐国君的声誉、下没有救济民众的功业就离去，仁人本来就是这样的吗？"

孟子说："处在低下的地位，不拿自己的贤才去事奉没出息的国君的人，是伯夷；五次投奔成汤、五次投奔夏桀的人，是伊尹；不嫌弃昏暴的国君、不推辞卑微官职的人，是柳下惠。三个人的做法不同，他们的取向是一致的。他们一致的取向是什么呢？是仁啊。君子只要仁就行了，为什么一定要相同呢？"

淳于髡说："鲁缪公时，公仪子主持国政，泄柳、子思当大臣，鲁国却削弱得更厉害。贤者无益于国家竟像这样呀！"

孟子说："虞国不用百里奚而亡国，秦穆公用了他而成为霸主。不用贤才就亡国，仅仅削弱怎么可能呢？"

淳于髡说："从前王豹住在淇水边，黄河以西的人因而善于讴咏；绵驹住在高唐，齐国西部的人因而擅长歌唱；华周、杞梁的妻子很会哀哭她们的丈夫，因而改变了国家的风俗。有什么在身内，必定会表现于外面。做了某件事却没有功效的，我未曾见到过这种事。所以现在是没有贤人，如果有，那么我一定会知道他。"

孟子说："孔子做鲁国的司寇，不被国君重用，随从祭祀时，祭肉没分送给他，于是他没有取下祭冕就走了。不了解孔子的人认为是由于祭肉的缘故，了解孔子的人认为是由于礼节的缘故。至于孔子就想找个微小的过错走开，不想随便离去。君子的作为，一般人原本是不理解的。"

孟子曰："五霸①者，三王②之罪人也；今之诸侯，五霸之罪人也；今之大夫，今之诸侯之罪人也。天子适诸侯曰巡狩，诸侯朝于天子曰述职。春省（xǐng）耕而补不足，秋省（xǐng）敛而助不给（jǐ）。入其疆，土地辟，田野治，养老尊贤，俊杰在位，则有庆③，庆以地。入其疆，土地荒芜，遗老失贤，掊（póu）克④在位，则有让⑤。一不朝则贬其爵，再不朝则削其地，三不朝则六师移之⑥。是故天子讨而不伐⑦，诸侯伐而不讨。五霸者，搂⑧诸侯以伐诸侯者也，故曰，五霸者，三王之罪人也。

"五霸，桓公为盛。葵丘之会⑨，诸侯束牲载书而不歃（shà）血⑩。初命曰：'诛不孝，无易树子⑪，无以妾为妻。'再命曰：'尊贤育才，以彰有德。'三命曰：'敬老慈幼，无忘宾旅⑫。'四命曰：'士无世官⑬，官事无摄⑭，取士必得⑮，无专杀⑯大夫。'五命曰：'无曲防⑰，无遏籴（dí）⑱，无有封而不告⑲。'曰：'凡我同盟之人，既盟之后，言归于好。'今之诸侯，皆犯此五禁，故曰：今之诸侯，五霸之罪人也。

"长君之恶其罪小，逢⑳君之恶其罪大。今之大夫，皆逢君之恶，故曰：今之大夫，今之诸侯之罪人也。"

注释

①五霸：春秋时代先后称霸的五个诸侯。其说法有多种，一般以齐桓公、晋文公、宋襄公、秦穆公、楚庄王为五霸。赵岐、朱熹均取此说。②三王：夏商周三代的开国君王，即夏禹王、商汤王、周文王（或周武王）。③庆：赵岐注："赏也。"④掊克：朱熹《集注》："聚敛也。"此指聚敛之人。⑤让：责罚，责备。⑥六师：按周代制度规定，天子设六军，大国诸侯设三军。此处之

六师即指天子的军队。移之：朱熹《集注》："诛其人而变置之也。"⑦讨而不伐：朱熹《集注》："讨者，出命以讨其罪而使方伯、连帅帅诸侯以伐之也；伐者，奉天子之命声其罪而伐之也。"⑧搂：带领。⑨葵丘之会：齐桓公于前651年在葵丘（今河南兰考县）邀集鲁、宋、卫、郑、许、曹等国举行的一次重要会盟。通过这次会盟，齐国的霸主地位正式确定。⑩束牲载书：不宰杀牺牲（猪羊牛），将盟书用函装起来，放在牺牲上。歃血：古代盟誓时，双方口吸牲畜之血或以血涂抹口旁，表示信守盟约不渝。当时齐桓公威信高，诸侯不敢负约，故"不歃血"。⑪无易树子：赵岐注："树，立也。已立世子不得擅易也。"⑫无忘宾旅：朱熹《集注》："宾，宾客也。旅，行旅也。皆当有以待之，不可忽忘也。"⑬士无世官：赵岐注："仕为大臣，不得世官，贤臣乃得世禄也。"⑭无摄：朱熹《集注》云："当广求贤才以充之，不可以阙人废事也。"摄，代理，兼任。⑮必得：赵岐注："必得贤。"⑯专杀：擅杀。朱熹《集注》："大夫有罪，则请命于天子而后杀之也。"⑰曲：无不，遍。防：堤防。当时诸侯们以邻为壑，自筑堤防，使邻国遭灾，故盟约申明禁止。⑱遏籴：阻止买进粮食。朱熹《集注》："邻国凶荒，不得闭籴也。"籴，买进粮食。⑲无有封而不告：赵岐注："无以私恩擅有所封赏而不告盟主也。"⑳逢：迎合。

译文

孟子说："五霸，是三王的罪人；现今的诸侯，是五霸的罪人；现今的大夫，是现今诸侯的罪人。天子巡行诸侯叫作巡狩，诸侯朝见天子叫作述职。春天视察耕种情况，补助衣食不足的农户；秋天视察收割情况，周济粮食不够的农户。进入诸侯的疆界，土地得到开垦，田野整治一新，赡养老人，尊重贤者，杰出的人在位做官，就给予赏赐，奖赏用土地。进入诸侯的疆界，土地荒废，遗弃老人，疏远贤者，搜刮钱财的人在位做官，就给予责罚。诸侯一次不来朝见就降低他的爵位，两次不来朝见就削减他的土地，三次不来朝见就调动六军去更换国君。所以，天子声讨而不征伐，诸侯征伐而不声讨。五霸是带领着诸侯来征伐诸侯的人，所以说，五霸是三王的罪人。

"五霸，以齐桓公的功业最为卓著。在葵丘的盟会上，诸侯们备妥了祭品、盟书而不歃血。第一条盟誓说：'诛除不孝的人，不改立太子，不立妾为妻。'第二条盟誓说：'尊重贤者，养育人才，以此表彰德行。'第三条盟誓说：'敬奉老人，爱护幼小，不怠慢宾客、旅人。'第四条盟誓说：'士人不世袭官职，官职不兼任，选用士人一定要得当，不擅自杀戮大夫。'第五条盟誓说：'不遍筑堤防，不禁止邻国采购粮食，不要有封赏而不通报。'并约定：'凡是参与我们盟会的人，会盟以后，言归于好。'现今的诸侯，都触犯了这五条禁约。所以说，现今的诸侯，是五霸的罪人。

"助长国君的恶行，那种罪过小；迎合国君的恶行，那种罪过大。现今的大夫，都迎合国君的恶行。所以说，现今的大夫，是现今诸侯的罪人。"

鲁欲使慎子①为将军。孟子曰："不教民而用之，谓之殃民。殃民者，不容于尧舜之世。一战胜齐，遂有南阳②，然且不可……"

慎子勃然不悦，曰："此则滑厘所不识也。"

曰："吾明告子。天子之地方千里，不千里不足以待诸侯；诸侯之地方百里，不百里不足以守宗庙之典籍③。周公之封于鲁，为方百里也，地非不足而俭于百里④；太公之封于齐

418

也，亦为方百里也，地非不足也而俭于百里。今鲁方百里者
五，子以为有王者作，则鲁在所损乎？在所益乎？徒取诸彼
以与此，然且仁者不为，况于杀人以求之乎？君子之事君也，
务引其君以当道，志于仁而已。”

①慎子：名滑厘，赵岐说他是个“善用兵者”。焦循《孟子正义》
说即战国时学者慎到，也有人据其名滑厘而认为即墨子的弟子禽
滑（gǔ）厘（xī），均不可靠。②南阳：在泰山西南、汶水之北，
是当时齐、鲁争夺的要地。古称山南、水北为阳，故名。③典
籍：指有关典制的档案文献。④俭于百里：仅有百里。朱熹《集
注》：“其封不过百里。”

　　鲁国想叫慎子做将军。孟子说：“不教育民众就役使他们叫
作殃民，殃民的人在尧舜的时代是不被容纳的。即使一仗就战胜
了齐国，因而占有了南阳，这样尚且不可以……”
　　慎子勃然变色不高兴地说：“这些话却是我所不明白的。”
　　孟子说：“我明确地告诉你。天子的土地纵横千里，没有千
里就不足以接待诸侯；诸侯的土地纵横百里，没有百里就不足以
奉守宗庙的典册文书。周公分封在鲁是纵横百里，土地并非不够
却仅有百里；太公分封在齐也是纵横百里，土地并非不够却仅有
百里。现在鲁国有五个纵横百里的土地，你认为如果有个圣王兴
起，那么鲁国的土地是在削减之列呢？还是在增加之列呢？白白
地从其他国家取些土地来给与这个国家，这样的事仁者尚且不
干，何况是通过杀人来求取呢？君子事奉君主，一定要引导自己
的君主合乎正道、立志于仁罢了。”

孟子曰：“今之事君者皆曰：‘我能为君辟土地，充府库。’今之所谓良臣，古之所谓民贼也。君不乡①道、不志于仁而求富之，是富桀也。‘我能为君约与国②，战必克。’今之所谓良臣，古之所谓民贼也。君不乡道、不志于仁而求为之强战，是辅桀也。由今之道，无变今之俗，虽与之天下，不能一朝居也。”

注释

①乡：同“向”。②约：缔约。与国：盟国。

译文

孟子说：“现今事奉君主的人都说：‘我能为国君开辟土地，充实国库。’现今所谓的良臣，就是古代所谓的民贼啊。君主不心向正道、不立志于仁却谋求使他富足，这是使夏桀富足啊。（又说：）‘我能为国君缔约盟国，作战必胜。’现今所谓的良臣，就是古代所谓的民贼啊。君主不心向正道、不立志于仁却谋求为他的强大去作战，这是辅佐夏桀啊。沿着现在的道路，不改变现今的风俗，即使把整个天下给他，他也不能一天安居啊。”

白圭曰：“丹之治水也愈于禹①。”

孟子曰：“子过矣。禹之治水，水之道②也。是故禹以四海为壑③，今吾子④以邻国为壑。水逆行，谓之洚水。洚水者，洪水也，仁人之所恶也。吾子过矣。”

注释

①丹之治水：战国时齐、赵、魏等国均在黄河流域，赵、魏地势高而齐国地势低，所以这些国家竞相筑堤护卫本国，致使“河水

东抵齐堤则西泛赵魏"（《汉书·沟恤志》），虽然有益于本国，但对别国却造成了灾害。又，《韩非子·喻老》云："白圭之行堤也，塞其穴，是以无水难。"是指白圭解决了对堤防造成危害的虫蚁钻穴问题。②水之道：朱熹《集注》："顺水之性也。"③壑：朱熹《集注》云："受水处也。"④吾子：对对方的尊称。

译文

白圭说："我治理洪水比大禹还强呢。"

孟子说："你错了。大禹治水，是使水归于正道，所以大禹把四海作为蓄水的地方，如今你却把邻国作为蓄水的地方。水逆流而行，叫作洚水。洚水，就是洪水，这是仁者所憎恶的。你错了。"

孟子曰："君子不亮①，恶乎执？"

注释

①亮：同"谅"，诚实守信。

译文

孟子说："君子不诚信，凡事怎么能把握得住呢？"

鲁欲使乐正子①为政。孟子曰："吾闻之，喜而不寐。"

公孙丑曰："乐正子强乎？"

曰："否。"

"有知（zhì）虑乎？"

曰："否。"

"多闻识乎？"

曰："否。"

"然则奚喜而不寐？"

曰："其为人也好善。"

"好善足乎？"

曰："好善优于天下②，而况鲁国乎？夫苟好善，则四海之内皆将轻千里而来告之以善；夫苟不好善，则人将曰：'訑訑（yí）③，予既已知之矣。'訑訑之声音、颜色距④人于千里之外。士止于千里之外，则谗谄面谀之人至矣。与谗谄面谀之人居，国欲治，可得乎？"

注释

①乐正子：孟子弟子，名克。②优于天下：朱熹《集注》："优，有余裕也。言虽治天下，尚有余力也。"③訑訑：自得的样子。赵岐注："自足其智不嗜善言之貌。"④距：同"拒"。

译文

鲁国打算让乐正子治理国政。孟子说："我听说这件事，高兴得睡不着觉。"

公孙丑说："乐正子坚强有力吗？"

孟子说："不。"

公孙丑说："他有智谋远见吗？"

孟子说："不。"

公孙丑说："他见多识广吗？"

孟子说："不。"

公孙丑说："那么老师为什么高兴得睡不着觉呢？"

孟子说："他为人喜欢听取善言。"

公孙丑说："喜欢听取善言就足够了吗？"

孟子说："喜欢听取善言对于治理天下也绰绰有余，何况治理一个鲁国呢？如果喜欢听取善言，四海之内都将不辞千里赶来把善言告诉他；如果不喜欢听取善言，那他就会说：'好啦好啦，我已经知道啦。'这种好啦好啦的声音、脸色会把人们拒绝于千里之外。士人止步于千里之外，那么进谗献媚当面阿谀的人就来了。与进谗献媚当面阿谀的人相处，国家要想治理好，可能吗？"

孟子曰："舜发于畎（quǎn）亩之中①，傅说（yuè）举于版筑②之间，胶鬲（gé）③举于鱼盐之中，管夷吾举于士④，孙叔敖⑤举于海，百里奚举于市⑥。故天将降大任于是人也，必先苦其心志，劳其筋骨，饿其体肤，空乏其身，行拂乱其所为⑦，所以动心忍性⑧，曾益其所不能⑨。人恒过，然后能改；困于心，衡于虑⑩，而后作；征于色⑪，发于声，而后喻。入则无法家拂（bì）士⑫，出则无敌国外患者，国恒亡。然后知生于忧患而死于安乐也。"

注释

①舜发于畎亩之中：传说舜曾耕田于历山，见本书《万章上》。②傅说：商王武丁的大臣。相传他原是在傅岩从事版筑的工匠。版筑：筑墙。古时以两版相夹，倒进泥土，用杵夯筑成墙。③胶鬲：商纣王时贤臣。传说周文王在卖鱼盐的市肆中发现他并提拔任用他为臣。④管夷吾：管仲，春秋时齐桓公的宰相。举于士：此处之"士"指士师，即狱官。管仲原本辅佐公子纠，齐桓公杀死公子纠后，管仲被拘押，经鲍叔牙推荐，才被桓公释放任用。故孟子说他"举于士"。⑤孙叔敖：春秋时楚国人，姓蒍（wěi），敖是他的名，孙叔是字。他在楚庄王时任令尹（即国相），辅佐庄王称霸。⑥百里奚：春秋时人，原为虞国大夫，虞灭亡后被转

卖到楚国，秦穆公听说他有贤才，便以五张羊皮将他赎出，并任命他为大夫。后来秦穆公在他的辅佐下成就了霸业。⑦行拂乱其所为：赵岐注："所行不从，拂戾而乱之。"⑧忍性：赵岐注："坚忍其性。"⑨曾益：同"增益"。不能：不及。⑩衡于虑：赵岐注："衡塞其虑于胸臆之中，而后作为奇计异策、愤激之说也。"衡，同"横"。⑪征于色：赵岐注："征验见于颜色，若屈原憔悴，渔父见而怪之。"⑫法家拂士：朱熹《集注》："法家，法度之世臣也；拂士，辅弼之贤士也。"拂，同"弼"。

译文

孟子说："舜从农田之中发迹，傅说从筑墙的苦役中被举用，胶鬲从鱼盐商贩中被举用，管仲从狱官手中被举用，孙叔敖从海滨被举用，百里奚从集市中被举用。所以上天将把重任降临给这些人，一定要先磨砺他的心志，劳累他的筋骨，使他的身体饥饿，使他的身子穷困，并且阻挠扰乱他们所做的事情，以此来触动他们的内心，坚韧他们的性格，增加他们所不具备的才干。一个人常常犯错误，然后才能改正；内心困苦，思虑阻塞，然后才能振作；在脸色上表露出来，在谈吐间吐发出来，然后才能领悟。国内没有法度大臣和辅弼贤士，国外没有抗衡的国家和外在的忧患，国家常常会灭亡。然后才知道，在忧患中生存而在安乐中死亡。"

孟子曰："教亦多术矣，予不屑之教诲也者，是亦教诲之而已矣！"

译文

孟子说："教育也有多种方法，我不屑于教诲他，这也是教诲他的方法呢！"

尽心上

　　孟子曰："尽其心者，知其性也，知其性，则知天矣。存其心，养其性，所以事天也。殀（yāo）寿不贰①，修身以俟之，所以立命也。"

注释
①殀：同"夭"，夭折，短命。贰：怀疑。

译文
　　孟子说："竭尽了自己的本心，就能知晓人的本性。知晓了人的本性，就知晓天命了。保持人的本心，培养人的本性，这就是对待上天的方法。短命或长寿都不怀疑，修养自己的身心来等候上天的安排，这就是安身立命的方法。"

　　孟子曰："万物皆备于我①矣。反身而诚，乐莫大焉②。强恕而行③，求仁莫近焉。"

注释
①万物皆备于我：朱熹《集注》："此言理之本然也，大则君臣父子，小则事物细微，无一不具于性分之内也。"②"反身而诚"二句：朱熹《集注》："言反诸身而所备之理皆如好好色、恶恶臭之实然，则其行之不待勉强而无不利矣，其为乐孰大于是。"③

强恕而行：朱熹《集注》："强，勉强也。恕，推己以及人也。"

译文

孟子说："各种事物之理都具备于我了。反省自身，自己是忠诚老实的，快乐没有比这更大的了。勉力地按推己及人的恕道去做，求得仁德的途径没有比这更近的了。"

孟子曰："行之而不著①焉，习矣而不察②焉，终身由之而不知其道者，众也。"

注释

①著：朱熹《集注》："知之明。"②察：朱熹《集注》："识之精。"

译文

孟子说："做了某件事却不明白它的道理，习惯了却没弄清它的原因，终身走着那条路却不知那条道路的人，很多啊。"

孟子曰："人不可以无耻，无耻之耻，无耻矣。"

译文

孟子说："人不可以没有羞耻，不知羞耻的那种羞耻，真是不知羞耻啊。"

孟子曰："耻之于人大矣。为机变①之巧者，无所用耻焉。不耻不若人，何若人有？"

①机变：机巧变诈。

孟子说："羞耻之心对于人关系重大。玩弄机谋巧诈的人，没有地方用得到羞耻。不以不如他人为羞耻，怎么会赶上他人呢？"

孟子曰："古之贤王，好善而忘势①；古之贤士，何独不然？乐其道而忘人之势，故王公不致敬尽礼，则不得亟见之。见且由不得亟（qì）②，而况得而臣之乎？"

①势：权势。②且由：连词，相当于尚且、还。亟：多次。

孟子说："古时候的贤君，喜爱善言善行因而忘记了自己的权势；古时候的贤士，何尝不是这样呢？乐于自己的大道而忘记了他人的权势，所以王公贵族如不恭敬尽礼，就不能频繁见到他。相见尚且不能多得，何况要以他为臣呢？"

孟子谓宋句（gōu）践①曰："子好游②乎？吾语子游。人知之亦嚣嚣③，人不知亦嚣嚣。"

曰："何如斯可以嚣嚣矣？"

曰："尊德乐义，则可以嚣嚣矣。故士穷不失义，达不离道。穷不失义，故士得己④焉；达不离道，故民不失望焉。古之人，得志泽加于民；不得志，修身见（xiàn）于世⑤；穷则独善其身，达则兼善天下。"

注释

①宋句践：赵岐注："宋，姓也。句践，名也。"此人不见于其他古籍，其生平事迹无考。②游：游说。③嚣嚣：赵岐注："自得无欲之貌。"焦循《正义》："嚣嚣见于经籍者，义多不一，大抵皆由假借也。此嚣即为闲之假借，嚣嚣，即闲闲也。"④得己：自得。又，朱熹《集注》："言不失己也。"⑤修身见于世：朱熹《集注》："谓名实之显著也。"见：同"现"。

译文

孟子对宋句践说："你喜好游说吗？我告诉你游说的态度。别人理解我，也安详自得；别人不理解我，也安详自得。"

宋句践说："怎样才能安详自得呢？"

孟子说："尊重德，乐于义，就能安详自得了。所以士人穷困而不失义，显达而不背离道。穷困不失去义，所以士人能安闲自得；显达不背离道，所以民众对他不会失望。古时候的人，得志的时候，就把恩惠施加给民众；不得志的时候，就修养自身品行表现于世人；穷困就独善其身，显达就兼善天下。"

孟子曰："待文王而后兴①者，凡民也。若夫豪杰之士，虽无文王犹兴。"

注释

①兴：朱熹《集注》："兴者，感动奋发之意。"

孟子说:"等待周文王出来,然后才奋发起来的,那是普通人。至于豪杰之士,即使没有周文王,也会奋发起来。"

孟子曰:"以佚道①使民,虽劳不怨;以生道②杀民,虽死不怨杀者。"

①佚道:同"逸道",指安乐之道。佚:同"逸"。②生道:指谋求生存。

孟子说:"为在谋求百姓生活安逸的原则下来役使百姓,百姓即使劳累也不会怨恨;在谋求百姓生存的原则下杀人,被杀者即使死去也不会怨恨杀死他的人。"

孟子曰:"仁言不如仁声①之入人深也,善政不如善教之得民也。善政,民畏之;善教,民爱之。善政得民财,善教得民心。"

①仁言不如仁声:朱熹《集注》引程颐说:"仁言谓以仁厚之言加于民;仁声谓仁闻,谓有仁之实而为众所称道者也。"所谓仁言,即指仁厚的话。仁声,即指加惠于民而取得的好名声。

孟子说:"仁厚的言辞不及仁厚的声望深入人心,良好的政治不及良好的教育赢得民众。良好的政治，百姓畏惧它；良好的教育，百姓喜爱它。良好的政治能赢得百姓的财富，良好的教育能赢得百姓的心。"

孟子曰："人之所不学而能者，其良能也；所不虑而知者，其良知①也。孩提之童②，无不爱其亲者；及其长也，无不知敬其兄也。亲亲，仁也；敬长，义也。无他，达之天下也。"

注释

①良能、良知：朱熹《集注》："良者，本然之善也。"据此，良能可理解为本来具有的善的能力，良知可理解为本来具有的善的知识。此系孟子哲学术语，可不译。②孩提之童：赵岐注："二三岁之间在襁褓，知咳笑、可提抱者也。"

译文

孟子说："人不经学习便能做到的，这是良能；不经思考便知道的，这是良知。两三岁的儿童，没有不知道亲爱自己父母的；等到长大了，没有不知道尊敬自己兄长的。亲爱父母，便是仁；尊敬兄长，便是义。没有其他原因，因为这两种品德是通行天下的。"

孟子曰："舜之居深山之中，与木石居，与鹿豕游①，其所以异于深山之野人者几希②。及其闻一善言，见一善行，若决江河，沛然③莫之能御也。"

①与鹿豕游：赵岐注："鹿豕近人，若与人游也。"②几希：无几，甚少。希：同"稀"。③沛然：这里形容大水浩瀚莫能制止的样子。

译文

孟子说："舜居住在深山之中时，与树木、石头相处，与鹿儿、野猪来往，跟深山中的草野之人几乎没有什么不同。等他听到一句善言，看见一件善行，（就一心向善，这种力量）如同决开了的江河，浩浩荡荡地没有什么能阻挡他了。"

孟子曰："无为其所不为①，无欲其所不欲②，如此而已矣。"

注释

①所不为：不该做的。②所不欲：不该得到的。

译文

孟子说："不做那些不该做的事情，不想望那些不该得到的东西，如此罢了。"

孟子曰："有事君人者，事是君则为容悦①者也；有安社稷臣者，以安社稷为悦者也；有天民②者，达可行于天下而后行之者也；有大人③者，正己而物正者也。"

注释

①容悦：喜悦，喜欢。容、悦二字双声，属同义叠用。②天民：

赵岐注："知道者也。"朱熹《集注》："民者，无位之称，以其全天尽理，乃天之民，故谓之天民。"③大人：此指圣人。

译文

孟子说："有事奉君主的人，他是事奉这个君主就讨君主喜欢的人；有安定国家的臣子，他是以安定国家为愉悦的人；有天民，他是懂得能把大道施行于天下时才去实行的人；有大人，他是端正了自身而事物随之得到端正的人。"

孟子曰："君子有三乐，而王天下不与（yù）①存焉。父母俱存，兄弟无故②，一乐也；仰不愧于天，俯不怍（zuò）③于人，二乐也；得天下英才而教育之，三乐也。君子有三乐，而王天下不与存焉。"

注释

①与：在其中。②故：灾难病患。③怍：惭愧。

译文

孟子说："君子有三种乐事，但称王天下并不在其中。父母都健在，弟兄无灾患，是第一种乐事；抬头无愧于苍天，低头无愧于他人，是第二种乐事；得到天下的优秀人才而教育他们，是第三种乐事。君子有三种乐事，但称王天下并不在其中。"

孟子曰："伯夷辟①纣，居北海之滨，闻文王作，兴②曰：'盍归乎来③！吾闻西伯④善养老者。'太公辟纣，居东海之滨，闻文王作，兴曰：'盍归乎来！吾闻西伯善养老者。'天下有善养老，则仁人以为己归矣。五亩之宅，树墙下以桑，匹妇蚕之，则老者足以衣帛矣。五母鸡、二母彘无失其时，老者足以无失肉矣。百亩之田，匹夫耕之，八口之家，足以无饥矣。所谓西伯善养老者，制其田里⑤，教之树⑥畜，导其妻子使养其老。五十非帛不暖，七十非肉不饱，不暖不饱，谓之冻馁。文王之民无冻馁之老者，此之谓也。"

注释

①辟：同"避"。②兴：欢喜，高兴。③盍：何不。来：《词铨》卷二："语末助词，无义。按今语之'唡'疑由此字变来。"④西伯：周文王，西伯是他的封号。⑤田里：朱熹《集注》："田，谓五亩之田。里，谓五亩之宅。"⑥树：栽种，种植。

译文

孟子说："伯夷躲避纣王，居住在北海之滨，听说周文王兴起，高兴地说：'何不去归附呢！我听说西伯善于奉养老人。'姜太公躲避纣王，居住在东海之滨，听说周文王兴起，高兴地说：'何不去归附呢！我听说西伯善于奉养老人。'天下有善于奉养老人的人，那么仁人便以之作为自己的归宿了。五亩的住宅，在墙下种植桑树，一个妇女养蚕，那么老年人就能够穿上丝绸了。五只母鸡、两头母猪不失时节地畜养，老年人就能够不缺少肉食了。百亩耕地，一个男子去耕种，八口人的家庭，就能够不挨饿了。所谓西伯善于奉养老人，就是规定百姓的耕地居宅，教育他们耕种和畜牧，引导妻室子女奉养他们的老人。到了五十岁没有丝绵就穿不暖，到了七十岁没有肉食就吃不饱，穿不暖、吃不饱叫作挨冻受饿。周文王的百姓中没有挨冻受饿的老人，就是这个意思。"

孟子曰："易其田畴①，薄其税敛，民可使富也。食之以时，用之以礼，财不可胜②用也。民非水火不生活，昏暮叩人之门户求水火，无弗与者，至足矣。圣人治天下，使有菽③粟如水火。菽粟如水火，而民焉有不仁者乎?”

注释

①易：赵岐注："治也。"即耕种，耕作。田畴：田地。②胜：尽。③菽：豆类。

译文

孟子说："整治耕地，减轻赋税，可以使百姓生活富足。依照时令饮食，按照礼仪消费，财物就用不尽。百姓没有水火就无法生活，黄昏夜晚去敲他人家的门求取水火，没有不给的，因为相当充足啦。圣人治理天下，要使百姓拥有豆、粟如同水、火一样充足。豆、粟如同水、火一样充足，百姓哪有不仁爱的呢?"

孟子曰："孔子登东山而小①鲁，登泰山而小天下。故观于海者难为水，游于圣人之门者难为言。观水有术，必观其澜②。日月有明，容光必照③焉。流水之为物也，不盈科④不行；君子之志于道也，不成章⑤不达。"

注释

①东山：朱熹《集注》谓指"鲁城东之高山"。焦循《正义》以为即蒙山，在今山东蒙阴之南。小：以为……小。②必观其澜：朱熹《集注》："澜，水之湍急处。观水之澜，则知其源之有本矣。"③容光必照：赵岐注："容光，小卻（隙）也。"朱熹《集注》："于容光之隙无不照。"④盈科：赵岐注："盈，满也。科，坎也。"⑤成章：古称乐曲终结为一章。此指事物达到一定阶段。

孟子说:"孔于登上东山就觉得鲁国小了,登上泰山就觉得天下小了。所以对于看过大海的人而言,一般的水流就难于算是水了;对于在圣人门下游过学的人而言,一般的言论也就难于算是言论了。看水有方法,一定要看它的波澜。太阳月亮有光辉,小小缝隙一定能照到。水流这种东西,不流满坑洼不再向前;君子的志于大道,不到一定的程度,也就不能通达。"

孟子曰:"鸡鸣而起,孳孳①为善者,舜之徒也;鸡鸣而起,孳孳为利者,蹠(zhí)②之徒也。欲知舜与蹠之分,无他,利与善之间也。"

①孳孳:朱熹《集注》:"勤勉之意。"②蹠:即盗跖,相传为古代的大盗。

孟子说:"鸡一叫就起床,孜孜不倦地行善的人,是舜的同类;鸡一叫就起床,孜孜不倦营利的人,是跖的同类。要了解舜和跖的区别,没有别的,就在谋私利与做好事的不同罢了。"

孟子曰:"杨子取①为我,拔一毛而利天下,不为也;墨子兼爱,摩顶放踵②利天下,为之。子莫③执中。执中为近之。执中无权④,犹执一也。所恶执一者,为其贼⑤道也,举一而废百也。"

①杨子：即杨朱，见本书《滕文公下》篇。取：主张。②摩顶放踵：顶指头颅，踵指脚跟。赵岐注："摩秃其顶，下至其踵。"③子莫：赵岐注："鲁之贤人也。"近人罗根泽认为此人即《说苑·修文》篇中的颛孙子莫。④权：权变，变通。⑤贼：害。

孟子说："杨子主张为我，拔下一根毫毛而对天下有利，也不肯做；墨子主张兼爱，即使摩秃头顶直到脚跟，只要对天下有利，他也肯做。子莫取两者之中。取两者之中算是差不多。取两者之中如果缺乏变通，就和执守一端一样了。之所以厌恶固执一端，因为它损害了仁义之道，抓住一点而废弃了所有其余的缘故。"

孟子曰："饥者甘食，渴者甘饮，是未得饮食之正也，饥渴害之也。岂惟口腹有饥渴之害①？人心亦皆有害。人能无以饥渴之害为心害，则不及人不为②忧矣。"

①害：妨碍，妨害。②为：用也。训见《经传释词》卷二。

孟子说："饥饿的人觉得食物甜美，干渴的人觉得饮料甜美，这是因为他们没有尝到饮料食物的正常滋味，是饥渴妨碍了他们的缘故。难道仅仅嘴巴肠胃受饥渴的妨碍吗？人心也都有妨碍。假使人能不使饥渴之类的妨碍成为他心志的妨碍，就不会因为赶不上他人而忧虑了。"

孟子曰："有为者辟①若掘井，掘井九轫②而不及泉，犹为弃井也。"

注释

①辟：同"譬"。②轫：同"仞"，古代长度单位，一仞等于七尺（一说八尺）。九轫，犹言很深，"九"是多的意思。

译文

孟子说："有作为的人好比掘井，井掘到七八丈深却还没有挖到泉水，仍然是一口废井。"

桃应①问曰："舜为天子，皋陶为士，瞽瞍杀人，则如之何？"

孟子曰："执之而已矣。"

"然则舜不禁与？"

曰："夫舜恶得而禁之？夫有所受之②也。"

"然则舜如之何？"

曰："舜视弃天下犹弃敝蹝（xǐ）③也，窃负而逃，遵④海滨而处，终身䜣（xīn）⑤然，乐而忘天下。"

注释

①桃应：赵岐注："孟子弟子。"②有所受之：朱熹《集注》："言皋陶之法有所传受，非所敢私，虽天子之命亦不得而废之也。"③敝蹝：破鞋。蹝，同"屣"。草鞋。④遵：循。⑤䜣：同"欣"。

译文

桃应问道："舜当天子，皋陶当法官，假使舜的父亲瞽瞍杀了人，那怎么办呢？"

孟子说："把他抓起来就是了。"

桃应说："那么舜不阻止吗？"

孟子说："舜怎么能阻止他呢？皋陶是承受了职责的。"

桃应说："那么舜怎么办呢？"

孟子说："舜把抛弃天下看得如同抛弃破草鞋一样，偷偷背着父亲就逃走，沿着海边住下，一辈子欣然自喜，快乐得忘记了天下。"

孟子曰："食而弗爱，豕交之也；爱而不敬，兽畜之也。恭敬者，币之未将①者也。恭敬而无实，君子不可虚拘②。"

注释

①将：送。②拘：朱熹《集注》："留也。"

译文

孟子说："供养而不爱护，是喂猪那样对待他；爱护而不尊重，是禽兽一样畜养他。恭敬之心，是礼物尚未送到以前就存在的。只有恭敬的形式却没有实质，君子不可被这种虚假的礼节所拘留。"

孟子曰："君子之所以教者五：有如时雨化之①者，有成德者，有达财②者，有答问者，有私淑艾③者。此五者，君子之所以教也。"

注释

①如时雨化之：时雨即及时之雨。赵岐注："教之渐渍而沾洽

也。"②财：同"材"。朱熹《集注》："各因其所长而教之者也。"
③私淑艾：朱熹《集注》："私，窃也。淑，善也。艾，治也。人
或不能及门受业，但闻君子之道于人，而窃以善治其身，是亦君
子之教诲之所及。"焦循《正义》："……私淑艾者，即私拾取也。
其实私淑艾犹私淑也。"

译文

　　孟子说："君子用以教育的方式有五种：有像及时雨那样化
育万物的，有成就德行的，有增长才能的，有解答疑问的，有以
自身的善行来让他人学习的。这五种，就是君子教育的方式呢。"

　　孟子曰："君子之于物也，爱之而弗仁；于民也，仁之而
弗亲。亲亲而仁民，仁民而爱物。"

译文

　　孟子说："君子对待万物，爱惜它却不施给仁爱；对于百姓，
把仁爱施给他们却不亲爱。君子亲爱亲人因而仁爱百姓，仁爱百
姓因而爱惜万物。"

　　孟子曰："知者无不知也，当务之为急；仁者无不爱也，
急亲贤之为务。尧舜之知而不遍物，急先务也；尧舜之仁不
遍爱人，急亲贤也。不能三年之丧，而缌（sī）、小功之察①；
放饭、流歠（chuò）②，而问无齿决③，是之谓不知务。"

注释

①缌、小功之察：缌、小功都是古代丧服的等级。按礼制规定，
前者应服丧三月，后者应服丧五月。为父母服丧，必须三年，所

穿的丧服远比缌、小功为重。若不能做到这一点，却在服缌和小功上讲究，则是不知大体。②放饭：把吃剩的饭放回饭器。流歠：犹今言狼吞虎咽。前者不清洁，后者不文雅，都属于失礼的行为。③问：讲求。无齿决：即不在宴席上啃干肉，应用手折断后送入口中。朱熹谓，与放饭、流歠相比，齿决干肉只算是"不敬之小者"。

译文

孟子说："智者无所不知，但急于当前的事务；仁者无所不爱，但务必先亲爱亲人和贤者。有尧舜那样的智慧却不能遍知一切，因为他急于知道首要的事务；有尧舜那样的仁德也不遍爱世人，因为他急于亲爱亲人和贤者。不能服丧三年却去讲求缌麻、小功，放回剩饭、进食狼吞虎咽却去细究不用牙咬断干肉，这就叫作不识大体。"

尽心下

孟子曰:"不仁哉梁惠王也!仁者以其所爱及其所不爱,不仁者以其所不爱及其所爱。"

公孙丑问曰:"何谓也?"

"梁惠王以土地之故,糜烂①其民而战之,大败,将复之,恐不能胜,故驱其所爱子弟以殉之,是之谓以其所不爱及其所爱也。"

注释

①糜烂:腐烂如稀粥糜。这里是使动用法。糜:粥。烂:腐。朱熹《集注》:"使之战斗,糜烂其血肉也。"

译文

孟子说:"梁惠王真是不仁啊!仁者把他所喜爱的推及于所不喜爱的,不仁者把他所不喜爱的推及于所喜爱的。"

公孙丑问道:"这话是什么意思呢?"

孟子说:"梁惠王为了争夺土地的缘故,让他的百姓粉身碎骨去为他打仗,大败之后,将要再战,恐怕不能取胜,所以驱使他所喜爱的子弟去献身,这就叫作把他所不喜爱的推及于所喜爱的。"

孟子曰:"春秋无义战。彼善于此,则有之矣。征者,上伐下也，敌①国不相征也。"

注释

①敌：指匹敌。

译文

孟子说："春秋时代没有正义的战争。那一方比这一方好一点，那是有的。征讨的意思，就是在上者讨伐在下者，相等的国家不相互征伐。"

孟子曰："尽信《书》①，则不如无《书》。吾于《武成》②，取二三策③而已矣。仁人无敌于天下，以至仁伐至不仁，而何其血之流杵（chǔ）④也？"

注释

①《书》：指《尚书》。②《武成》：《尚书》篇名，大约在秦汉之际已经亡佚，现在《尚书》中的《武成》篇是伪古文。③策：竹简。战国时纸张还没有发明，文字抄写在竹简上，每一片竹简称一策。④杵：舂米的棒槌。

译文

孟子说："完全相信《书》，那还不如没有《书》。我对于《武成》篇，不过取两三片竹简罢了。仁者无敌于天下，凭周武王这样极其仁爱的君主去讨伐纣王那样极其不仁的暴君，怎么会厮杀得血流成河把舂米的棒槌都漂起来呢？"

孟子曰："有人曰：'我善为陈①，我善为战。'大罪也。

国君好仁，天下无敌焉。南面而征，北狄怨；东面而征，西夷怨，曰：'奚为后我？'武王之伐殷也，革车三百两、虎贲(bēn)②三千人。王曰：'无畏！宁尔也，非敌百姓也。'若崩厥角③稽首。征之为言正也，各欲正己也，焉用战？"

注释

①陈：同"阵"。②革车：兵车。《孙子·作战》："凡用兵之法，驰车千驷，革车千乘，带甲十万。"梅尧臣注："驰车，轻车也；革车，重车也。凡轻车一乘，甲士步卒二十五人；重车一乘，甲士步卒七十五人。举二车各千乘，是带甲者十万人。"虎贲：勇士。③厥角：顿首，即今所谓的叩响头。厥：同"蹶"。角：额角。

译文

孟子说："有人说：'我善于排兵布阵，我善于指挥作战。'这是大罪。国君喜好仁德，天下就没有敌手。向南方征讨，北方的狄人便埋怨；向东方征讨，西方的夷人便埋怨，说：'为什么把我们放在后面呢？'周武王讨伐殷商，兵车三百辆、勇士三千人。武王说：'不要害怕！我来安定你们，不是与百姓为敌。'百姓如同山崩似地叩头顿首。征这个字的意思就是正，各人都想要端正自身，哪里用得着战争？"

孟子曰："梓匠轮舆能与人规矩①，不能使人巧。"

注释

①梓匠：木匠。轮舆：制造车轮或车厢的工匠。舆：车厢。

孟子说："木工和制作车轮、车厢的工匠能把规矩法度传授给他人，却不能使他人技艺灵巧。"

孟子曰："古之为关也，将以御暴；今之为关也，将以为暴。"

孟子说："古时候设置关卡，是要借以抵御强暴；现今设置关卡，是要借以实施强暴。"

孟子曰："身不行道①，不行于妻子；使人不以道②，不能行于妻子。"

①身不行道：朱熹《集注》："以行言之。"②使人不以道：朱熹《集注》："以事言之。"

孟子说："自身不践行正道，对妻室、子女都推行不了；不以正道役使他人，连妻室、子女都不能差遣。"

孟子曰："民为贵，社稷①次之，君为轻。是故得乎丘民②而为天子，得乎天子为诸侯，得乎诸侯为大夫。诸侯危社稷，则变置；牺牲既成③，粢（zī）盛（chéng）④既洁，祭祀以时，然而旱干水溢，则变置社稷。"

①社稷：国家。社：土神。稷：谷神。古代建国必立社稷，后世即以社稷代指国家。②丘民：王念孙《广雅疏证》："丘，众也。"焦循《正义》："丘民犹言邑民、乡民、国民也。"③牺牲：祭祀用的猪羊。成：肥美。焦循《正义》："牺牲贵肥腯，故以肥腯为成。"④粢盛：指祭品。黍稷叫粢，在器的食物叫盛。

译文

　　孟子说："百姓是最重要的，其次是土地神和谷神，国君最轻微。因此，赢得了万民才能成为天子，赢得了天子就能成为诸侯，赢得了诸侯就能成为大夫。诸侯危及土地神和谷神，就另外改立；祭祀用的猪羊已经肥壮了，祭祀的食品已经洁净了，祭祀也按时举行了，这样还有干旱水淹的灾害发生，就改立土地神和谷神。"

　　孟子曰："贤者以其昭昭使人昭昭①，今以其昏昏②使人昭昭。"

注释

①昭昭：朱熹《集注》："明也。"②昏昏：朱熹《集注》："暗也。"

译文

　　孟子说："贤人以自己的清楚明白，去让他人清楚明白；现在的人却以自己的模糊不清，去让他人清楚明白。"

　　孟子谓高子曰："山径之蹊①间，介然用②之而成路；为间③不用，则茅塞之矣。今茅塞子之心矣。"

注释

①径：小路。蹊：人行处。②介然：朱熹《集注》："介然，倏然之顷也。用，由也。"③为间：朱熹《集注》："少顷也。"

译文

孟子对高子说："山坡的小路中间，忽然很多人走过就成为路；隔些时候不走，就会被茅草堵塞。现在茅草已经堵塞你的心了。"

齐饥，陈臻曰："国人皆以夫子将复为发棠①，殆不可复。"

孟子曰："是为冯妇②也。晋人有冯妇者，善搏③虎，卒为善士。则之④野，有众逐虎，虎负嵎（yú）⑤，莫之敢撄⑥。望见冯妇，趋而迎之，冯妇攘臂⑦下车，众皆悦之。其为士者笑之⑧。"

注释

①发：开仓放粮。棠：齐国在齐城附近的粮仓。孟子曾经劝说齐王开此仓济贫，故而国人在遇到灾荒时希望孟子再次劝说齐王开仓。②冯妇：人名。赵岐注："冯，姓也。妇，名也。"③搏：用手打。④之：到，去。⑤负嵎：同"负隅"。依靠着山角。⑥撄：触犯，冒犯。⑦攘臂：卷袖露臂。⑧笑之：朱熹《集注》："笑其不知止也。"

　　齐国饥荒，陈臻说："国人都认为孟先生将要再次替他们去请求齐王打开棠地的仓库救荒，大概不可能再去请求了吧。"

　　孟子说："这是叫我做冯妇了。晋国有个叫冯妇的人，善于空手打老虎，后来（不再打老虎了，）成为行善之人。一次去野外，有许多人在追逐老虎，老虎背靠着山角，没有人敢逼近它。人们望见冯妇，就跑过去迎接。冯妇捋起袖子伸出胳膊走下车来（准备去打虎）。众人都很喜欢他，可那些士人却讥笑他。"

　　孟子曰："口之于味也，目之于色也，耳之于声也，鼻之于臭（xiù）①也，四肢之于安佚也，性②也，有命焉，君子不谓性也。仁之于父子也，义之于君臣也，礼之于宾主也，知之于贤者也，圣人之于天道也，命也，有性焉，君子不谓命也。"

①臭：同"嗅"。气味。②性：此与下文的"命"，即《礼记·中庸》所谓的"天命之谓性，率性之谓道"。

　　孟子说："口对于美味，眼睛对于美色，耳朵对于好听的声音，鼻子对于好闻的气味，肢体对于安乐舒服（的喜爱），都是天性，但（能否得到却）有命运在，所以君子不称它们为性。仁对于父子，义对于君臣，礼对于宾主，智对于贤者，圣人对于天道（的追求），（能否实现）都是命，但也有天性在，所以君子不称它们为命。"

浩生不害①问曰:"乐正子何人也?"

孟子曰:"善人也,信人也。"

"何谓善? 何谓信?"

曰:"可欲②之谓善,有诸己之谓信,充实之谓美,充实而有光辉之谓大,大而化之之谓圣,圣而不可知之之谓神。乐正子,二之中、四之下也。"

注释

①浩生不害:赵岐注:"浩生,姓;不害,名。齐人也。"②可欲:可爱。王引之《经义述闻》卷十八引《左传》说:"欲,犹好也。"好,即喜爱之意。

译文

浩生不害问道:"乐正子是怎样的人呢?"

孟子说:"是个善人,是个信人。"

浩生不害说:"什么叫善? 什么叫信?"

孟子说:"可爱叫作善,有善在己叫作信,善行充实叫作美,充实又有光辉地表现出来叫作大,大而且融会贯通叫作圣,圣达到妙不可测叫作神。乐正子处在善、信两者之中,美、大、圣、神四者之下。"

孟子曰:"诸侯之宝三:土地、人民、政事。宝珠玉者,殃必及身。"

译文

孟子说:"诸侯的宝贝有三样:土地、人民、政务。以珍珠美玉为宝贝的人,灾祸一定会降临到他身上。"

盆成括①仕于齐，孟子曰："死矣盆成括！"

盆成括见②杀，门人问曰："夫子何以知其将见杀？"

曰："其为人也小有才，未闻君子之大道也，则足以杀其躯而已矣。"

注释

①盆成括：赵岐注："盆成，姓也；括，名也。尝欲学于孟子，问道未达而去。后仕于齐，孟子闻而嗟叹。"②见：被。

译文

盆成括在齐国做官，孟子说："盆成括的死期到了！"

盆成括被杀，学生问道："老师怎么知道他将会被杀？"

孟子说："盆成括为人小有才干，但未曾闻知君子的大道，这就足以招致杀身之祸了。"

孟子曰："言近而指①远者，善言也；守约而施博者，善道也。君子之言也，不下带而道存②焉；君子之守，修其身而天下平。人病舍其田而芸③人之田，所求于人者重，而所以自任者轻。"

注释

①指：同"旨"。②不下带而道存：朱熹《集注》："古人视不下带，则带之上乃常见至近之处也。举目前之近事而至理存焉。"③芸：同"耘"。除草。

译文

孟子说："言语浅近而旨意深远的，是善言；操守简约而施惠广博的，是善道。君子的言语，讲的虽是常见的事情，而大道就在这中间；君子的操守，修养自身进而使天下太平。人们的毛病在于放下自己的耕地却去别人的田里除草，要求于别人的重而自己承担的轻。"

孟子曰："说（shuì）大人，则藐之，勿视其巍巍然。堂高^①数仞，榱（cuī）题^②数尺，我得志，弗为也；食前方丈^③，侍妾数百人，我得志，弗为也；般（pán）乐^④饮酒，驱骋田猎，后车千乘，我得志，弗为也。在彼者，皆我所不为也；在我者，皆古之制也，吾何畏彼哉？"

注释

①堂高：焦循《正义》："经传称堂高者，皆指堂阶而言。"②榱题：屋顶上承瓦的椽子露出屋檐处的部分。此指屋檐。赵岐注："榱之抵檐处为榱题，覆以瓦，雨水自此下溜。"榱：即桷，椽子。③食前方丈：喻饮食丰饶。朱熹《集注》："馔食列于前者，方一丈也。"④般乐：玩乐。

译文

孟子说："向有权势的人进言，就要先藐视他们，不要把他们那种高高在上的样子放在眼里。殿堂高至数丈，屋檐宽到几尺，假使我得志了，是不这样做的；面前的食物摆满一大桌，侍奉的姬妾几百个，假使我得志了，是不这样做的；饮酒狂欢，奔驰射猎，随从的车子上千辆，假使我得志了，是不这样做的。他所做的事，都是我不愿做的事；我所有的，都合乎古代的制度，我为什么要畏惧他呢？"

孟子曰："养心莫善于寡欲。其为人也寡欲，虽有不存①焉者，寡矣；其为人也多欲，虽有存焉者，寡矣。"

注释

①存：这里是存其本心之意。

译文

　　孟子说："修养心性的方法没有比减少欲望更好的了。他的为人如果欲望不多，那善性即使有所丧失，也是很少的；他的为人如果欲望很多，那善性即使有保存，也是很少的了。"

附一：《论语》名句索引

A

爱之欲其生，恶之欲其死。《颜渊》

B

百姓足，君孰与不足？百姓不足，君孰与足？《颜渊》

邦有道，贫且贱焉，耻也；邦无道，富且贵焉，耻也。《泰伯》

饱食终日，无所用心。《阳货》

必也临事而惧，好谋而成者也。《述而》

博学而笃志，切问而近思，仁在其中矣。《子张》

不愤不启，不悱不发。《述而》

不患寡而患不均，不患贫而患不安。《季氏》

不患莫己知，求为可知也。《里仁》

不患人之不己知，患其不能也。《宪问》

不患无位，患所以立。《里仁》

不念旧恶，怨是用希。《公冶长》

不迁怒，不贰过。《雍也》

不辱君命。《子路》

不学《礼》，无以立。《季氏》

不学《诗》，无以言。《季氏》

不义而富且贵，于我如浮云。《述而》

不怨天，不尤人。《宪问》

不曰坚乎，磨而不磷；不曰白乎，涅而不缁。《阳货》

不在其位，不谋其政。《泰伯》

不知老之将至。《述而》

C

草上之风，必偃。《颜渊》

朝闻道，夕死可矣。《里仁》

成事不说，遂事不谏，既往不咎。《八佾》

辞达而已矣。《卫灵公》

D

大车无輗，小车无軏，其何以行之哉？《为政》

当仁，不让于师。《卫灵公》

道不同，不相为谋。《卫灵公》

道不行，乘桴浮于海。《公冶长》

道听而涂说，德之弃也。《阳货》

德不孤，必有邻。《里仁》

笃信好学，守死善道。《泰伯》

多见其不知量也。《子张》

多闻，择其善者而从之。《述而》

E

恶夫佞者。《先进》

恶紫之夺朱也，恶郑声之乱雅乐也，恶利口之覆邦家者。

《阳货》

F

发愤忘食，乐以忘忧。《述而》

放于利而行，多怨。《里仁》

放郑声，远佞人。郑声淫，佞人殆。《卫灵公》

非礼勿视，非礼勿听，非礼勿言，非礼勿动。《颜渊》

非其鬼而祭之，谄也。《为政》

斐然成章。《公冶长》

夫子循循然善诱人。《子罕》

夫子之道，忠恕而已矣。《里仁》

夫子自道也。《宪问》

父母在，不远游，游必有方。《里仁》

父在，观其志；父没，观其行。《学而》

富而可求也，虽执鞭之士，吾亦为之。《述而》

富与贵，是人之所欲也，不以其道得之，不处也。《里仁》

G

改之为贵。《子罕》

割鸡焉用牛刀？《阳货》

工欲善其事，必先利其器。《卫灵公》

攻乎异端，斯害也已。《为政》

躬自厚而薄责于人，则远怨矣。《卫灵公》

过，则勿惮改。《学而》

过而不改，是谓过矣。《卫灵公》

过犹不及。《先进》

H

后生可畏，焉知来者之不如今也？《子罕》

J

己所不欲，勿施于人。《颜渊》

己欲立而立人，己欲达而达人。《雍也》

既来之，则安之。《季氏》

祭如在，祭神如神在。《八佾》

见利思义。《宪问》

见善如不及，见不善如探汤。《季氏》

见贤思齐焉，见不贤而内自省也。《里仁》

见小利则大事不成。《子路》

见义不为，无勇也。《为政》

敬鬼神而远之，可谓知矣。《雍也》

举一隅不以三隅反，则不复也。《述而》

举直错诸枉，能使枉者直。《颜渊》

举直错诸枉，则民服；举枉错诸直，则民不服。《为政》

君君，臣臣，父父，子子。《颜渊》

君命召，不俟驾行矣。《乡党》

君使臣以礼，臣事君以忠。《八佾》

君子病无能焉，不病人之不己知也。《卫灵公》

君子博学于文，约之以礼，亦可以弗畔矣夫！《雍也》

君子不器。《为政》

君子不以言举人，不以人废言。《卫灵公》

君子不以言举人，不以人废言。《卫灵公》

君子成人之美，不成人之恶。小人反是。《颜渊》

君子固穷，小人穷斯滥矣。《卫灵公》

君子和而不同，小人同而不和。《子路》

君子怀德，小人怀土。《里仁》

君子怀刑，小人怀惠。《里仁》

君子惠而不费，劳而不怨，欲而不贪，泰而不骄，威而不猛。《尧曰》

君子疾没世而名不称焉。《卫灵公》

君子矜而不争，群而不党。《卫灵公》

君子居之，何陋之有？《子罕》

君子谋道不谋食。《卫灵公》

君子求诸己，小人求诸人。《卫灵公》

君子去仁，恶乎成名？《里仁》

君子食无求饱，居无求安，敏于事而慎于言，就有道而正焉，可谓好学也已。《学而》

君子泰而不骄，小人骄而不泰。《子路》

君子坦荡荡，小人长戚戚。《述而》

君子无所争。《八佾》

君子无终食之间违仁，造次必于是，颠沛必于是。《里仁》

君子务本，本立而后道生。《学而》

君子以文会友，以友辅仁。《颜渊》

君子忧道不忧贫。《卫灵公》

君子有九思：视思明，听思聪，色思温，貌思恭，言思忠，事思敬，疑思问，忿思难，见得思义。《季氏》

君子有三畏：畏天命，畏大人，畏圣人之言。《季氏》

君子于其所不知，盖阙如也。《子路》

君子欲讷于言而敏于行。《里仁》

君子喻于义，小人喻于利。《里仁》

君子之德风，小人之德草。《颜渊》

君子之过也，如日月之食焉：过也，人皆见之；更也，人皆仰之。《子张》

君子周而不比，小人比而不周。《为政》

K

克己复礼为仁。《**颜渊**》

L

老而不死，是为贼。《**宪问**》

老者安之，朋友信之，少者怀之。《**公冶长**》

乐而不淫，哀而不伤。《**八佾**》

乐骄乐，乐佚游，乐晏乐，损矣。《**季氏**》

乐节礼乐 yuè，乐道人之善，乐多贤友，益矣。《**季氏**》

礼，与其奢也，宁俭。《**八佾**》

礼之用，和为贵。《**学而**》

里仁为美。择不处仁，焉得知？《**里仁**》

六十而耳顺。《**为政**》

M

苗而不秀。《**子罕**》

民可使由之，不可使知之。《**泰伯**》

敏而好学，不耻下问。《**公冶长**》

名不正，则言不顺。《**子路**》

默而识之。《**述而**》

N

能近取譬，可谓仁之方也已。《**雍也**》

鸟之将死，其鸣也哀；人之将死，其言也善。《**泰伯**》

P

贫而无谄，富而无骄。《**学而**》

贫而无怨难，富而无骄易。《宪问》

贫与贱，是人之所恶也，不以其道得之，不去也。《里仁》

Q

七十而从心所欲，不逾矩。《为政》

其身正，不令而行；其身不正，虽令不从。《子路》

其生也荣，其死也哀，如之何其可及也？《子张》

其未得之也，患得之；既得之，患失之。患得患失《阳货》

巧言令色，鲜矣仁！《学而》

巧言乱德。《卫灵公》

R

人而不仁，如礼何？人而不仁，如乐何？《八佾》

人而无信(1)，不知其可也。《为政》

人能弘道，非道弘人。《卫灵公》

人无远虑，必有近忧。《卫灵公》

仁者安仁，知者利仁。《里仁》

仁者必有勇，勇者不必有仁。《宪问》

仁者不忧，知者不惑，勇者不惧。《宪问》

任重而道远。《泰伯》

日知其所亡，月无忘其所能，可谓好学也已矣。《子张》

S

三军可夺帅也，匹夫不可夺志也。《子罕》

三年无改于父之道，可谓孝矣。《学而》

三人行，必有我师焉。《述而》

三十而立。《为政》

三思而后行。《公冶长》

丧，与其易也，宁戚。《八佾》

色厉而内荏。《阳货》

上好礼，则民莫敢不敬。《子路》

上好信，则民莫敢不用情。《子路》

上好义，则民莫敢不服。《子路》

甚矣吾衰也！《述而》

生，事之以礼；死，葬之以礼，祭之以礼。《为政》

诗，可以兴，可以观，可以群，可以怨。《阳货》

诗三百，一言以蔽之，曰：'思无邪'。《为政》

食不厌精，脍不厌细。《乡党》

食不语，寝不言。《乡党》

士而怀居，不足以为士矣。《宪问》

士见危致命，见得思义。《子张》

士志于道，而耻恶衣恶食者，未足与议也。《里仁》

仕而优则学。《子张》

是可忍也，孰不可忍也？《八佾》

逝者如斯夫！不舍昼夜。《子罕》

述而不作，信而好古。《述而》

斯人也而有斯疾也！《雍也》

死而后已，不亦远乎？《泰伯》

死生有命，富贵在天。《颜渊》

四海之内，皆兄弟也，君子何患乎无兄弟也？《颜渊》

四十而不惑。《为政》

四体不勤，五谷不分。《微子》

驷不及舌。《颜渊》

虽小道，必有可观者焉。《子张》

岁寒，然后知松柏之后雕也。《子罕》

T

天下有道则见，无道则隐。《泰伯》

W

枉道而事人，何必去父母之邦？《微子》

危邦不入，乱邦不居。《泰伯》

为政以德，譬如北辰，居其所而众星共之。《为政》

唯女子与小人为难养也。《阳货》

唯上知与下愚不移。《阳货》

未能事人，焉能事鬼？《先进》

未知生，焉知死？《先进》

温故而知新，可以为师矣。《为政》

温良恭俭让。《学而》

文质彬彬，然后君子。《雍也》

闻一以知十。《公冶长》

我非生而知之者，好古，敏以求之者也。《述而》

无可无不可。《微子》

无求备于一人。《微子》

无友不如己者。《学而》

吾道一以贯之。《里仁》

吾日三省吾身。《学而》

吾十有五而志于学。《为政》

吾未见好德如好色者也。《卫灵公》

吾未见好德如好色者也。《子罕》

吾未见能见其过而内自讼者也。《公冶长》

五十而知天命。《为政》

X

席不正，不坐。《乡党》

小不忍，则乱大谋。《卫灵公》

小人之过也必文。《子张》

小子鸣鼓而攻之，可也。《先进》

行不由径。《雍也》

行有余力，则以学文。《学而》

性相近也，习相远也。《阳货》

朽木不可雕也，粪土之墙不可杇也。《公冶长》

秀而不实。《子罕》

学而不思则罔，思而不学则殆。《为政》

学而不厌，诲人不倦。《述而》

学而时习之，不亦说乎？《学而》

学而优则仕。《子张》

学如不及，犹恐失之。《泰伯》

血气方刚。《季氏》

Y

言必信，行必果。《子路》

言必有中。《先进》

言不可不慎也。《子张》

言寡尤，行寡悔，禄在其中矣。《为政》

言忠信，行笃敬。《卫灵公》

一箪食，一瓢饮，在陋巷，人不堪其忧，回也不改其乐。

《雍也》

一以贯之。《卫灵公》

一则以喜，一则以惧。《里仁》

以直报怨，以德报德。《宪问》

用之则行，舍之则藏。《述而》

由也升堂矣，未入于室也。（升堂入室）《先进》

友便辟，友善柔，友便佞，损矣。《季氏》

友直，友谅，友多闻，益矣。《季氏》

有教无类。《卫灵公》

有朋自远方来，不亦乐乎？《学而》

郁郁乎文哉。《八佾》

欲速则不达。《子路》

允执其中。《尧曰》

Z

择其善者而从之，其不善者而改之。《述而》

知者不惑，仁者不忧，勇者不惧。《子罕》

知者乐水，仁者乐山。《雍也》

知之为知之，不知为不知，是知也。《为政》

知之者不如好之者，好之者不如乐之者。《雍也》

直道而事人，焉往而不三黜？《微子》

志士仁人，无求生以害仁，有杀身以成仁。《卫灵公》

质胜文则野，文胜质则史。《雍也》

中庸之为德也，其至矣乎！《雍也》

子不语怪、力、乱、神。《述而》

子谓《韶》，尽美矣，又尽善也。尽善尽美《八佾》

子曰：不患人之不己知，患不知人也。《学而》

子在齐闻《韶》，三月不知肉味。《述而》

自古皆有死，民无信不立。《**颜渊**》

自行束脩以上，吾未尝无诲焉。《**述而**》

附二：《孟子》名句索引

A

爱人不亲，反其仁；治人不治，反其智；礼人不答，反其敬。《离娄上》

爱人者，人恒爱之；敬人者，人恒敬之。《离娄下》

B

宝珠玉者，殃必及身。《尽心下》

保民而王，莫之能御也。《梁惠王上》

暴其民甚，则身弑国亡；不甚，则身危国削。《离娄上》

彼，丈夫也；我，丈夫也；吾何畏彼哉？《滕文公上》

彼一时，此一时也。《公孙丑下》

不耻不若人，何若人有？《尽心上》

不待父母之命、媒妁之言，钻穴隙相窥，逾墙相从，则父母国人皆贱之。《滕文公下》

不仁、不智，无礼、无义，人役也。《公孙丑上》

不仁而得国者，有之矣；不仁而得天下者，未之有也。《尽心下》

不仁而在高位，是播其恶于众也。《离娄上》

不孝有三，无后为大。《离娄上》

不言而喻。《尽心上》

不以规矩，不能成方圆。《离娄上》

不以仁政，不能平治天下。《离娄上》

不怨胜己者，反求诸己而已矣。《公孙丑上》

C

采薪之忧。《公孙丑下》

恻隐之心，仁之端也；羞恶之心，义之端也；辞让之心，礼之端也；是非之心，智之端也。《公孙丑上》

长君之恶其罪小，逢君之恶其罪大。《告子下》

诚者，天之道也；思诚者，人之道也。《离娄上》

出于其类，拔乎其萃。《公孙丑上》

春秋无义战。《尽心下》

D

大匠不为拙工改废绳墨，羿不为拙射变其彀率。《尽心上》

大匠诲人，必以规矩，学者亦必以规矩。《告子上》

大人者，不失其赤子之心者也。《离娄下》

大人者，言不必信，行不必果，惟义所在。《离娄下》

箪食壶浆，以迎王师。《梁惠王下》

当今之时，万乘之国行仁政，民之悦之，犹解倒悬也。《公孙丑上》

道在迩而求诸远，事在易而求诸难。《离娄上》

得道者多助，失道者寡助。《公孙丑下》

得其民有道，得其心，斯得民矣。《离娄上》

得其所哉，得其所哉！《万章上》

得其心有道，所欲与之聚之，所恶勿施，尔也。《离娄上》

得天下有道，得其民，斯得天下矣。《离娄上》

得志，与民由之；不得志，独行其道。《滕文公下》

E

耳之于声也，有同听焉。《告子上》

F

反身而诚，乐莫大焉。《尽心上》

非其道，则一箪食不可受于人；如其道，则舜受尧之天下，不以为泰。《滕文公下》

非徒无益，而又害之。《公孙丑上》

夫道若大路然，岂难知哉？人病不求耳。《告子下》

夫人必自侮然后人侮之，家必自毁而后人毁之，国必自伐而后人伐之。《离娄上》

夫仁，天之尊爵也，人之安宅也。《公孙丑上》

夫天未欲平治天下也，如欲平治天下，当今之世，舍我其谁也？《公孙丑下》

夫物之不齐，物之情也，或相倍蓰，或相什百，或相千万。《滕文公上》

夫志，气之帅也；气，体之充也。《公孙丑上》

夫子言之，于我心有戚戚焉。《梁惠王上》

父母爱之，喜而不忘；父母恶之，劳而不怨。《万章上》

父子有亲，君臣有义，夫妇有别，长幼有叙，朋友有信。《滕文公上》

父子之间不责善。《离娄上》

富贵不能淫，贫贱不能移，威武不能屈，此之谓大丈夫。《滕文公下》

G

恭者不侮人，俭者不夺人。《离娄上》

狗彘食人食而不知检。《梁惠王上》

苟不志于仁，终身忧辱，以陷于死亡。《离娄上》

古之君子，过则改之；今之君子，过则顺之。《公孙丑下》

古之人与民偕乐，故能乐也。《梁惠王上》

古之为关也，将以御暴；今之为关也，将以为暴。《尽心下》

固国不以山谿之险。《公孙丑下》

故观于海者难为水，游于圣人之门者难为言。《尽心上》

观水有术，必观其澜。《尽心上》

规矩，方员之至也。《离娄上》

国君好仁，天下无敌焉。《尽心下》

H

怀利以相接，然而不亡者，未之有也。《告子下》

怀仁义以相接也，然而不王者，未之有也。《告子下》

讳名不讳姓，姓所同也，名所独也。《尽心下》

祸福无不自己求之者。《公孙丑上》

J

饥者易为食，渴者易为饮。《公孙丑上》

鸡鸣而起，孳孳为利者，蹠之徒也。《尽心上》

鸡鸣而起，孳孳为善者，舜之徒也。《尽心上》

集大成也者，金声而玉振之也。《万章下》

坚甲利兵。《梁惠王上》

教亦多术矣，予不屑之教诲也者，是亦教诲之而已矣！《告
子下》

教者必以正。《离娄上》

今恶死亡而乐不仁，是犹恶醉而强酒。《离娄上》

今夫天下之人牧6，未有不嗜杀人者也。《梁惠王上》

今之所谓良臣，古之所谓民贼也。《告子下》

今之为仁者，犹以一杯水救一车薪之火也。《告子上》

尽信《书》，则不如无《书》。《尽心下》

居仁由义，大人之事备矣。《尽心上》

居天下之广居，立天下之正位，行天下之大道。《滕文公下》

居移气，养移体，大哉居乎！《尽心上》

具体而微。《公孙丑上》

绝长补短。《滕文公上》

君仁莫不仁，君义莫不义，君正莫不正，一正君而国定矣。
《离娄上》

君子创业垂统，为可继也，若夫成功，则天也。《梁惠王下》

君之视臣如手足，则臣视君如腹心；君之视臣如犬马，则臣
视君如国人；君之视臣如土芥，则臣视君如寇雠。《离娄下》

君子不以天下俭其亲。《公孙丑下》

君子居是国也，其君用之，则安富尊荣；其子弟从之，则孝
悌忠信。《尽心上》

君子可欺以其方，难罔以非其道。《万章上》

君子莫大乎与人为善。《公孙丑上》

君子深造之以道，欲其自得之也。《离娄下》

君子所以异于人者，以其存心也。《离娄下》

君子以仁存心，以礼存心。《离娄下》

君子引而不发，跃如也，中道而立，能者从之。《尽心上》

君子有三乐，而王天下不与存焉。父母俱存，兄弟无故，一
乐也；仰不愧于天，俯不怍于人，二乐也；得天下英才而教育

之，三乐也。《尽心上》

君子有终身之忧，无一朝之患也。《离娄下》

君子之守，修其身而天下平。《尽心下》

K

可欲之谓善，有诸己之谓信，充实之谓美，充实而有光辉之谓大，大而化之之谓圣，圣而不可知之之谓神。《尽心下》

孔子登东山而小鲁，登泰山而小天下。《尽心上》

孔子之谓集大成。《万章下》

口之于味也，有同耆焉。《告子上》

L

劳心者治人，劳力者治于人。《滕文公上》

老而无妻曰鳏，老而无夫曰寡，老而无子曰独，幼而无父曰孤。《梁惠王下》

老吾老，以及人之老；幼吾幼，以及人之幼。《梁惠王上》

乐民之乐者，民亦乐其乐；忧民之忧者，民亦忧其忧。《梁惠王下》

乐以天下，忧以天下，然而不王者，未之有也。《梁惠王下》

理义之悦我心，犹刍豢之悦我口。《告子上》

M

孟子道性善，言必称尧舜。《滕文公上》

民事不可缓也。《滕文公上》

民望之，若大旱之望云霓也。《梁惠王下》

民为贵，社稷次之，君为轻。《尽心下》

民之憔悴于虐政，未有甚于此时者也。《公孙丑上》

明君制民之产，必使仰足以事父母，俯足以畜妻子；乐岁终身饱，凶年免于死亡。《梁惠王上》

目之于色也，有同美焉。《告子上》

N

内无怨女，外无旷夫。《梁惠王下》

男女授受不亲，礼也。《离娄上》

P

庖有肥肉，厩有肥马，民有饥色，野有饿莩。《梁惠王上》

匹夫之勇，敌一人者也。《梁惠王下》

Q

齐东野人之语。《万章上》

其进锐者其退速。《尽心上》

弃甲曳兵而走。《梁惠王上》

亲亲而仁民，仁民而爱物。《尽心上》

卿大夫不仁，不保宗庙。《离娄上》

穷则独善其身，达则兼善天下。《尽心上》

R

人不可以无耻，无耻之耻，无耻矣。《尽心上》

人皆有不忍人之心。《公孙丑上》

人无有不善，水无有不下。《告子上》

人性之善也，犹水之就下也。《告子上》

人亦孰不欲富贵？而独于富贵之中有私龙断焉。《公孙丑下》

人有不为也，而后可以有为。《离娄下》

人之患在好为人师。《离娄上》

人之有道也，饱食、暖衣、逸居而无教，则近于禽兽。《滕文公上》

仁，人之安宅也；义，人之正路也。《离娄上》

仁言不如仁声之入人深也，善政不如善教之得民也。《尽心上》

仁则荣，不仁则辱。《公孙丑上》

仁者无敌。《梁惠王上》

仁之实，事亲是也。《离娄上》

日月有明，容光必照焉。《尽心上》

如丧考妣。《万章上》

S

三代之得天下也以仁，其失天下也以不仁。《离娄上》

三过其门而不入。《滕文公上》

善战者服上刑。《离娄上》

善政得民财，善教得民心。《尽心上》

上无礼，下无学，贼民兴，丧无日矣。《离娄上》

上下交征利而国危矣。《梁惠王上》

上有好者，下必有甚焉者矣。《滕文公上》

身不行道，不行于妻子；使人不以道，不能行于妻子。《尽心下》

生，亦我所欲也；义，亦我所欲也。二者不可得兼，舍生而取义者也。《告子上》

生于忧患而死于安乐。《告子下》

声闻过情，君子耻之。《离娄下》

圣人，百世之师也，伯夷、柳下惠是也。《尽心下》

圣人，人伦之至也。《离娄上》

食色，性也。《告子上》

始作俑者，其无后乎!《梁惠王上》

士穷不失义，达不离道。《尽心上》

士庶人不仁，不保四体。《离娄上》

事半古之人，功必倍之。《公孙丑上》

守约而施博者，善道也。《尽心下》

顺天者存，逆天者亡。《离娄上》

舜视弃天下犹弃敝蹝也。《尽心上》

说大人，则藐之，勿视其巍巍然。《尽心下》

说诗者，不以文害辞，不以辞害志，以意逆志，是为得之。
《万章上》

颂其诗，读其书，不知其人，可乎? 是以论其世也。《万章下》

所求于人者重，而所以自任者轻。《尽心下》

所欲有甚于生者，所恶有甚于死者。《告子上》

T

天不言，以行与事示之而已矣。《万章上》

天将降大任于是人也，必先苦其心志，劳其筋骨，饿其体
肤，空乏其身，行拂乱其所为，所以动心忍性，曾益其所不能。
《告子下》

天时不如地利，地利不如人和。《公孙丑下》

天无二日，民无二王。《万章上》

天下不心服而王者，未之有也。《离娄下》

天下有达尊三：爵一，齿一，德一。《公孙丑下》

天下有道，以道殉身；天下无道，以身殉道。未闻以道殉乎
人者也。《尽心上》

天下之本在国，国之本在家，家之本在身。《离娄上》

天之生此民也，使先知觉后知，使先觉觉后觉也。《万章上》

天子不仁，不保四海《离娄上》

听其言也，观其眸子，人焉廋哉？《离娄上》

同乎流俗，合乎污世。《尽心下》

涂有饿莩而不知发。《梁惠王上》

W

万物皆备于我矣。《尽心上》

万钟则不辨礼义而受之，万钟于我何加焉？《告子上》

王顾左右而言他。《梁惠王下》

王者之迹熄而《诗》亡，《诗》亡然后《春秋》作。《离娄下》

枉己者，未有能直人者也。《滕文公下》

威天下不以兵革之利。《公孙丑下》

为富不仁矣，为仁不富矣。《滕文公上》

为渊殴鱼者，獭也；为丛殴爵者，鹯也。《离娄上》

为政不难，不得罪于巨室。《离娄上》

惟仁者宜在高位。《离娄上》

位卑而言高，罪也。《万章下》

闻伯夷之风者，顽夫廉，懦夫有立志。《万章下》

闻柳下惠之风者，鄙夫宽，薄夫敦。《万章下》

闻诛一夫纣矣，未闻弑君也。《梁惠王下》

我善养吾浩然之气。《公孙丑上》

无恻隐之心，非人也；无羞恶之心，非人也；无辞让之心，非人也；无是非之心，非人也。《公孙丑上》

无敌于天下。《公孙丑上》

无父无君，是禽兽也。《滕文公下》

无君子莫治野人，无野人莫养君子。《滕文公上》

五霸者，三王之罪人也；今之诸侯，五霸之罪人也；今之大夫，今之诸侯之罪人也。《告子下》

五百年必有王者兴，其间必有名世者。《公孙丑下》

X

西子蒙不洁，则人皆掩鼻而过之。《离娄下》

贤者以其昭昭使人昭昭，今以其昏昏使人昭昭。《尽心下》

胁肩谄笑，病于夏畦。《滕文公下》

挟太山以超北海。《梁惠王上》

心之官则思，思则得之，不思则不得也。《告子上》

行仁政而王，莫之能御也。《公孙丑上》

行有不得者，皆反求诸己，其身正而天下归之。《离娄上》

形色，天性也，惟圣人然后可以践形。《尽心上》

徐行后长者谓之弟，疾行先长者谓之不弟。《告子下》

学问之道无他，求其放心而已矣。《告子上》

Y

阉然媚于世也者，是乡原也。《尽心下》

言归于好。《告子下》

言近而指远者，善言也。《尽心下》

言人之不善，当如后患何？《离娄下》

养生者不足以当大事，惟送死可以当大事。《离娄下》

养心莫善于寡欲。《尽心下》

一日暴之，十日寒之。《告子上》

一心以为有鸿鹄将至。《告子上》

以德服人者，中心悦而诚服也。《公孙丑上》

以德行仁者王，王不待大。《公孙丑上》

以力服人者，非心服也，力不赡也。《公孙丑上》

以邻国为壑。《告子下》

以若所为，求若所欲，犹缘木而求鱼也。《梁惠王上》

以顺为正者，妾妇之道也。《滕文公下》

以天下与人易，为天下得人难。《滕文公上》

以五十步笑百步。《梁惠王上》

义之实，从兄是也。《离娄上》

友也者，友其德也，不可以有挟也。《万章下》

有为者辟若掘井，掘井九轫而不及泉，犹为弃井也。《尽心上》

有诸内必形诸外。《告子下》

予未得为孔子徒也，予私淑诸人也。《离娄下》

鱼，我所欲也；熊掌，亦我所欲也。二者不可得兼，舍鱼而取熊掌者也。《告子上》

与民同乐。《梁惠王下》

域民不以封疆之界。《公孙丑下》

欲见贤人而不以其道，犹欲其入而闭之门也。《万章下》

Z

在彼者，皆我所不为也；在我者，皆古之制也，吾何畏彼哉？《尽心下》

丈夫生而愿为之有室，女子生而愿为之有家。《滕文公下》

争地以战，杀人盈野；争城以战，杀人盈城，此所谓率土地而食人肉，罪不容于死。《离娄上》

知命者不立乎岩墙之下。《尽心上》

知我者其惟《春秋》乎！罪我者其惟《春秋》乎！《滕文公下》

知者无不知也，当务之为急；仁者无不爱也，急亲贤之为

务。《尽心上》

执中无权，犹执一也。《尽心上》

至诚而不动者，未之有也；不诚，未有能动者也。《离娄上》

志士不忘在沟壑，勇士不忘丧其元。《滕文公下》

治于人者食人，治人者食于人。《滕文公上》

诸侯不仁，不保社稷。《离娄上》

诸侯放恣，处士横议。《滕文公下》

诸侯之宝三：土地、人民、政事。《尽心下》

专心致志。《告子上》

资之深，则取之左右逢其原。《离娄下》

子服桀之服，诵桀之言，行桀之行，是桀而已矣。《告子下》

子服尧之服，诵尧之言，行尧之行，是尧而已矣。《告子下》

梓匠轮舆能与人规矩，不能使人巧。《尽心下》

自暴者不可与有言也，自弃者不可与有为也。《离娄上》

自有生民以来，未有孔子也。《公孙丑上》

自怨自艾。《万章上》

尊贤使能，俊杰在位。《公孙丑上》

遵先王之法而过者，未之有也。《离娄上》

476